KB055762

긴즈버그의 마지막 대화

—판사들의 판사에서 시대의 아이콘이 되기까지

긴즈버그의 마지막 대화

—판사들의 판사에서 시대의 아이콘이 되기까지

제프리 로즌 지음 | 용석남 옮김

이온서가

"아낌없이 사랑을 주신 부모님의 죽음은,
성인도 견디기 힘들다. 그저 나의 일과 나날에
묵묵히 최선을 다하고, 이 세계 안에서
살아 있음을 느낀다면, 그것이
부모님께 바칠 최고의 존경이리라.
어머님께서 바라신 바도 바로 그것이 아닐까."
—루스 베이더 긴즈버그

CONVERSATIONS WITH RBG
Ruth Bader Ginsburg on Life, Love, Liberty, and Law
by Jeffrey Rosen

Copyright ⓒ 2019 by Jeffrey Rosen
All rights reserved.
This Korean edition was published by YionSeoga Publishing in 2021 by
arrangement with Jeffrey Rosen c/o ICM/Sagalyn through KCC(Korea Copyright
Center Inc.), Seoul.

이 책은 (주)한국저작권센터(KCC)를 통한 저작권자와의 독점계약으로 이온서가에서 출
간되었습니다. 저작권법에 의해 한국 내에서 보호를 받는 저작물이므로 무단전재와 복제
를 금합니다.

차례

일러두기

1. 이 책은 CONVERSATIONS WITH RBG(Henry Holt, 2019)를 우리말로 옮긴 것이다.
2. 외국 인명, 지명, 고유명사 등은 국립국어연구원의 외래어표기법을 따랐다.
3. 국내에 책과 기사로서 이미 소개된 작품명, 미국 법명 등은 앞서 번역돼 통용되는 언어로 표기
   했고, 국내에 처음 소개될 경우 원어를 독음대로 적되 원어를 병기했다.
4. 원주는 미주에, 옮긴이 주는 괄호 안에 작은 글씨로 표기했다.
5. 책은 『 』로, 논문이나 글, 단편은 「 」로, 영화, 노래, 공연은 〈 〉, 잡지는 《 》로 묶어 표기했다.

가장 영감을 불러일으켰던
한 사람과의 대화

내 생에 가장 행운이라 할 이 인연은 엘리베이터에서 우연히 시작되었다. 1991년, 긴즈버그를 처음 보았을 때 난 젊은 청년이었다. 컬럼비아 특별재판구 순회항소법원에서 재판연구원으로 일하고 있었다. 긴즈버그는 같은 법정의 판사였다. 그날, 긴즈버그는 재저사이즈라는 곳에서 막 운동을 마치고 오는 참이었다. 긴즈버그의 존재감은 가히 위력적이었다. 엘리베이터에 탑승한 내내, 그녀를 모르는 이라면 마치 외딴 곳에 와 있나 착각이 들 만큼 스핑크스 같은 고요함이 엘리베이터 안을 압도했으니까. 서먹한 분위기를 깨고 싶었지만 딱히 할 말이 떠오르지 않았다. 최근 혹시 오페라를 본 적 있는지 물었다. 그때는 긴즈버그가 오페라 팬인 줄 몰랐다. 말문을 트기에 무난한 주제인 것 같아서였다. 놀랍게도 우리 둘 다 오페라를 사랑하는 공통점이 있었다. 오페라 이야기로 금세 친해진 우리는 음악으로 화제를 옮겨 계속 대화를 이어갔다.

1년 후, 나는 스물여덟 살이 되었고 《뉴 리퍼블릭》지 법률 담당 부장으로 자리를 옮겼다. 이 일은 내게 재충전의 기회가 돼주었고 또 다른 행운이기도 했다. 러니드 핸드Learned Hand, 펠릭스 프랭크퍼터Felix Frankfurter, 알렉산더 비켈Alexander Bickel 같은 헌법상의 전설을 위시해 법률 지식이 대단했던 저자들이 워싱턴에 운집해 있었다. 거기서 법과 대법원에 대한 글을 매체에 기고했다. 꿈꿔왔던 이 일에 난 푹 빠져들었다.

《뉴 리퍼블릭》지에 내가 처음으로 쓴 기사와 최근 본 오페라에 등에 대해 긴즈버그와 의견을 나누었다. 1992년 대통령 선거가 끝난 뒤, 차기 민주당 대통령과 의회의 '반대파의 수장'으로 앤토닌 스캘리아Antonin Scalia 대법관이 부상하고 있다는 내용의 글을 긴즈버그에게 보냈다. "내 동료 대법관에 대한 매우 흥미로운 글"이라는, 다소 외교적인 화답이 돌아왔다. 몇 주 뒤인 1993년 1월 21일, 워싱턴 국립오페라단의 〈오셀로〉 공연이 그저 그랬다는 기사에 대해서는 이렇게 말했다.

2월 17일 수요일에 있을 〈투란도트〉 리허설을 당신과 친구가 관람할 여유가 되면 좋겠습니다. 공연이 어떨지 전부 다 예상은 못하겠지만, 통로 앞쪽 좌석이에요. … 올가을의 또 하나의 오페라는 〈차르의 신부〉였어요. 〈오셀로〉 대신 그 공연을 보았으면 좋았을 텐데. 워싱턴 오페라와 친해지고 싶단 생각이 들지 모릅니다.

〈투란도트〉 공연 리허설을 본 다음 긴즈버그에게 티켓에 대한 감사의 마음을 전했다. 긴즈버그는 개막 공연을 보고 난 뒤 2월 25일 이런 편지를 보냈다. "위대한 오페라 〈투란도트〉. 특히, 어젯밤 내가 갔던 공연에서는 1막의 후렴구가 웅장했습니다. 그 충만한 디바 에바의 목소리, 칼라프의 〈네순 도르마〉는 기대보다 훨씬 뛰어났고요. 편안한 좌석과 한층 밝은 조명 속에 우리 지역 뮤지컬을 보게 되어서 기쁩니다."

일전에 내가 데이비드 수터David Souter 대법관을 높이 평가하면서도 그가 영웅으로 삼은 존 마셜 할랜 2세John Marshall Harlan II를 중심으로 전개된 '할랜의 컬트'를 비판하는 논조로 쓴 기사가 있었다. 긴즈버그는 편지에서 그 기사에 대해서도 의견을 밝혔다. 워런 시대에 활동한 존 마셜 할랜 2세는 온건 보수 성향의 판사였다. 할랜은 사법 절제주의자의 모범이 된 인물이다. 보수나 진보 진영 대법관들 가리지 않고 그를 인정했다.

수터 판사님에 대해 쓴 글 관심있게 보았습니다. 그런데, 할랜 판사의 장점이 덜 부각된 것 같아요. 저의 소중한 스승이자 친구 게리 건서Gerry Gunther가 가장 존경하는 판사기도 한데요. 할랜은 늘 겉으로 드러나 보이는 것에는 신경쓰지 않았어요. 우리에게 자신의 입장을 설명해줄 때에도 조금도 거들먹거리지 않았습니다. 이를테면 할랜이 관장한 웰시 대 미국 재판은, 제가 평등권을 변호할 때에 귀중한 도움이 되었습니다.

1970년 웰시 재판을 언급하는 데서 긴즈버그의 전략적 비전이나 할랜의 투명성을 존경하는 마음이 묻어 나왔다. 할랜은 헌법 위배에 대한 대비로 해당 법을 '폐기'하거나 '확장'하는 방법을 들었다. 특정 집단에만 이익이 돌아가는 차별로 인해 헌법을 위반했다고 법정에서 결론이 내려진다면, 첫째, 문제의 차별법을 폐기하거나, 둘째, 배제된 계층으로 혜택을 확장할 수 있다는 것이다.

긴즈버그는 1979년 「위헌 입법 정비를 위한 사법 제언」이란 글에서 할랜의 의견을 인용했다. 이 글을 보면, 긴즈버그는 할랜 판사의 의견에서 영감을 받아 대법원에 사회 보장 및 공공 지원을 연장하자고 요구했다. 차별적 고정관념 때문에 한쪽 젠더(sex, gender 모두 성性, 성별 등으로 번역되는데, sex는 생물학적 성, gender는 사회적 성 역할을 설명할 때 쓰인다. gender라는 말을 공식적으로 처음 사용한 사람이 긴즈버그다.—옮긴이)가 배제된 경우, 남성과 여성 모두에게 공적 부조 혜택을 주자는 것이다.[1]

긴즈버그가 진행한 첫 성평등 사건, 모리츠 대 국세청장 재판도 앞서 웰시 재판의 전략에서 배웠다. 모리츠 사건은 2018년 〈세상을 바꾼 변호인On the Basis of Sex〉이라는 영화로도 만들어지는 등 불멸의 역사로 남았다. 모리츠 재판을 통해, 부모를 부양하는 독신 여성만 받을 수 있던 세제 혜택을 같은 상황의 독신 남성들도 누릴 수 있도록 연방 항소법원을 성공적으로 설득했다.

긴즈버그의 친절한 서신을 받으니 더 용기가 났다. 그래서 3월 15일 긴즈버그의 60회 생일에 꽃을 보내드렸다. 사흘 뒤, 긴즈버그는 손수 카드를 써서 보내왔다.

"보내주신 꽃들이 60대에 들어선 첫머리를 밝혀주었습니다. 이 순간에는 이번 주 찾아올 봄을 떠올려주고요."

그해 3월 20일, 바이런 화이트Byron R. White 연방대법관이 퇴임했다. 그 자리에 들어설 후보군에 긴즈버그도 있었다. 몇몇 여성단체들이 긴즈버그의 대법관 임명에 반대하고 나섰다. 긴즈버그는 일전에 로Roe 대 웨이드Wade 판례에서 문제가 되는 부분을 비판했다. 이 일 때문에 긴즈버그를 어딘가 결함 있는 진보주의자라고 평가하는 사람들이 있었다.

4월 말, 나는 《뉴 리퍼블릭》지에 「더 리스트」라는 제목의 기사를 썼다. 이 기사에서 나는 유력한 일곱 명의 대법관 후보들을 검토한 뒤에 오름차순으로 순위를 매기고, 긴즈버그로 결론을 맺었다. "빌 클린턴 대통령의 최종 후보 명단에 있는 모든 후보들 중 긴즈버그야말로 진보와 보수 양쪽 진영에서 가장 존경받는 후보"라고 결론 내렸다.

로 판결을 바라보는 긴즈버그의 섬세한 입장. 바로 그것이야말로 클린턴 대통령이 리트머스 시험대 위에서 고르디아스의 매듭을 끊을 수 있는 절호의 기회가 왔음을 보여주는 것이다. 숱한 메모, 회의 들 가운데 흔들리는 정의를 올곧게 붙잡을 후보자는 긴즈버그뿐이다. 단 하나의 우려라면, 긴즈버그가 속이 너무 부드럽다는 것. 그럼에도 불구하고, 이런 세세한 사항들조차 기꺼이 다스리는 인물이다. 법정에 대한 폭넓은 시야와 접근하는 태도, 종교와 언론의 자유, 성평등을 향한 그녀의 핵심 입장은 단연코 흔들림이 없다. 긴즈버그야말로 진보주의의 원칙이 현실에서 현현된 실존 모델이라 하겠다.

1960년 펠릭스 프랭크퍼터는 아직 재판연구원에 여성을 받아들일 준비가 되지 않았다며 긴즈버그를 거부했다.

그 뒤로 긴즈버그가 묵묵히 걸어온 길은, 대법관 후보자로서 가장 큰 찬사를 받을 만하다. 우리는 어떠한가. 이제 차례는 우리 손으로 넘어왔다.[2]

당시에는 몰랐지만, 긴즈버그의 남편 마틴(마티) 긴즈버그도 몇 주 전부터 뉴욕의 패트릭 모이니핸Patrick Moynihan 상원의원으로 하여금 긴즈버그의 대법관 임명을 지지하도록 물밑으로 캠페인을 했다.(모이니핸은 처음에는 긴즈버그 임명에 시큰둥했다. 그러던 모이니핸은, 동료 에드워드 케네디Edward Kennedy가 자기 지역인 보스턴 연방항소법원 판사 스티븐 브라이어Stephen Breyer를 연방대법관으로 밀자 그에 맞서 긴즈버그를 두둔하며 언쟁하는 지경까지 갔다.)

1993년 6월 21일 모이니핸이 내게 보내온 글이다. "당신이 보내준 에디토리얼을 보았습니다. 대통령께 처음 말씀드렸을 때 그분들을 마음에 두었어요. 6월 초까지, 대통령께선 후보군을 브라이어 판사, 길버트 메리트Gilbert Merritt 판사, 브루스 배비트Bruce Babbitt 내무부 장관, 이 세 명으로 좁힌 게 확실했지요. 그러던 중 갑자기 긴즈버그 판사가 다시 두각을 나타냈습니다."

이후 모이니핸은 《뉴 리퍼블릭》지에 자신의 새로운 역할에 대해 팩스를 보낸 바 있다. 당시는 지면에 공개되지 않았지만 이런 내용이었다.

1993년 5월 12일, 저는 대통령 보좌관 해럴드 이케스Harold Ickes, 데이비드 빌헬름David Wilhelm과 함께 뉴욕으로 가고 있었습니다. 3분의

2쯤 지났을까. 대통령이 연설문을 덮더니 갑자기 제게 몸을 돌리며 묻더군요. 누구를 대법관으로 지명할까, 하고. 단 한 명밖에 없다고 했습니다. 루스 베이더 긴즈버그.

대통령은, 긴즈버그를 반대하는 여성들이 있다더군요. 그런 데는 다른 이유도 있을 거라고 답했습니다. 그 사람들은 아마 긴즈버그가 로 대 웨이드 사건에 대해 비판했던 NYU의 매디슨 강의에 대해서도 성이 나 있을 거라고. 그럼에도 불구하고 긴즈버그가 바로 적임자라고. 그 대화는 그렇게 끝났습니다.

한 달 뒤인 6월 11일, 백악관 정보국장인 데이비드 거젠David Gergen에게 이런저런 일로 전화할 일이 있었지요. 데이비드는 내게 대법원에서 누구를 보고 싶냐고 묻더군요. 대통령과 나눴던 교류에 대해 이야기를 전했습니다. 그러던 중, 컬럼비아 대학 학장의 서한 사본을 입수했지요. 딘 어윈 그리스월드Dean Erwin Griswold가 대법원 새 건축 50주년을 맞이해 연설한 내용인데, 그리스월드는 이 시기 활약한 법관 구성원들의 다양성을 언급했지요.

그는 특히 인종 평등 분야에서는 서굿 마셜Thurgood Marshall, 성평등 분야에서는 루스 베이더 긴즈버그에 주목했습니다. 거젠이 그 내용을 자기에게 좀 보내달라더군요. 마침, 내 비서 일레노어 선툼의 여동생이 법원 도서관에서 일했지요. 일레노어가 번개같이 여동생에게 전화해서 한 시간 안에 내용을 팩스로 받았습니다. 다음 날, 자정이 약간 지난 시각에, 클린턴 대통령이 농구 경기를 시청하다가 내게 전화를 걸어 루스 베이더 긴즈버그의 스폰서가 되어주겠냐고 물어왔습니다.[3]

1993년 6월 14일, 빌 클린턴 대통령은 연방대법원의 대법관으로 루스 베이더 긴즈버그를 임명한다. 긴즈버그가 결승선을 통과하는 데 나의《뉴 리퍼블릭》기사도 도움이 되었다는 건 그녀도 인정했다. "당신이 아이디어를 심었어요." 6월 18일, 긴즈버그는 내게 그렇게 말했다. "그리고 내가 그 아이디어를 발전시켰구요." 내가 알맞은 시기에 필요한 자리에 있었듯, 그녀를 아는 모든 친구들, 팬들과 지인들이 그녀를 추천하는 대합창에 속속들이 합류해 만들어낸 작품이었다.

그 후로 25년간, 긴즈버그와 나는 줄곧 따뜻하게 교류해왔다. 내가 쓴 기사들에 그녀가 동의한다거나 동의하지 않는다는 의견들이 오갔고, 때로는 오페라 초대권을 보내주시기도 했다.(긴즈버그가 사랑했던 워싱턴의 오페라들이 내 눈높이에 들지 않을 거란 농담도 덧붙이며.)

가령 1993년 9월 24일, 대법원에 처음 앉기 열흘 전쯤에는, 애나 볼레나Anna Bolena의 워싱턴 오페라 공연에 초대권을 보내며 이런 말을 전해왔다.

내가 그의 작업을 좀 더 잘 알았다면, 새뮤얼 바버처럼 당신과 함께 더 멀리 갔을 텐데요. 집무실은 지금 상태도 좋지만 몇 주 더 있어야 해요. 11월 말까지 양탄자도 새로 깔고 벽도 다시 칠해야 합니다. 지역 박물관에서 빌려온 작품들도 알맞게 배치해야 되고요. 1993년《더 브릴리 스쿨 서머 불레틴》이라는 작은 잡지에 실린 몇 장을 첨부합니다. 그저 가볍게 읽어보세요.

여러 해 전 나온 잡지에는, 긴즈버그의 딸 제인의 고등학교 졸업 앨범을 재구성한 내용이 실렸다. 졸업앨범에서 제인은 이렇게 선언 했다. "꿈: 엄마가 대법관에 임명되는 것을 보겠다. 우리 엄마는 반 드시 대법관에 임명되어 마침내 약속을 지킬 것이다."

이듬해 해리 블랙문Harry Blackmun 대법관이 사임했다. 클린턴 대 통령은 그가 물러난 자리에 스티븐 브라이어를 지명했다. 나는 긴 즈버그의 로스쿨 멘토인 제럴드 건서가 러니드 핸드의 생애를 다 룬 글에 비평문을 썼고, 브라이어에 관한 글도 썼다. 7월 22일, 긴즈 버그가 이 두 편의 글을 읽고 의견을 보내왔다. "(적어도 한 사람의 배 우자이자) 한 명의 구독자로서 … 제리는 컬럼비아 대학에서의 제 스 승이자 다시 없을 영원한 친구입니다. 스티브 브라이어는 선하고도 진실한 두 측면을 다 갖춘 인물입니다." 이 글은 이렇게 이어졌다.

핸드는 언어 구사 능력이 참 남달랐어요. 그래서일까요. 핸드가 나 를 포함해 여자들과 같이 일하기를 거북스러워하는 성향이 있음을 알지만 그 성향에 별로 개의치 않게 되더군요. 1959~1961년까지의 S.D.N.Y. 시절, 일이 좀 일찍 끝마치면 난 저녁마다 팔미에리 판사 의 차를 얻어 타고 뒷자석에 앉아 집으로 돌아오곤 했어요. 핸드의 입에서 흘러나오는 낭송, 노래, 특히 길버트와 설리번 레퍼토리를 저 는 좋아했습니다. 제리의 책은 그 자체로 제가 그리던 형상입니다. 맞아요, 다 멋집니다.

다음은 제 오페라 소식입니다. 7월 17일 글린데본에서 열린 〈돈 지 오반니〉 공연을 보았답니다. 너무나 사랑스러운 공연장이었습니다. 이토록 대단한 오케스트라와 출연진들이라니. 그에 비해 제작이 약간 못 미친다는 느낌을 받았지만요.

편지 후반부에서는 최근 특별하게 공명했던 두 개의 판례에 주목했다. 첫째는 이바네즈 대 플로리다주의 비즈니스 규제 부서 간의 판례였다. 법원은 만장일치로 플로리다주가 수정헌법 1조를 일정 부분 위반했다고 판결했다. 변호사이자 공인회계사였던 이바네즈는 통상적으로 플로리다 회계위원회라고 불린 회사에서 일했다. 관료 조직에서 공식적으로는 승인하지 않은 회사였다. 이바네즈는 일하면서 늘 자기가 CPA인 걸 솔직하게 밝혀왔다. 긴즈버그는 이 사건에 특히 관심을 갖고 성공적으로 판결을 이끌었다. 이바네즈는 센트럴 플로리다 대학에 회계 강사로 출강하던 일까지 잠시 그만두고 사건에 집중했다. 이바네즈는 한때 바티칸과 카메라타 합창단에서 노래한 훌륭한 가수이기도 했는데, 아마 그러한 점도 긴즈버그의 관심을 끌었으리라.[4] 긴즈버그는 언제나 재판을 하는 주인공의 삶 세세한 요소에 관심을 기울였다. 긴즈버그가 사례에 접근하는 방식의 한 특징이었다. 고유한 개인으로서의 남성 혹은 여성이 맞닥뜨리는 현실 세계가 곧 삶의 방향을 정의하는 법이다. 그러므로 긴즈버그는 진짜 현실 세계에서 당면한 과제에 관심을 두었다.

두 번째로 라츨라프Ratzlaf 대 미국 재판에 관해 언급했다. 사람들의 진짜 삶 속에서 법이 어떻게 작동하는지 긴즈버그는 늘 주시했다. 라츨라프는 도박 빚이 16만 달러에 달했다. 10만 달러를 현금으로 갚으려다가 연방보고법 위반으로 기소됐다. 1만 달러가 넘는 거래는 무조건 재무부에 보고해야 되는 연방법을 라츨라프는 몰랐다고, 미처 몰랐으므로 보고하지 못한 것에 대해 책임이 없다고 항변했다. 라즐라프가 "고의로" 연방법을 위반했음을 입증하려면, 법을 어기려는 의도가 있었음을 정부에서 구체적으로 증명해야 한다고 긴즈버그는 주장했다. 결국에는 연방대법관 9명 중 5 대 4로 다수결 동의를 이끌어냈다. 해리 블랙문 판사는 라즐라프 사례에 대해, 법에 대한 무지는 변명이 되지 않는다는 소수의견을 냈다.

미국 제2항소법원 수석판사인 피에르 레발Pierre Leval 판사가 긴즈버그에게 이번 판결을 칭찬하는 서한을 보냈다. '고의'란 말의 법적 의미는, "법률에 불복종하거나 무시하려는 나쁜 목적이 있음"을 뜻한다고 자신도 항상 배심원들에게 강조해왔다는 것이다. 그러면서 지난해 컬럼비아 국적의 두 자매가 연루되었던 한 사건을 편지에 소개했다.

자매는 각각 가정부와 청소부로 일하며 가난하게 생계를 이어가는 중이었다. 자매는 몇 달 동안 시동생 계좌에 총 12만 달러를 예치했다. 자매는 자신들의 행위가 불법인 줄 아예 몰랐다고 증언했다. 법을 어기려는 의도는 조금도 없었다고. 레발 판사도 이 의견에 동의해 자매는 무죄 판결을 받았다. 레발도 긴즈버그처럼 생계를 유지하려고 고군분투하는 사람들의 실제 삶에 헌법 판결이 어떤 영향을 미치는지 주목했다.

1997년 《뉴욕 타임스 매거진》에서 긴즈버그를 소개할 때 프로필에 대법원의 '진보의 새 얼굴'이라고 써도 되겠느냐고 했다. 나는 긴즈버그에게 인터뷰를 요청하며 이에 대한 의견도 물었다. 긴즈버그는 겸손하게 의의를 표했다. "스칼렛처럼, 그것에 대해서는 내일 생각해보겠습니다." 그다음 또 손으로 직접 쓴 편지를 보내왔다. 이렇게 쓰여 있었다. "친애하는 제프리, 《뉴욕 타임스 매거진》에 응답해주세요. 제발 그러지 마시라고요. 동봉한 폴더를 보아주세요. 프로필이 그렇게 나가는 것을 지금 거절해주시면 2010년 독점 인터뷰를 약속드립니다. 감사를 전하며—RBG."

동봉된 파란색 폴더 안에 저널리스트 조앤 비스쿠픽Joan Biskupic에게 보내는 서한도 들어 있었다. 1995년 긴즈버그가 헌터 클라크Hunter Clark 법학과 교수에게도 말한 것처럼 인터뷰 요청을 고사했다. "제 생각에는 너무 이른 것 같습니다. … 제가 어떤 전기의 대상이 된다는 것은요. … 이 멋지고 놀라운 업무를 한 지 고작 3년이 지났을 뿐입니다. 내 펜으로 쓰일 많은 일들이 아직 도래하지 않은 상태입니다. 또 과부하 문제도 고려해야 되고요. … 대법원의 엄중한 과업을 해내고 저를 지탱해줄 필수적인 잠을 위해 필요한 모든 시간을 아껴야 합니다."

그럼에도 불구하고, 내가 《뉴욕 타임스 매거진》 기사를 밀고 나가자 긴즈버그는 독특한 해결책을 제시했다. 인터뷰는 하지 않되 오프닝 장면을 구성하는 데 필요한 접근 권한을 부여해준 것이다. 긴즈버그는 나를 대법원의 자신의 집무실로 초대해 필요한 만큼 둘러보게끔 허락했다. 약속된 날, 긴즈버그는 짧게 인사만 하고는 그냥 사라져버렸다. 그날의 특이한 경험을 나는 이렇게 썼다.

혼자 남겨진 뒤, 다소 당혹스러운 기분으로 긴즈버그 대법관의 책장을 훑어보았다. 민사 소송 관련 책들이 상당수 보였다. 또 놀랄

만큼이나 동시대 페미니즘에 관한 대중서들이 많았다. 데보라 태 년Deborah Tannen의 『일터에서의 남 V 여 대화의 법칙Talking from 9 to 5』, 앤티아 힐Anita Hill과 에마 조던Emma Jordan의 『미국의 젠더와 권력 Gender and Power in America』도 보였다. 또 푸치니부터 20세기 초반의 아르누보 포스터들도 성지에 모셔진 듯 놓여 있었다.

이내 긴즈버그의 비서가 들어왔다. 대법관이 차로 이동 중에 전화를 걸어왔는데, 특별히 한 장의 사진을 보아달라고 했다는 것이다. 사진에 긴즈버그의 손자와 사위가 함께 있는 장면이 보였다. 이런 말을 전했다고 한다.

'이 사진에, 긴즈버그가 미래에 품는 희망이 담겨 있다고.'

당시에는 그 말의 의미를 손자에 대한 사랑쯤으로 진부하게 받아들였다. 나중에야, 그 말속에 성 역할의 변화를 포함해 더 깊은 의미가 담겨 있었음을 깨달았다.

신임 대법관들이 전통적으로 그러했듯 긴즈버그도 대법원에 합류한 직후 법원 직원들 용으로 발행되는 뉴스레터 《더 도켓 시트The Docket Sheet》의 인터뷰에 응했다.

법원 공보 담당관 토니 하우스가 긴즈버그에게 질문했다. 재판연구원으로 데이비드 포스트David Post를 채용하며 유연 근무 신청을 받아들인 경위가 무엇이냐고. 지원서를 냈을 당시, 포스트는 아내가 계속 경제학자로서 길을 갈 수 있게 낮에 어린 두 자녀를 돌보고 있었다.

"그 부부는, 세상이 가야 할 길이라고 내가 늘 꿈꾸어오던 모습대로 살고 있었지요. 남편도 평등하게 아이 돌봄의 책임을 질 때, 그때 여성이 진정 자유롭게 해방될 것입니다."[5]

긴즈버그가 열띤 목소리로 답변했다.

《뉴욕 타임스 매거진》 기사에는 오류가 두 개 나갔다. 이 글은 최근 긴즈버그와 내가 워싱턴의 한 오페라에서 모차르트의 〈코지 판 투테Cosi fan tutte〉(보통 우리나라에서는 '여자들은 다 그래'라는 제목으로 공연됨—옮긴이)가 공연하는 동안 나눈 대화로 말문을 열었다. 이 오페라에서는 여자친구의 신실함을 두고 두 남자가 내기를 건다. 남자들이 다른 사람으로 변장한 다음, 여자친구들에게 다가가는데, 여자들이 충실하지 않다는 걸 알게 된다. 그런데, 오페라 감독이 페미니스트적 반전을 두어 살짝 내용을 바꾼다. 여자들이 남자들의 내기를 엿듣고는, 거꾸로 '지조가 없는 척하자'고 원작 내용을 바꾼 것이다. 이 대목은 18세기 당대의 일반적 성적 이중 잣대, "여성을 믿지 말라"는 가치와 충돌된다고 내가 긴즈버그에게 말했다.

긴즈버그는 이탈리아 제목이 '삼인칭 복수형' 같다고 했다. 즉, '그들은 모두 다 그렇지They Are All Like That'가 더 정확한 번역이 아니겠냐고 했다. 그러니까, 모차르트와 그의 오페라 대본 작가인 로렌조 다 폰테Lorenzo Da Ponte가 여성이 남성보다 덜 믿을 만하다고 여길 하등의 이유가 없지 않냐는 것이다.

이 일화는 모차르트에 대한 긴즈버그의 사랑, 성평등에 대한 신념을 보여준다. 그런데 훗날 긴즈버그의 짐작이 맞지 않는 것으로 드러났다. 기사가 나간 후, 전국의 수많은 음악 애호가들이 긴즈버그에게 편지를 보내왔다. 긴즈버그가 그중 한 통을 내게 보내주었다. 편지에는 이탈리어로 된 '투테tutte'는 남성적인 '투티tutti'가 아닌 여성스러운 것을 의미한다고 적혀 있었다. 하버드 대학교의 한 음악학자는 이런 편지도 보냈다. "영어와 달리 이탈리아어는 인칭에 따른 동사 변화가 있답니다. 더 정확한 번역은 '여성들은 다 그렇게 행동한다women all behave that way'쯤 될 것입니다." 익살스러운 긴즈버그는 이 편지를 '내 이탈리아 소장품 중 최고'라고 했다.

《뉴욕 타임스 매거진》 기사의 두 번째 실수는 전적으로 내 책임이다. 1996년 국수주의자 보수 논객 팻 뷰캐넌Pat Buchanan이 대통령 선거 운동 기간 동안 긴즈버그를 사법적극주의(미국에서, 새로운 법률 제정 시 헌법을 자구 그대로 따를 필요가 없다는 사상—옮긴이) 운동가라고 공격했다.

그해 3월 4일, 긴즈버그는 전 동료, 법학 교수 들에게도 보였던 반응을 내게도 표했다. "얼마나 내가 '보수적'인지 감사할 따름이에요. 팻 뷰캐넌이 저를 그의 '히트'리스트에 올려주어 제프리도 기쁘지 않습니까. '긴즈버그'라는 이름 덕분인 걸 알아요. 그렇게 좋은 동료를 두어 고마울 따름입니다."

이 기사에서, 나는 뷰캐넌이야말로 퇴보하고 있다고 공격했었다. 연방법 파기 쪽에 투표한 비율로 판단하자면 긴즈버그야말로 법원에서 가장 절제된 판사였다. 상상력이 너무 빈곤했던 나는, 그 글에서 긴즈버그가 법적 선지자보다는 미니멀리즘적 성직자로 자신을 정의하는 방향으로 가지 않겠냐고 예측했다. "이와 같은 성향 때문에 긴즈버그가 대법관이 되어도 비전이 뚜렷한 리더로 활약할 확률은 미미하다. 미니멀리즘, 법학과 개인 문제에서의 강인한 자제력, 헌법 갈등에 적극적으로 관여하기보다 신중하게 판단하는 성향 때문에 그녀는 오히려 양분된 법정의 효율적인 수장으로 자리잡을 것이다."

내 예측은 곧, 매우 근시안적이었던 것으로 나타났다. 긴즈버그의 개탄처럼 차기 대법관 임명자는 클린턴이 아니라 조지 W. 부시와 엘 고어 대결에서의 승리자였다. 대법원장 윌리엄 렌퀴스트William Rehnquist와 샌드라 데이 오코너Sandra Day O'Connor의 후임으로 존 로버츠John Roberts와 새뮤얼 앨리토Samuel A. Alito가 대법관으로 임명되었다. 그 뒤 2010년 존 폴 스티븐스John Paul Stevens 대법관이 퇴임하면서 긴즈버그는 진보주의 진영의 최고참 대법관이 되었다. 이 새로운 역할을 수행하며 그녀는 일명 "악명 높은 RBG"로 변신하게 된다. 동료 스캘리아처럼, 긴즈버그는 반대파의 비전을 제시하는 리더로 솟아오른 것이다.

1993년 대법관으로 임명되었을 때, 긴즈버그는 판사들의 판사, 사법적 미니멀리스트로 여겨졌다. 사법 기능에 대한 절제된 접근 태도로 보수주의자들에게서(그리고 일부 진보주의자들의 의심 섞인) 찬사를 받았다.

그 후로 26년 동안, 긴즈버그는 우리 시대 가장 영감을 주는 아이콘이 되었다. 지금 이 순간에도 미국 역사상 헌법을 변화시키는 데 가장 영향력을 준 인물로 인식되고 있다.

난 긴즈버그가 변화하는 과정을 가까운 거리에서 지켜보고 인터뷰할 기회가 많았다. 법률 저널리스트에서 법학 교수가 되고 가장 최근에는 국립헌법센터의 수장이 되면서 나의 역할도 달라져왔다. 그에 따라 긴즈버그와 나누는 대화 내용도 변화해왔다.

이 책에 실린 인터뷰들은 거개가 청중 앞에서 이뤄졌다. 대화할 때 긴즈버그는 늘 솔직하고, 침착하며, 주의 깊고, 열심히 경청했다. 그리고 법적 논쟁과 사건 뒤안에 숨겨진 인간적인 이야기까지 경탄스러우리만큼 자세하게 기억하고 있어 듣는 이들을 놀라게 했다. 무엇보다도 그녀는, 말문을 열기 전에 항상 깊고 지혜롭고 신중하게 생각했다.(그녀를 아는 친구들과 재판연구원들은 긴즈버그가 질문과 대답 사이에 침묵하는 동안 조용히 앉는 법을 터득하곤 했다. 왜냐하면 긴즈버그가 생각을 모으는 시간이기 때문이다.)

대법관으로 일하는 동안 변했다는 일부 시선에 긴즈버그 자신은 동의하지 않는다. 대신, 법원이 더 보수적으로 변했으며 자신의 역할도 바뀌었다고 설명한다. 다수의견과 다른 소수의견을 내는 역할에 할당돼 진보주의 진영의 수석 대법관이 된 다음, 대법관 역할도 바뀌어갔다.

그럼에도 불구하고, 누구도 의의를 제기할 수 없는 분명한 사실은 있다. 긴즈버그는 성평등과 관련해 헌법을 해석하는 우리의 인식을 변화시켰다. 1970년대 "불꽃 페미니스트"이자 뛰어난 전략가에서 1980~1990년대의 절제된 사법적 미니멀리스트의 길을 걸어왔다. 법정보다 실제 현실이 더 많이 변화하도록 여론을 일구고 결국 사회도 변화되도록 밀고 왔다.

최근 10년 동안에는 무엇보다도, 국민이 선거를 통해 뽑은 대표와 이를 견제하는 사법부의 핵심적인 역할이 충돌할 때, 법원의 역할을 사수하는 원칙적인 비전을 지켰고 변호사 시절 열정을 걸었던 자유를 보호하는 파수꾼이었다.

이어지는 대화록은 주제별로 정리되어 요약, 재배열되었다. 긴즈버그 대법관은 이 책의 모든 문장을 손수 검토하고 편집하여 명료성과 정확성에 완벽을 기했다. 단, 정의의 영감을 불러일으키는 모든 말은 긴즈버그 자신의 것임을 분명히 한다.

'넌 안 돼'라는 대답을 받아들이지 마세요.
꿈이 있고 추구하고 싶고 그 꿈을 이루기 위해
기꺼이 필요한 일을 할 수 있다면.
온전한 시민으로 취급받지 못할 때 용납하지 않는,
여러분과 마음이 똑같은 사람이 많습니다.

orkin
: n. welfare ⎫
: ndiv. rts. ⎬ bal.
: lib. ⎭
: =

: hib interf. w/ ec. activ
: = v. negh schs
: - rev. discrum

: us is sterile

lib. is indefinable

. def. lib. = power to do wh one is phy. cap. of doing if
one wants to do it, w/o state interf.
(exc. murder as well as free speech)

speak, acq. $

al reason = something bey. lib.
(dignity, indep.)

basis for resist. = ~~____~~ is greed

ks. on = (=) concept. of = itself

and dist bet = opp + result

qual treal of people subsid (duties of same amt
of partic commod.

at people as = (basic notion)

v. of =

conf. life styles

pers. tastes - mkt. eco
not incomp. w/ redistrib

perversity - = to degree everyone worse off

1장
한 번에 한 걸음씩,
역사적 지표가 된 사건들

루스 베이더 긴즈버그Ruth Bader Ginsberg는 1972년부터 1980년까지 ACLU, 즉 미국시민자유연합American Civil Liberties Union 산하의 여성권 리증진단을 공동으로 이끌었다. 여성을 보호하고 혜택을 주려고 고안된 법안들이 되레 반대 효과를 내는 면이 있다고 대법원을 설득해냈다. 같은 이유에서, 여성에게만 법 규범이 적용되어 혜택을 받지 못하는 남성들을 대신해 변론했다. 탁월한 전략이었다. 그 결과, 법원은 남녀 모두에게 중립적이고 공평하게 법이 적용될 수 있게끔 성차별에 대한 기준을 엄격히 세우게 됐다. 학교 제도에서의 인종차별을 무너뜨린 서굿 마셜의 성공적인 변론이 긴즈버그의 전범이었다. 저 유명한 1954년 브라운 대 교육위원회 대법원 판례 말이다.

긴즈버그는 마셜의 이 사례에서 영감을 받아 한 번에 한 걸음씩, 점진적으로 나아가는 전략을 택했다. 1970년대 남성 판사들이 자신과 공감하고 동일시할 수 있는 남자들을 택하여 대변한 것이다. 긴즈버그가 "나빴던 예전 시절"이라고 일컫는 그 시대 사건들에 대해 난 종종 얘기를 들었다. 그 당시 법원은 계속해서 성별에 따른 차별을 되풀이해 지지하곤 했다. 긴즈버그가 그 사건들을 뒤집기 시작했다.

1961년에는 호이트Hoyt 대 플로리다주 사건이 있었다. 그웬돌린 호이트Gwendolyn Hoyt는 전원이 남성으로 구성된 배심원들에게 살인죄로 유죄 판결을 받았다. 긴즈버그의 영웅인 페미니스트 변호사 도로시 케니언Dorothy Kenyon이 변호를 맡은 사건이었다. 배심원단에 여자를 두는 데까지는 성공하지 못했다.

이후 긴즈버그는 자신의 첫 번째 대법원 사례인 리드Reed 대 리드 Reed(1971) 변론 취지서에 선구적 변호사이자 시민권 운동가인 폴리 머레이Pauli Murray와 도로시 케니언의 이름을 공동으로 올리기도 했다. 부부였다가 이혼한 샐리 리드와 세실 리드는 입양아들 리처드(스킵이라 불림)의 양육권을 공동으로 가지고 있었다. 어느 주말, 스킵은 아빠의 집에서 엄마에게 전화를 걸어왔다. 예정일보다 좀 일찍 엄마 집으로 가도 되냐고. 엄마 샐리는 법 때문에, 스킵이 아빠 집에 조금 더 머물러야 한다고 말했다. 이 대답을 듣고 스킵은 절망한 나머지 그만 스스로 목숨을 끊었다.[1] 거대한 슬픔에 휩싸인 샐리는 아들의 유산(여기서 유산은 고인이 남긴 물품과 재산을 아울러 칭한다. 아직 어렸던 스킵은 유산이 많지 않았지만, 어머니는 그것을 관리하고자 했다—옮긴이) 관리인이 되고자 신청했다. 하지만 아이다호 주법원은 "청구 관리할 권리를 동등하게 지닌 사람이 한 명 이상일 경우, 남성이 여성보다 우선"이라는 주법을 인용해 샐리의 요청을 기각했다. 리드 대 리드 사건의 개요는 이와 같다.

긴즈버그는 주요 변호인으로 샐리 리드 항소사건을 브리핑하며 성차별을 인종차별에 빗대어 아이다호 주법이 '엄격 심사Strict Scrutiny(세 가지 단계 중 가장 엄격한 심사로서 정부에 입증 책임이 있다—옮긴이)'를 거쳐야 한다고 변론했다. 성별이나 인종과 같이 태어날 때부터 "타고난 것이라 변경할 수 없는" 특성은 "수행할 수 있는 능력이나 재능과는 아무런 상관관계가 없다"고 주장했다. 세실과 샐리 리드가 "동등한 상황"이므로 어느 쪽이든 재산 관리를 할 수 있다고 긴즈버그는 변론했다.

1971년 11월 22일, 대법원장 워런 버저Warren Burger의 의견에 따라, 수정헌법 14조의 평등 보호 조항(남북전쟁 후 헌법에 추가된 수정헌법 중 14조로, 대략의 내용은 다음과 같다. "어떠한 주정부도 적법한 절차 없이 사람의 생명, 자유 또는 재산을 빼앗을 수 없으며, 사법권 범위 안에서 개인에 대한 법의 동등한 보호를 거부할 수 없다."—옮긴이)에 의거, 아이다호주의 이 법은 철폐됐다. 대법관 만장일치였다. 최초로 성차별을 무효화시킨 기념비적 출발이었다. 하지만 완전한 승리는 아니었다. 긴즈버그는 성별에 기반을 둔 차별에 대한 엄격 심사가 법에 필요하다고 주장했다. 그러나 대신 "임의적 입법 선택"이 적용돼 법령이 무효화됐기 때문이었다.

프런티에로Frontiero 대 리처드슨Richardson 사건(1976)에서 긴즈버그는 여군의 배우자 또한 남자 군인의 배우자와 동등한 혜택을 받아야 한다고 주장했다. 샤론 프런티에로는 앨라배마 주 몽고메리에 위치한 공군 병원의 물리치료사였다. 프런티에로는, 공군 남성 동료들과는 다르게 실제로 배우자를 "부양"하고 있느냐에 따라 주거비 지원 여부가 달라진다는 사실을 알고 깜짝 놀랐다. 이 법에 따르면, 여군은 남성인 배우자보다 가정 생활비에 절반 이상 기여하고 있음을 '입증'해야만 인상된 주거비 수당을 받을 수 있었다.

긴즈버그는, 기혼 남성에 대한 혜택을 중단할 것이 아니라 그 수당을 남녀 모두에게 공평하게 확대하자고 했다. 웰시 대 미국 사건에서의 할랜 판사 논거에 따라, 법의 확장이 법의 무효만큼이나 유용하다는 논거를 댔다. 긴즈버그의 구두 변론은 너무나 강력해서, 재판관들이 단 한 번도 그녀의 말을 중간에 끊지 않았다. 1973년 5월, 법원은 성별에 기반한 구분을 폐지했다. 다수의 판사들이 엄격 심사로 성별에 기반한 분류를 검토하겠다고 나섰다.

크레이그Craig 대 보렌Boren 사건(1976)에서 긴즈버그는 법원을 설득하여 '중간 심사intermediate scrutiny' 기준안까지 타협안을 성사시킨다. 그러면서 인종차별보다 성차별을 아주 조금은 덜 의심 섞인 시선으로 다루게끔 밀고 나갔다.

웨인버저Weinberger 대 비젠펠트Wiesenfeld 재판(1975) 또한 긴즈버그가 마음에 들어한 사건이었다. 여성이었다면 사회보장 수급 혜택을 받을 수 있었지만 남자이기에 받지 못했던 젊은 남성 비젠펠트를 대변했다. 그는 아이가 어려 집에 남아 아이를 돌보아야만 했다. 남성을 차별하는 것처럼 보이는 이 법이 실은 "양날의" 차별임을 긴즈버그는 성공적으로 입증했다. 남성을 생계를 책임지는 부양자로, 여성을 돌봄을 맡는 사람으로 규정짓는 "고루한 고정관념"에 근거해 탄생한 법이었다. 법으로 여성과 남성은 동일한 사회보장 세금을 납부하게 규정하면서도 여성의 가족에게 돌아가는 혜택은 더 적게 되었다. 대법원은 만장일치로 긴즈버그의 손을 들어주었다.

긴즈버그가 ACLU와 함께 맡았던 숱한 획기적 사건들. 그 뒤안의 숨겨진 인간적 이야기들을 나는 긴 세월에 걸쳐 들어왔다. 긴즈버그는 추상적인 원칙을 위해서가 아니라 현실을 살아가는 개인들, 성별에 근거한 법으로 차별당하는 남성과 여성 개인들을 위해 변호하며 정의를 구현해갔다. 긴즈버그가 사건을 설명할 때면, 사건 당사자에 대한 섬세한 관심과 법률적 적확성이 얼마나 섬세하게 결합되는지 느껴져 절로 탄성이 나오곤 했다.

로즌 1970년대 ACLU와 함께 재판을 진행하실 때 여성운동의 서굿 마셜이라고 불리셨지요.

긴즈버그 서굿 마셜은 법률가로서 제 모범입니다. 제가 단계적이고 점차적인 접근 방식을 택한다고 로즌도 말씀하신 적 있지요. 네, 마셜도 그런 방식이었습니다. 법정에 나온 첫날 "미국의 인종차별 정책이 종식됐다"고 바로 말하지 않았지요. 마셜은 로스쿨과 대학교부터 시작했습니다. 그리고 그 영역부터 시작해 승리를 거두었지요. 대법원에 대고 당장 분리정책을 종식시키고 평등을 대령하라고 요구하지 않았습니다.

물론, 1970년대 성평등 소송과 1950~1960년대 민권 투쟁 간에는 엄청나게 큰 차이가 있습니다. 서굿 마셜과 저의 차이점이라면, 저는 생명을 위험에 내맡길 정도는 아니었습니다. 마셜은 목숨을 걸어야만 했지요. 마셜은 남부 지역으로 변호하러 가곤 했는데, 그들 중 일부는 억울하게 누명을 쓰기도 했고 하루가 끝날 때쯤 목숨이 붙어 있을지도 장담할 수 없는 시대였지요. 저는 그런 위험에 처했던 적은 없었습니다.

로즌 ACLU에서 활동했던 경험이 정의를 바라보는 시각에 어떻게 영향을 미쳤습니까?

긴즈버그 ACLU에서 여성 인권 사업을 할 때, 저와 뜻이 같은 변호인이 있으면 의견서를 작성하게끔 했습니다. 큰 의미에서 보면 제가 교사 역할을 하고 있다는 확신이 있었어요. 당시는 세상에 성차별이라는 개념조차 별로 없을 때였습니다.

사람들은 대부분 인종차별이 가증스러운 일이라는 건 알고 있었지요. 그러나 법에 도사리는 성차별이 여성에게 유리하게 적용될 거라고 여기는 이들이 많았습니다. 제 목표는, 브레넌 판사가 말했듯, 여성들을 떠받치고 있다고 여겨지는 그 받침대가 실은, 모두를 가두는 우리임을 것을 밝히는 것이었죠. 한 번에 한 걸음씩 법원이 깨닫게끔 하고 전진시키는 일이 그 당시 제 목표였습니다.

로즌 지금 소수의견을 쓸 때도 그러한 맥락에서 작성하십니까?

긴즈버그 제 소수의견은, 오늘 브리핑에서도 그랬지만, 설득하려는 것이었죠. 법원이 얼마나 잘못된 결정을 내렸는지 때로는 강력하게 목소리를 내야 합니다.

로즌 ACLU에 있는 동안 당신이 무력화시켰던 법들에 대해 말씀해주세요. 중요한 승리로 어떤 것들이 있나요?

긴즈버그 남자가 가족의 먹을거리를 책임지고, 여자가 가사와 아이들을 담당한다는 것을 전제로 만들어진 법들과 싸웠습니다. 아마 비젠펠트 사건이 확실한 예겠지요. 원고 비젠펠트의 아내는 출산 중에 그만 숨을 거두었어요. 비젠펠트는 갓 태어난 아이를 돌보고 싶었습니다. 그래서 아이 돌봄과 관련된 사회보장 제도를 찾았지요. 그러나 그런 혜택은 한 부모 여성에게만 주어질 뿐, 한 부모 남성에게 해당되지가 않았습니다. 비젠펠트의 아내가 교사로서 월급을 받으면서 꼬박꼬박 남자들과 동등하게 세금을 냈는데도 말이지요. 한 부모 남자는 덜 보호받고 양육하는 부모로서 불이익을 당했어요.

이런 고정관념, 남자만 밥벌이를 하고 여자는 집과 아이를 돌본다는 세계관에 입각한 법들을 모두 없애고자 했습니다.

스티븐 비젠펠트의 아내는 학교 선생님이었어요. 임신 기간 내내 건강했고, 아홉 달을 교실에서 근무했어요. 출산할 때 병원을 찾으니 의사가 이렇게 말했지요. "매우 건강한 사내아이를 낳으셨어요. 그런데 정말 유감입니다. 아내분께서 그만 색전증으로 돌아가셨습니다."

스티븐 비젠펠트는 아들이 학교에 입학하기 전까지는 아이를 돌보며 파트타임 일자리를 구하겠다고 결정했어요. 급여를 받던 근무자가 사망하게 되면 그 아이와 유가족에게 지급되던 사회보장 혜택을 당연히 받을 줄 알고 신청했지요. 사회보장을 신청하러 사무실에 들렀더니 이렇게 말하더랍니다. "죄송하게 됐군요. 비젠펠트 씨, 이 혜택은 엄마가 받을 수 있는데 당신은 어머니가 아니잖습니까."

요점은 이겁니다. 고인이 된 비젠펠트는 사회보장 세금을 성실히 납세했습니다. 그런데 남자의 반려 가족에게는 제공되는 보장이 반대로 여자의 가족에게는 돌아가지 않는다는 것. 비젠펠트에게 아이 돌봄의 선택권이 주어지지 않은 겁니다. 인생의 동반자를 잃었는데도 아무런 도움을 받지 못했습니다. 우리는 남성이 아이를 돌보지 못하고, 여성이 진짜 노동자로 취급받지 못한 채 소액의 돈벌이나 하는 사람으로 취급받는 개념과 싸웠습니다.

로즌 법원은 어떻게 판결 내렸나요?

긴즈버그 판사들이 세 가지 논거를 들었고, 법원은 만장일치 판결을 내렸습니다. 일각에서는 임금 노동자로서의 여성에 대한 완벽한 차별이라고도 했지요. 남자들과 똑같이 사회보장세를 내는데도 법은 그녀의 가족을 동일하게 보장해주지 않았으니까요.

또 어떤 이들은 부모인 남성에 대한 차별이라고 보았습니다. 렌퀴스트 판사는, 아기의 시선으로 보자면 이런 상황이 완전히 제멋대로인 거라고까지 말했지요. 왜 부모 중 홀로 살아남은 쪽이 아버지일 때, 아이가 기회를 받을 수 없답니까?

한때는 여성에게 호의적으로 운영된다고 여겨졌던 시스템이, 실제로는 불리하게 돌아가고 있음을 재판관들도 납득하도록 우리는 대치하고 있었습니다. 비젠펠트의 사례로 살펴보건대, 법은 왜 그렇게 되어 있었을까요? 왜냐하면, 여성만 아이를 돌보는 사람, 돌봄 제공자로 여겨졌기 때문이지요. 여성의 역할뿐만 아니라 남성의 역할에 대한 고정관념을 무너뜨리는 것이 목표였습니다.

로즌 가부장적 고정관념을 신봉하지 않으시잖아요.

긴즈버그 절대 아니지요.

로즌 그리고 대법관님이 그러한 소송을 할 때는 고정관념이 그렇게 자리 잡힌 남성 판사들을 많이 만나지 않으셨습니까. 그래서 남성 원고들을 변호하기로 선택하신 거고요. 판사들이 같은 남자에게 더 잘 공감할 거라 여기셨나요.

긴즈버그 음, 제 경우는 남자 원고보다는 여자 원고들이 더 많았어요. 남자라서 이렇다, 혹은 여자라서 이렇다는 틀에 잡혀 있는 법원을 깨우치려고 했지요. "남자는 의사, 법조인, 인디언 추장 등으로

37

성장하고 여자는 집을 지키고 청소하고 아이를 돌본다"는 세상의 시선에는, 분명 무언가 잘못된 점이 있습니다. 남자들의 세계에 아주 작은 공간을 터서 여성에게 던져주고, 사방이 막힌 구석 자리에 여성 자신을 가두는 셈입니다.

우리 논지는 이겁니다. 남자라서 그래, 혹은 여자라서 그래,라는 고정관념을 깨뜨려야 한다. 대개는 고정관념에서 비롯된 이러한 틀이 맞는 사람도 있어요. 그런데 그 틀에 맞지 않는 사람도 있습니다. 그러면 선택의 여지가 주어져야 한다는 겁니다. 타고난 성별로 인해 틀에 갇혀 얽매어 살지 않게 말입니다.

로즌 1960년대, 그러니까 처음으로 소송을 시작했던 때 세상은 어떠했습니까?

긴즈버그 그때 세상이 어땠는지 지금 젊은이들은 상상할 수도 없을 거예요. 여성은, 배심원으로 불려가지도 않았고 그런 의무를 부여받지 못했습니다. 법에 따르면 "모든 여성"이 배심원 역할을 맡을 수 없었어요.

도로시 케니언은 배심원 제도상의 남녀 차별을 끝장내겠다는 목표를 세웠습니다. 호이트 대 플로리다 사건이 그 목적에 딱 들어맞았습니다. 플로리다주 힐스보로 카운티 출신의 그웬돌린 호이트는 난봉꾼 남편에게 평소에도 자주 구타당했습니다. 그날도 남편과 말다툼이 심해진 끝에 구타당하고 맞고 한계치에 이를 만큼 굴욕을 당했지요. 그때 방 한구석에 아들의 야구방망이가 눈에 띄었습니다. 방망이를 움켜쥐고 남편의 머리를 때렸습니다. 그런데 남편이 넘어져 단단한 바닥에 부딪혔습니다. 언쟁은 끝나고, 살인 기소가 시작되었지요.

그웬돌린은 플로리다주 힐스보로 카운티에서 재판을 받았는데, 배심원 명단에 여자는 단 한 명도 없었습니다. 여성이 직접 서기의 집무실로 찾아와서 자원봉사를 신청할 수는 있었어요. 호이트는, 만약 배심원단에 여자가 있다면 그웬돌린의 정신 상태를 이해할 수 있을 것이고, 무죄는 아니어도 살인 대신 과실치사죄를 적용할 수 있지 않을까 생각했지요.

그웬돌린은 전원 남성으로 구성된 배심원단에 의해 살인으로 유죄판결을 받고 1961년 대법원까지 올라왔습니다. 지금 우리는 "자유주의 워런 법원 시대"에 살고 있지요. 그때는 아니었습니다.

로즌 대법원에서 그웬돌린 호이트는 어떻게 됐습니까?

긴즈버그 인구의 절반이 배제된 상태라서 그웬돌린이 여성 배심원을 얻을 기회조차 없었다는 여론이 일었습니다. 대법원은, 그저 가정과 가족의 삶에 중심을 지키고 있는 여성의 위치를 고려해서 반영한 결과라고만 했지요. 법정은 단순하게 반응했습니다.

"우리는 이 불만을 이해할 수 없다. 여성은 이 세상에서 취할 수 있는 가장 좋은 것들을 가지고 있다. 여성이 원하면 (배심원으로) 봉사할 수 있다. 그렇지만, 원하지 않기 때문에 봉사할 필요도 없는 것 아닌가."

'남자는 의사, 법조인, 인디언 추장 등으로 자라고
여자는 집을 지키고 청소하고 아이를 돌본다'는
세상의 시선에는, 분명 무언가 잘못된 점이 있습니다.
남자들의 세계에 아주 작은 공간을 터서 여성에게
던져주고 사방이 막힌 구석에 여성을 가두는 셈입니다.

그웬돌린의 입장에서 생각해볼 수 있겠지요.

"나는 어떻게 합니까. 나와 입장이 같은 배심원을 뽑을 나의 권리는 어떻게 된 겁니까?"

1961년 패소한 이 사건은, 1970년대 그다지 진보적이지 않은 버저 법원에서 쉽게 승소했습니다. 왜? 사회가 바뀌었기 때문이었죠. 여자들이 깨어났기 때문이었습니다. 전 세계적으로 움직임이 일어났습니다. UN은 1975년을 세계 여성의 해로 선포했습니다. 1970년대 성차별 사건들에 법원은 바로 이 사회적 변화를 반영하게 된 것이지요.

로즌　1960년대 성차별 사건들의 실태에 대해 조금 더 자세히 말씀해주시겠습니까.

긴즈버그　1960년대 시민권 운동의 결과물로서 미국 전역에 권리가 살아 있었습니다. 그런데, 미국 대법원은 역사상 성별에 따른 분류를 위헌으로 판결 내린 적은 없었어요. 그 팍팍했던 시절에 있었던 사건으로 1948년에 판결이 난 고이저트Goesaert 대 클리어리Cleary도 잊을 수 없습니다. 선술집을 운영하는 여성이 있었는데 딸이 바텐더로 일했지요. 미시간 주는 술집 주인이 남자일 경우에만 그 부인이나 딸이 술집을 운영할 수 있단 법이 있었습니다.

네, 그 말은, 이 두 여성은 그 술집을 경영할 수 없다는 의미였습니다. 대법원은 초서의 옛 소설까지 인용해가며 이 사안을 가볍게 다루고자 했습니다. 술집 경영을 허락하는 대신, 법정에서는 여성이 술집을 운영할 수 있으며 보호받아야 할 필요가 있다 했지요. 술집은 종종 불쾌하고 나쁜 일이 일어나는 곳이라면서요.

대법원은 이 법이 맞다고 판결 내렸지만 감사하게도 미시간 주 주류 당국은 이 법의 집행을 밀고 나가지 않기로 했습니다. 그래서 고이저트는 계속 술집을 이어갈 수 있었어요. 사실, 고이저트 대 클리어리 사건은 제가 로스쿨에 있을 때 법원이 사회적 경제적 규제를 풀어준 사례로 간략하게 한 단락 정도로 설명되고는 넘어갔습니다.

여성에게 바텐더 일을 금지한 이유는 술 취한 난폭한 이들로부터 보호하려는 조치로 건강 및 안전에 관한 법안으로 설명되곤 했지요. 실은 술집 바 뒤편에서 일하는 여성보다 테이블에 술을 가져가는 여성들이 술주정뱅이들에게 난폭한 위협을 받을 확률이 더 크지요. 그런데 대법원은 이에 대해서도 잘 인식하지 못했어요. 바로 얼마 전까지 법의 인식이 머물던 현 주소입니다.

로즌 대법원에서 첫 번째로 맡게 된 사건은 어땠습니까?

긴즈버그 샐리 리드 재판이 첫 번째였죠. 샐리 리드는 사망한 아들의 유산 관리인이 되고자 했는데 관련 법령에 의해 고통받고 있었습니다. 이 법은 "고인의 재산을 관리할 능력이 동등하다면 남자가 여자보다 우선권이 있다"고 돼 있었지요. 샐리에겐 십 대 아들이 있었지요. 남편과는 이혼한 상태였고요. 아이가 어릴 때는(법적 용어로는 미성년) 샐리가 양육권을 가지고 있었습니다. 아들이 십대가 되니 아버지가 "아들이 이제 남자의 세계를 알아야 되니 내가 양육하고 싶다"고 했습니다.

가정법원이 남편의 손을 들어주었습니다. 샐리는 낙담했습니다. 남편이 아들에게 안 좋은 영향을 끼칠 게 너무도 눈에 선했거든요. 샐리 생각이 맞았어요. 아들은 아버지 집에서 몹시 우울한 나날을 보내다 아버지의 총으로 스스로를 쏘아 목숨을 끊었어요.

샐리는 아들이 죽고 나서 그의 유산 관리인이 되려 했지요. 거기서 경제적 이익이 얻어지는 건 아니었습니다. 그러나 마음과 정신으로는 중요한 문제였습니다. 2주 후에 남편도 유산 관리인으로 지원했는데 판사는 이렇게 말했어요. "미안하지만 샐리, 선택의 여지가 없어요. 법에 의하면 남자가 여자보다 우선권이 있어요."

샐리는 부당하다고 느꼈어요. 샐리는 집에서 매일매일 노약자를 보살피고 있었는데 말입니다. 이러한 부조리에 맞닥뜨려, 샐리는 미국의 법이 자신을 이 부조리로부터 지켜내주길 바랐어요. 샐리는 자비를 들여 아이다호 주법원의 세 단계를 거쳤습니다. 아이다호주의 보이시에서 앨런 데르Allen Derr라는 변호사를 고용했어요. 샐리 사건은 연방대법원의 대전환점이 되었습니다. 오롯이 샐리 스스로의 힘으로 여기까지 헤쳐왔고, 전국의 여성 조직이나 ACLU가 시범 삼아 지원한 사건도 아니었어요. 그녀는 아무 이유 없이 불평등에 노출되어 있다 깨쳐 일어난 미국의 수많은 여성들 중 한 명이었어요.

샐리 리드는 법정에서 만장일치로 승소했습니다. 1971년, 역사상 처음으로, 미국 대법원은 임의로 여성을 차별하는 법률을 위헌으로 판결했습니다. 이 사건에서 주목할 것은, 지금 말했듯이, 샐리 리드가 그저 평범한 여성이었다는 것입니다. 샐리는 스스로의 힘으로 자금을 조달해 아이다호주의 세 단계 법정(첫번째로 지방법원, 지방법원에서 패소한 경우에는 순회법원이라고 하는 연방항소법원에 재심을 청구할 수 있고 연방항소법원의 상위기관이 대법원이다.—옮긴이)을 다 거쳐냈어요. 평등한 권리를 정당화할 법 체계를 우리가 가지고 있다고 샐리는 믿었습니다. 1960년대 민권운동과 1970년대 부활한 페미니스트 운동 속에서, 우리가 불의를 바로잡을 시스템을 갖고 있다고 믿은 사람들이 전국 도처에 있었습니다.

로즌 그러니까 법원 홀로 할 수는 없군요. 변화를 위해서는 평등에 대한 새로운 비전을 사회가 진정 받아들여야 할 것 같습니다.

긴즈버그 바로 그거예요, 제프. 리드 사건을 브리핑하면서 특징 중에 하나는, 1971년 말에 논의되고 결정이 난 사건임에도 폴리 머레이와 도로시 케니언, 두 여성의 이름을 변론 취지서 앞표지에 당당히 변호사로 올렸습니다. 저보다 앞선 세대였던 이분들은 1940~1950년대에 우리가 1970년대 했던 말과 정확히 똑같은 말을 했습니다. 그런데 그때는 사회가 들을 준비가 안 되어 있었습니다. 뒷세대인 우리가 '그들이 못다 이룬 일을 이어서' 했으므로 머레이와 케니언의 이름을 올렸습니다.

로즌 프런티에로 사건에 대해서도 말씀해주십시오.

긴즈버그 프런티에로 자신이 제일 잘 말할 수 있을 텐데, 우선 샤론 프런티에로 중위는 결혼을 하면서 주둔하고 있던 부대 인사과로 가서 남편을 위해 기혼 장교의 주거수당과 의료시설 출입을 요청했지요. 프런티에로는 자기 입으로 이 말을 전하면서도 아직도 믿기지 않는다고 하더군요. 그러한 혜택은 여성에게는 주어지지 않는다고 하더래요.

왜? 남자만 신청할 수 있다는 거였지요. 샤론은 이러한 일이 일어날 수 없는 체제에 살고 있다고, 맞닥뜨린 부조리함을 법원이 해결할 거라고 생각했습니다. 지금은 코헨으로 성이 바뀐 샤론 프런티에로와 함께 2020년 8월 오마하에서 열리는 수정헌법 19조 비준 축하 행사에 참여할 예정입니다.

로즌 그 사건 이후로 다시 그녀를 만났나요?

긴즈버그 네, 계속 연락하고 지냅니다. 몇 년 전, 노스캐롤라이나, 사우스캐롤라이나, 조지아의 여성 변호사들이 후원하는 여성 발전 프로그램이 노스캐롤라이나 애슈빌에서 개최된 적이 있어요. 스티븐 비젠펠트와 저도 참석했지요. 비젠펠트는 해군의 해상 임무에 여성을 배정하지 않는 문제에 소송을 제기했었죠.

로즌 일전에도 이에 대해 말씀하신 적 있지요. 대법관님께는 그저 문자로만, 머리로만 이해되는 그런 의미가 아니었어요. 여자와 남자 각각의 개인들, 그들의 실제 이야기를 아는 분이니까요. 지적인 향

연이나 학문적 차원이 아니었습니다. 대법관님은 변호인들을 진정으로 신경 썼어요. 어떻게 진행돼가는지 항상 주시하셨지요.

긴즈버그   그렇습니다. 가령 1970년대에 어떤 이념을 가진 단체가 "우리가 법정에서 이 이슈를 다루고 싶은데, 한번 찾아봅시다"해서 그런 식으로 진행된 사건은 단 하나도 없었습니다. 샐리 리드, 스티븐 비젠펠트, 샤론 프런티에로 같은 사람은 바로 그 현실을 살고 있었던 겁니다.

비젠펠트와는 정기적으로 연락하고 지내지요. 몇 년 전 그의 아들 제이슨의 결혼식에서 주례를 서기도 했고요. 제이슨은 컬럼비아 로스쿨을 다니다 투자 은행에서 일했고 지금은 세 자녀를 둔 아버지입니다. 아내와 사별한 스티븐은 마침내 두 번째 사랑을 만나 두 번째로 결혼식을 올렸습니다. 그 결혼식에서도 제가 주례를 섰지요.

2장
동등한 관계로서 결혼한다는 것

2017년 가을, 난 곧 결혼을 앞두고 있었다. 긴즈버그 대법관에게 주
례를 부탁드리고자 약혼녀 로런Lauren과 함께 집무실로 찾아갔다.
로런이 지금 하는 일에 대해 설명하자, 긴즈버그는 조용히, 그러나
열정적으로 경청했다. 로런은 문화인류학과 교수로서 가나의 입헌
민주주의 위기에 대해 한창 연구하고 있었다.

2011년 아랍의 봄이 일어난 다음, 이집트 헌법 초안을 작성하던
사람들이 긴즈버그에게 조언을 구했다고 한다. 긴즈버그는 그때 남
아프리카공화국 헌법이 미국의 헌법보다 낫다고 모델로 삼으라고
추천했던 경험을 열렬하고 폭넓게 설명해주었다. 남아프리카공화
국 헌법은 임신중단권, 건강관리 및 소득 불평등 최소화에 대해 명
시적으로 표기했다.

대화 자리 끝 무렵, 긴즈버그는 우리 결혼식에 주례 서는 것을 승

낙해주었다. 그리고 한 달 후 식이 열리기 전까지, 결혼식에 참고하라며 긴즈버그가 다른 친구, 지인 들의 결혼식을 위해 썼던 초안을 보내주었다. 원고 초안은, 긴즈버그가 남편 마티와 56년 동안의 결혼생활에서 평등한 관계를 구축한 것으로 시작한다.

서로의 재능과 경험에 진실로 감사합시다. 그 감사함에 뿌리를 두고 서로 헌신하십시오. 인내, 좋은 유머, 상대방에게 주는 기쁨이 얼마나 소중한지 우리는 여지껏 배워왔습니다.
서로에 대한 사랑은, 마치 마법과 같이, 혼자일 때보다 두 사람을 더욱 지혜롭고 행복하고 풍요로운 경험으로 영원히 이끌어줄 터입니다.

초안은 "제프리, 이제 신부에게 키스해도 좋습니다"라는 전통적인 축복으로 마치고 있었다. 우리는 결혼 축시를 이 초안에 포함시켜 검토해주십사 다시 보내드렸다. 긴즈버그 판사의 전설적인 편집 실력과 칼 같은 마감은 정평이 자자했다. 대법원 동료들이 작성한 초안에 들어 있는 오자와 오류를 빠르고도 엄격히 잡아냈다. 우리가 결혼 서약서 초안을 보낸 지 불과 몇 시간 만에, 변경 사항이 추가되어 다시 받아볼 수 있었다. 긴즈버그는 마지막 문장을 이렇게 수정했다.

제프리, ~~신부에게 키스해도 됩니다.~~ 로런, 이제 이 결혼의 첫키스를 위하여 서로 안아주실 시간입니다.

문구의 이런 변경은, 아주 작은 부분에 대한 긴즈버그의 세심한 주의를 보여준다. 더불어 앞으로 변화해갈 세계에서 끊임없이 성평등을 넓혀가야 한다는 비전이 결합된 예시이기도 했다. 전통적인 축복의 주례사를 수백 번 했음에도, 긴즈버그는 새로운 눈으로 원고를 읽었다. 그리고 더 평등한 비전을 반영하는 쪽으로 바꾼 것이다. 대법원 임기 시작이 불과 몇 시간 안 남은 상황에서 원고를 읽고 손보았다. 이런 예를 통해서 그녀가 얼마나 평소 자기 자신을 강철처럼 단련시키는지, 정확한 단어로 표현하는 데 얼마나 노력을 쏟는지, 자신의 친구, 가족, 동료 그리고 소송인 들에게 얼마나 따뜻하게 관심을 기울이는지 알 수 있다.

마틴 긴즈버그와의 결혼생활에서도 이러한 특징은 여지없이 드러났다. 둘은 1950년 코넬 대학에서 만났다. 캠퍼스에서 루스를 처음 본 마티는, 루스와 만나는 자리를 주선해달라고 루스의 친구와 사귀던 룸메이트를 졸랐다. 마티와 루스는 클래식 음악에 대한 사랑과 서로의 지성을 존중하며 금세 친해졌다. "마티는 나한테 두뇌가 있다는 걸 알아주는 유일한 남자였다." 긴즈버그는 이렇게 말하며 덧붙였다. "마티는 너무나 똑똑했다."[1]

결혼 초 마티는 로스쿨 1년을 마친 뒤 군대에 소집되었다. 오클라호마주 포트 실에서 2년간 포병을 가르쳤다. 마티와 루스가 하버드 대학교 로스쿨에 가기로 결정하기 14개월 전 즈음, 딸 제인이 태어났다. 하버드 대학 학장 어윈 그리스월드Erwin Griswold는 어느 리셉션 자리에서 루스에게 왜 남편 따라 하버드 로스쿨로 왔냐고 물어봤

다. 아내로서 남편이 하는 일을 더 잘 이해하고 싶었기 때문이라고 루스는 대답했다.[2]

졸업 후에 마티는 뉴욕에서 직장을 얻었다. 로스쿨 마지막 해를 남기고 루스는 컬럼비아 대학교로 옮겨 공동 수석으로 졸업했다. 1965년에는 아들 제임스가 태어났다. 마티는 세무 변호사로서 승승장구했다. 루스는 럿거스와 컬럼비아에서 법학과 교수가 되었다. ACLU의 여성권리증진단의 공동 창립인으로도 활약했다.

제임스가 학교에서 이런저런 사고를 치면 학교 당국에서는 루스에게 전화하곤 했다. 루스는 '제임스에게는 아빠와 엄마가 있으니, 제임스의 아버지에게도 전화를 하라'고 학교에 제안했다.(이 제안 이후로는 학교에서 부모에게 번갈아 차례로 전화했다고 한다) 학교에서는 여성(엄마)이 일하는 도중에 시간을 빼앗는 것에는 주저하지 않았으나, 남자(아빠)가 일하는 중간에 방해하게 될까 봐 주저했다.

변호사 시절부터 대법관 시절까지, 긴즈버그는 남성과 여성이 자녀 양육에 동등하게 책임을 질 때라야만 진정 평등해진다는 일관된 소신이 있었다.

일찍이 1972년 긴즈버그는 "아동 양육은, 아동 출산과는 달리, 한쪽 성의 육체적 특성이 수반되어야 하는 건 아니"라고 썼다. 스웨덴의 가족정책위원회가 일하는 여성에게 6개월의 출산 휴가 대신 부모 중 한 명이 8개월의 휴가를 낼 수 있게 한 데 주목했다.[3]

긴즈버그 부부와 함께 보낸 그 수년간의 시간이 내겐 얼마나 큰 기쁨이었는지 모른다. 긴즈버그 부부가 서로를 그토록 사랑하는 모습을 볼 때마다 진심으로 마음에 울림이 전해졌다. 마티는 유머감각이 대단했다. 기발한 유머로 주변 사람들과 루스를 배꼽 잡도록 웃게 했다. 아내만큼이나 마티의 개그 시리즈는 유명했다.

이를테면 마티는 손자들에게 미국 국회의사당 꼭대기에 서 있는 동상이 자기를 본딴 거라고 농담하곤 했다. 한번은, 루스가 오페라에서 청중들에게 기립박수를 받았다. 마티는 동네 사람들이 자기를 응원하려고 세무 변호사 연회를 열었는지 미처 몰랐다고 능청스럽게 말해 웃음을 안겼다.

마티는 1995년 "대법관 배우자 자격에 대한 성찰"이라는 연설을 하면서도 유머러스했다. "그간의 대법관 배우자 경험으로 보건대, 대법관 배우자의 유일한 의무는 공적으로 노출되는 어리석음을 피하는 것이죠. 이게 항상 쉽지는 않은 일이랍니다." 그런 다음 마티는 아내가 도움이 필요할 때면 언제든 어떤 동료들에게 보낼 수 있도록 고안한 전천후적 편지 양식 초고를 들어 보였다.

대법관이 계속 수면 위에 있을 수 있도록, 귀하가 요구한 사항을 왜 대법관이 들어줄 수 없는지 설명하려고 노력했습니다. 다음 설명을 잘 살피신 다음 귀하의 요청에 맞는 캡션을 따르세요.

· 가장 좋아하는 레시피: 사반세기 전에, 대법관은 음식을 너무나도 좋아하는 아이들에 의해 주방에서 추방당했습니다. 그래서 더는 요리를 하지 않습니다. 대법관이 어렸을 적 좋아했던 참치 캐서롤은, 이제 아무도 좋아하지 않는답니다.

· 사진: 긴즈버그 재판관은 그렇게 많은 사진 요청이 들어온다는 데 사실 매우 놀라고 뿌듯해했습니다. 그런데 이제는 62세입니다. 더는

사진 공급이 없다는 것도 이해할 만하시죠.

· 친척 여부: 긴즈버그 재판관의 부모님 성은 베이더Bader와 앰스터 Amster였습니다. 긴즈버그와 성이 똑같은 수많은 사람들이 출신지와 이민 관련 정보를 보내주셨습니다. 매우 관심을 끄는 정보나 여러 분과 긴즈버그 재판관이 혈연관계일 확률은 매우 희박합니다.

이런 맥락으로 계속 쓴 다음, 마티는 다음과 같이 결론 내렸다. "루스의 사무원 여러분, 내 편지에 거부권을 행사하셔도 놀라지 않 겠습니다. 놀랍게도, 그 순간부터 잘 대처하실 테니까요."[4]

마티가 암이 재발한 후, 2008년 워싱턴의 오페라 공연장에서 본

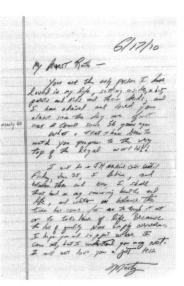

젊은 시절의 마티와 루스(왼쪽), 마티가 루스에게 보낸 편지.

것이 마지막이다. 그때도 그는 어느 때보다 위트가 있었다. 루스 긴 즈버그와 내가 참지 못하고 크게 웃음을 터뜨릴 정도로 우스꽝스 러운 농담을 했다. (그 농담이 무슨 내용이었는지 기억이 잘 나지 않으니 너무나 안타깝다. 기억해내고 싶다.) 2010년 6월, 마티는 자신의 암이 수술 불가 능할 정도의 상태란 걸 알았다. 그 사실을 알고 나서 아내 루스에게 영혼의 러브레터를 보냈다.

사랑하는 나의 루스—

당신은 내가 생을 다 바쳐 사랑한 단 한 사람이야.
부모님과 아이들, 손자들도 사랑하지만 그것을 뛰어넘는. 56년 전 코넬 대에서 당신을 처음 만난 그날부터, 줄곧 당신을 사랑 하고 존경해왔어……
당신이 법조계 정상의 자리로 한 걸음 한 걸음씩 올라가는 여정 을 지켜보는 일이 내게는 크나큰 기쁨이었어.
6월 25일 금요일까지 JH메디컬센터에 있을 것 같아. 삶의 질에 압도적인 타격이 올 텐데, 이 생을 떠날지 계속 버티어낼지, 내 남은 기력과 삶에 대해 심사숙고해야 할 때가 온 듯해.
이제는 존엄이 무너지는 것을 도저히 견디기 힘들어. 나에게 무 슨 일이 닥쳐도 흔들리지 마. 설령 그렇지 않다 해도 난 이해해. 그 어느 쪽이든, 당신에 대한 내 사랑만큼은 조금도 줄어들지 않을 거야.

—마티[5]

6월 27일 일요일, 마티는 집에서 숨을 거두었다. 대법원 회기 마지막을 마치기 위해 긴즈버그 대법관은 다음 날 복귀했다. 몇 주후, 아스펜 아이디어 페스티벌에서 긴즈버그와 인터뷰할 기회가 있었다. 손자 폴이 여행에 동행하여 맨 앞줄에 앉아 있었다.

———————————

로즌 여기서 뵐 수 있다니 대법관님은 무척 강한 분입니다. 우리 모두의 친구이자 대법관님의 사랑인 마티를 떠나보낸 지 얼마 되지 않았습니다. 여기 있는 모두를 대신하여 삼가 조의를 표합니다. 20여 년 전, 두 분을 처음 뵀지요. 그 후로도 마티와 당신은 얼마나 많은 이들에게 참되고 평등한 결혼 관계에 대해 영감을 주고 현실의 모범이 되어주셨는지요.

마티는 재능이 엄청난 사람이었어요. 우선, 마티의 요리 실력은 어마어마했어요. 그가 만든 디저트와 저녁 만찬의 훌륭한 맛을 잊을 수 없습니다. 남편이 육아를 분담하는 게 무척 생소했던 예전 시대부터 마티는 같이 양육을 책임졌지요. 또 마티는 믿을 수 없게 재미있는 사람이었고, 그와 함께 있을 때마다 대법관님은 크게 웃음을 터뜨리곤 하셨어요.

무엇보다도, 두 분은 서로에게 푹 빠져 있었습니다. 마티의 사랑 안에서 언제나 당신한테 늘 기쁨이 뿜어져 나오는 게 보였으니까요. 그토록 행복한 결혼생활의 비밀이 무엇인지 궁금합니다. 비법을 우리에게 알려주실 수 있을까요?

긴즈버그　마티랑 저는 56년을 행복하게, 함께 살았습니다. 집안일 분업에 관해서라면, 한번은 제가 대법관에 지명된 다음 기자가 제 딸에게 이런 질문을 한 적 있어요. "집에서 생활은 어떤가요?" 딸은 이렇게 대답했어요. "음, 아버지는 요리를 하고 어머니는 생각을 하십니다."

전혀 사실이 아니죠. 마티는 제가 아는 한 가장 똑똑한 사람이었으니까요. 마티는 두 여자를 위해 그의 재능을 주방에서 썼습니다. 한 분은 마티의 어머니, 또 한 사람은 저였지요.

로즌　정치 시스템은 너무나 양극화돼 있고, 남자와 여자 들은 어떻게 상호작용해야 하는지 방법을 찾고 싶어 합니다. 불확실함이 너무 요동치는 시대라고 할까요. 우리 시민들이 어떻게 서로 영향을 주고받으며 살면 좋을지 한말씀해주세요. 아, 그리고 그동안 결혼하는 커플들에게 해주셨던 그 심오하고도 현명한 조언들을 독자들을 위해 다시 한 번 공유해주실 수 있을지요.

긴즈버그　음, 제겐 아주 현명한 시어머님이 계셨습니다. 바로 마티의 어머님입니다. 우린 마티의 집에서 결혼식을 했어요. 결혼하기 직전, 그분이 절 한쪽으로 조용히 데리고 가더니 이렇게 말씀하시더군요.

"결혼생활을 행복하게 할 작은 비밀을 말해주고 싶구나."

"듣고 싶어요. 감사합니다."

"루스, 결혼생활을 좋게 유지하려면, 때로는 귀가 잘 안 들리는 것처럼 사는 것도 도움이 돼."

이 조언은 사실 너무도 지혜로웠습니다. 56년의 결혼생활뿐만 아니라 이날까지도, 일터에서도 적용되지요. 언제 어느 장소에서든 내 기분을 상하게 할 말은 들려올 수밖에 없습니다. 그럴 때면, 마치 잘 안 들리는 것처럼 그저 한 귀로 흘려버리세요.

로즌 그 조언에는 분노가 일어날 때 대처하는 심오한 뜻이 담겨 있습니다. 항상 평정심 유지하기, 남이 화를 내더라도 그 분위기에 휩쓸리지 말고 나 자신을 지키는 방법이지요.

긴즈버그 네, 분노나 후회, 질투 같은 감정은 생산적이지 않습니다. 그런 감정들로 아무것도 이룰 수 없으니 잘 관리해야지요. 한창 페미니스트 소송을 하며 불타오를 때도, 부적절한 질문을 하는 판사들에게 곧장 내지르며 대응한 적이 없습니다. "이 성차별 돼지야" 하는 식으로요.

뉴저지주 트렌턴에서 열린 재판에서였어요. 연방지방법원 판사 세 명이 배석한 가운데 한 사람이 이렇게 말하더군요.

"글쎄, 요즘 여자들은 어디서나 잘 지내지 않습니까. 어디서든 기회는 평등하게 주어집니다. 군대에서조차 기회는 동등합니다."

제가 대답했지요. "존경하는 재판장님, 여자에게는 비행 훈련이 허락되지 않고 있습니다."

판사가 그러더군요. "오! 그런 말 마세요. 여자들은 언제나 하늘

위에 있다구요. 내 아내와 딸을 통해 경험한 바에 의하면 그래요."

제가 어떻게 반응했을 거 같아요?

"전 땅 위에 발을 굳건히 딛지 않은 남자를 몇 명 아는데요."

요즘에는 이런 식으로 말하는 판사가 거의 없지요. 1970년대에는, 판사가 인종차별적 농담을 하는 게 옳지 않다는 건 알아도, 여자들이 공정한 게임장 안에 있다고 생각하던 시절이었어요.

로즌 처음 마티를 만났을 때, 어떤 점에 끌리셨나요?

긴즈버그 샌드라 데이 오코너가 우리가 젊었을 때 이야기를 한 적이 있어요. 마티는 매우, 특별했어요. 처음으로 내게도 뇌가 있다는 걸 고려해준 남자가 마티였습니다. 내가 아는 나보다 날 더 가치있게 여겨주었어요.

마티는 2년 동안 군대에 입대해야 해서 로스쿨 첫 해를 마치고 떠나게 되었죠. 2년 뒤 복학하니 마티는 2학년, 저는 1학년으로 돌아오게 됐고 우리의 딸 제인이 태어났어요. 제인이 14개월 됐을 때 로스쿨을 시작하게 된 거죠. 당시 로스쿨 학과장이 여러분도 많이 알고 계시는 어윈 그리스월드였어요. 대단한 학과장이자 법무부 장관이기도 했던 그 그리스월드 말입니다. 그런데 그분은 나를 소개하는 일이 있거나 사교 자리에서 내가 로스쿨에서 마티를 만났고 마티가 나보다 한 살 위라고 말씀하시곤 했어요. 3학년 때 저는 컬럼비아로 학교를 옮기게 됩니다. 꾹꾹 참다가 어느 날은 이렇게 말하고야 말았습니다.

"그리스월드 학과장님, 제가 졸업할 때 제인이 벌써 네 살이었습니다."

그런데 하버드 로스쿨과 모성애를 함께 엮는 개념은 홀쩍 도를 뛰어넘는 일이었어요. 내가 하버드에 있을 때 남자는 500명이 넘는 수에 여자는 단 9명뿐이었습니다. 마티의 학년에는 남자의 수가 500명이 넘고 여자가 5명이었으니 홀쩍 뛰어넘은 셈이지요. 하버드 로스쿨에서 그 엄중한 훈련을 거치고 세상에 나온 다음 아기 돌보는 사람이 될 수 있다는 게 학장의 마음에 들지 않았겠죠.

로즌   자, 성평등에 관해 중요한 질문이 또 있습니다. 몇 년 전 제게 집무실에서 어떤 사진을 보여주신 적이 있지요. 대법관님의 사위가 손자를 사랑스럽게 바라보는 사진이었습니다.

긴즈버그   손자 폴의 사진이었어요. 생후 2개월쯤 됐을 땐데요. 폴의 아빠가 사랑이 듬뿍 담긴 눈으로 침대에 누워 있는 폴을 바라보는 사진이었지요. 그 사진에 담긴 모습이 바로 제가 그리는 이상理想입니다. 아이에게는 두 명의 자상한 부모가 있지요. 세상 모든 아이들이 아버지와 어머니로부터 동등하게 사랑과 보살핌을 받을 수 있다면, 우리가 사는 이 세상은 훨씬 나아질 겁니다.

로즌   그때 당신은 "그 사진이 바로 내가 미래에 거는 희망"이라고 하셨지요. 처음에 저는 그 말의 속뜻을 몰랐어요. 그러다가 나중에 깨달았어요. 남성이 여성과 동등하게 육아를 책임지는 세상이, 여성이 진정으로 동등해지는 세상이고 그것이 대법관님이 미래에 바라는 희망이라는 것을요.

긴즈버그 맞아요. 딸이 보내준 사진이었지요. 아버지가 아이를 사랑하는 모습이 너무 아름답게 담긴 사진이라 제 집무실에서도 가장 잘 보이는 곳에 놓아두었습니다.

로즌 남성과 여성이 양육에 대해 평등하게 책임지는 모습은 10년 전 20년 전과 비교할 때 조금 나아졌나요?

긴즈버그 훨씬 나아졌죠. 컬럼비아 대학 로스쿨 마지막 해에, 딸아이가 서너 살 됐었죠. 그 지역을 통틀어 아이를 돌봐줄 어린이집이 딱 한 곳뿐이었어요. 아침 9시~12시 혹은 오후 2시~5시까지만 가능했지요.

그런데 이제 제 딸이 자라 엄마가 되었을 때에는, 컬럼비아 로스쿨 지역에 종일 돌봄을 제공하는 어린이집이 스물네 군데도 넘더군요. 제 동료들도 육아휴직을 쓰거나 남자가 육아휴직을 내기도 하고요.

대법관 첫 해에, DC 순회법원에서 재판연구원으로 지원한 이력서 가운데 흥미를 끄는 서류가 있었어요. 왜? 그 남자 지원자는 조지타운에서 야간에 법을 공부한다더군요. 아내가 경제학자로서 월드 뱅크에서 일하기 때문이었어요. 또 법학과 1학년 때 바그너의 〈니벨룽의 반지〉에 대한 감상평을 썼는데 그 글도 제출했습니다.

그때가 1993~1994년쯤 됐을 거예요. 나는 대법원장에게 집에서도 웨스트로Westlaw나 렉시스Lexis 같은 법률 연구 서비스에 접속할 수 있는지 물어보았습니다. 렌퀴스트 대법원장이 안 된다고 하더군요. 재판연구원들은 가능한 한 기관 내에 머물러야 한다고요. 바로 다음 해에, 모든 재판연구원이 집에서도 웨스트로나 렉시스 법률 연구 서비스에 접속할 수 있게 되었습니다.

로즌   남성과 여성이 공동으로 양육을 책임진다는 전망에 얼마나 낙관적으로 보시나요? 해나 로신Hanna Rosin은 《애틀랜틱》 표지에 '남성의 종말'이라고 썼습니다만.[6]

해나는 오늘날 가장 가치 있는 특성들, 사회적 지능이라든가 열린 의사소통 능력, 집중력 등이 남성적 특성이 아니라고 밝혔습니다. 해나는 이어 2009년 아이슬란드에서 "세계 최초로 레즈비언 국가 원수를 선출했다. 국가의 금융 시스템을 무너뜨린 남성 엘리트들을 상대로 '테스토스테론 시대의 종식'을 주창했다"고 했습니다.

법원이 성평등을 받아들이도록 한 발 한 발씩 움직였다고 말씀하셨지요. 해나 로신처럼, 여성이 남성보다 앞서 나갈 것이며, 남성이 앞장서서 아이 양육을 책임질 것이라는 데 낙관적입니까?

긴즈버그   남녀가 어깨를 걸고 이 세상을 더 낫게 만드는 데 힘을 모아야 합니다. 남자가 여자보다 우월한 성별이라고 생각지 않듯 여자가 더 우월한 성별이라고 여기지도 않습니다. 각계각층의 모든 이들이 자신이 재능을 발휘하기 시작했습니다. 한때 우리에게 존재했던 폐쇄적인 잠긴 문이 없습니다. 고무적입니다.

로즌 여성이 이룩한 성과에 만족하십니까? 제 말은, 이 기사에 따르면 상충되는 통계가 하나 나옵니다. 대학 졸업생의 60%가량이 여성이고, 석사학위를 딴 사람들의 60%가량도 여성인데 포춘 선정 500대 CEO에서 여성의 비율은 단 3%밖에 되지 않습니다. 우리가 갈 길이 더 남아 있는 걸까요?

긴즈버그 물론입니다. 우린 계속 더 가야 하지만 크나큰 진전이 있었습니다. 진보는 천천히 이루어지지요. 인내심이 필요해요. 스웨덴의 육아휴직 제도를 처음 들었을 때가 생각나네요. 스웨덴은 우리보다 훨씬 먼저 그걸 이뤘지요.

누가 그러더군요. "아버지들 중 10% 정도 육아휴직을 쓴답니다." 그래서 전 이렇게 대답했는데요. "아, 10퍼센트라니, 2퍼센트보다 훨씬 낫네요." 솔직히 말하면 제가 짐작했던 수치보다도 높았습니다.

지금은 형태를 만들어가는 도정에 있다고 봅니다. 다음 세대를 키우는 기쁨과 부담을 기꺼이 같이 어깨에 걸머지는 남자들이 점차로 늘고 있습니다. 시간이 걸리는 일입니다. 페미니스트 활동을 열렬히 하던 시기, 특정 연령대 남자들에게 다가가기 위해서는 그들의 딸들, 그 딸들이 앞으로 살아갈 세상을 그려보게 하는 방법이 가장 주효했어요.

로즌　표준이 바뀌어가고 있어요. 해나 로신은 "엄마 트랙"이 대학을 졸업한 남녀 모두에게 탄력적 근무 방식을 주었다고 했지요. 탄력적이고 유연한 일정, 그것은 소중한 근무 특권입니다. 남녀 모두 탄력적 근무를 원하고 필요할 때가 있습니다.

긴즈버그　전자 시대에는 이제 그 길이 더욱 쉬워질 겁니다. 집에서 법률도서관을 누릴 수 있다고 떠올려보세요.

2013년 9월 미국 국립헌법센터에서 긴즈버그 대법관을 인터뷰한 적이 있다. 지난주에 긴즈버그가 주례를 섰던 결혼식에 관해서 이야기를 나누었다.

로즌　최근 워싱턴에서 역사적인 결혼의 주례를 보셨던데요. 미국 대법관에 의해 집전된 첫 번째 동성 결혼이었지요.

긴즈버그　네, 케네디 센터의 수장인 마이클 카이저Michael Kaiser가 오랜 연인과 결혼했지요. 연인의 이름이 존 로버츠John Roberts인데 마침 우리 대법원장과 이름이 같았어요. 그야말로 너무나 아름다운 결혼이었습니다. 해롤린 블랙웰Harolyn Blackwell이 축가 〈그대는 나의 안식처Du bist die Ruh〉를 할 때 정말 압권이었어요. 노래와 어울린 그 순간이 말할 수 없이 딱 들어맞고도 완벽했지요. 양가 가족들도 많이 오셨더라구요. 정말 많은 로버츠 씨와 카이저 씨 들이 있었지요. 깊이 사랑하는 두 사람이, 합법적 테두리 안에서 삶을 함께하게 된 결혼이었어요.

로즌   그 식을 집전하며 어떤 생각이 드셨습니까? 미국에 무슨 말을 전하는 것 같았습니까?

긴즈버그   우리 헌법에 천재적인 탁월함이 포함돼 있음을 증명한 예입니다. 만약 내가 로즌 씨에게 역으로 질문을 한다면요.

이 나라 헌법이 새로 제정될 때 쓴 "우리 국민We the People"에는 누가 포함되었을까요? 글쎄요, 그렇게 많은 사람들은 아니었을 거예요. 물론, 제가 세본 건 아닙니다. 확실한 건, 존재하는 모든 인간이 거기에 포함되지는 않았습니다. 대부분의 남자들도 그 지칭 안에 들어가지 않았습니다. 그 "우리 국민"이라는 범주에 들려면 땅을 소유한 남자여야 했지요.

미국의 헌법이 탄생된 지 2세기 이상이 지났습니다. "우리 국민"에 대한 개념은 이제 점점 더 점점 더 확장되고 넓어지고 있습니다. 한때 소외되었던 사람들, 한때 노예였던 이들, 여성들, 아메리카 대륙에 살았던 원주민들은 애초에는 그 '우리 국민'에 포함되지 않았던 이들입니다. 미 남북전쟁 후 헌법 수정조항이 도출되어 사법적 해석의 결과로 포괄성이 생겼고, '평등'이라는 개념은 헌법에 처음부터 존재했습니다. 지금 소지하고 계신 작은 헌법 책자에서 '평등' 혹은 '평등하다'란 단어를 찾아내기 힘들겠지만, 또 초기에 작성된 헌법 초안에서도 찾아보기 힘들지만, 미국 독립선언서가 쓰일 당시 '평등'이란 매우 중요한 주제였어요. 수정헌법 제14조에 이르러 '평등'이란 단어는 헌법의 부분으로 안착합니다. 그러므로 전 우리 사회의 헌법이 천재적이라고 봅니다. 처음 출발했던 지점에서 여기까지, 우리가 얼마나 많이 총체적이 되어왔습니까.

3장

임신중단권은 어떻게 형성되어야 하는가

: 로 판례와 관련하여

긴즈버그가 연방대법관에 지명되었을 때, 가장 논란이 되었던 쟁점은 로 대 웨이드 재판의 법적 논리에 대해 긴즈버그가 비판한 부분이다. 국가 전역에 일거에 적용되게끔 한 판결로, 여론보다 법이 너무 앞섰다고 긴즈버그는 지적한 바 있다. 이 때문에 몇몇 여성단체들로부터 맹렬히 비판받았다. 1973년 대법원은 쟁점이 된 텍사스 주법을 파기하고 임신중단에 관한 국가적 틀을 미 전역에 강제했다. 그런데 당시는 점점 더 많은 주들이 임신중단에 관해 개인의 선택권을 허용해가는 추세였다. 이렇게 계속 진행됐다면 판결에 대한 반발도 덜했을 거라고 긴즈버그는 생각을 밝혔다. 스스로 출산 여부를 결정할 권리가 더 확고히 보장됐으리라는 뜻이다.

1990년대 긴즈버그의 견해를 비판했던 여성운동 진영에서는 긴즈버그가 그렇게 말한 속뜻까지는 들여다보려고 하지 않았다. 긴즈버그는 출산 선택권이 사생활 권리보다 근본적으로 여성의 평등권에 토대를 두어 보호받아야 한다는 신념이 있었다. 긴즈버그는 1970년대 논지를 확장해, 임신중단 규제가 단지 임신한 여성과 그녀를 담당하는 남성 의사 간의 개인적인 문제로 치부되는 것을 넘어서야 한다고 했다. 여성이 스스로의 삶에서 마땅히 가져야 하는 선택권과 그 능력을 제한할 위험이 있으며, 그럼으로써 남성과 같이 동등하게 누려야 하는 여성의 기본권을 침해한다는 것이다. 로 대 웨이드 사건을 적법 절차 조항이 아닌, 헌법의 평등 보호 조항에 기반해 보아야 하며, 그래야만 임신중단 권리가 헌법적 토대 위에 보다 굳건히 뿌리 내릴 수 있다고 생각했다.

긴즈버그의 비판은 선견지명이 있었다. 1992년 6월, 대법원은 플랜드 페어런트후드 대 케이시 재판에서 임신중단 규제 조항이 실제로 사생활의 권리뿐만 아니라 여성의 평등권을 침해할 우려가 있다고 판결했다. 진보와 보수 진영 양쪽이 다 놀랐다.

몇 달 뒤, 긴즈버그는 뉴욕 대학교 매디슨 강의해서 했던 말을 모아 『사법적 목소리로 말하기Speaking in a Judicial Voice』를 출간하였다. 일전에 클린턴 대통령이 모이니핸 상원의원에서 "긴즈버그에 반대하는 여성들이 있다"고 한 근거가 됐던 그 강연이었다. 긴즈버그는 강연에서 앤서니 케네디, 샌드라 데이 오코너, 데이비드 수터 대법관을 높이 평가했다. 케이시 사례를 통해 여성의 "출산과 양육의 삶을 자기 자신이 관리할 능력"과 "국가 안에서 사회생활과 경제생활에 동등하게 참여할 능력"이 밀접하게 연관돼 있음이 공표했다고 보았다.

책에서는 또한 로 판결이 "의사가 의학적 판단을 함에 있어 자유로움과 임신한 여성의 권리가 결합"하는 것에 중점을 두었기에 성평등이라는 주제가 등한시되었다고도 했다. 좀 더 성평등에 초점을 맞추었더라면 논란이 덜했을 거라고도 지적했다. 또한 로 판결은 주의력이 너무나 부족해서 "숨이 멎을 정도"라고도 비판했다. 연방대법원은 오직 생명이 위태로울 때만 임신중단을 허용한 텍사스 주법을 폐지했다. 대화의 장으로 입법부를 불러오는 대신, 국가 전역에 일괄적으로 적용되는 규정을 만들었다.

"로 사례에서 법정이 그랬듯, 법원이 가장 극단적인 국가의 위력을 행사해 위헌 판결을 내린 다음, 사실상 모든 주의 법들을 대체할 규정들을 만든다고 가정해봅시다. 로 사례에 전체가 아울러지지 않아요. 그래서 극단적인 텍사스 주법이 폐지된 뒤로는 더 진전하지 않았지요. … 대립적 논쟁을 부채질하기보다 줄이는 데 기여했을 수 있는데 말입니다."[1]

1970년대 성평등 관련 사건들에서는 주들의 입법 기관들과 대화하고 자유주의적인 영역으로 천천히 움직이도록 추동해왔다. 대조적으로 로 판결은 프로라이프pro-life 운동을 촉진하고 입법부의 반발을 불러일으켰다. "이후 법원은 성평등 관련 사건들을, 로 사건과는 달리, 과장하거나 분열을 초래하지 않는 방향으로 절제된 의사결정을 내려왔습니다." 긴즈버그는 이렇게 결론지었다.

"반면 로 판결로 인해 개혁의 방향으로 나아가던 정치적 과정이

노예제 폐지론자 세라 그림케.

"여성에게 특혜를 달라는 게 아닙니다.
내가 형제들에게 하려는 부탁은,
우리 목을 밟은 발을 치워달라는 것뿐입니다."

성별 구분의 타당성에 의혹을 제기하는 지금,
우리의 요구는 1837년 세라 그림케와 같습니다.

—1973년 프런티에로 구두변론.

멈추어졌습니다. 그 결과 분열이 장기화되고 안정된 해결 방식이 늦추어졌다고 생각합니다."[2]

로 사건에 대한 긴즈버그의 이러한 비판의 뿌리는 1970년대 그녀가 진행한 소송에서도 찾아볼 수 있다. 1972년 여성 공군 스트럭 대 국방부 장관 사건에서 '임신 사실 때문에 불이익을 주는 대우'가 성차별에 다름 아니라는 견해를 처음으로 개진했다. 긴즈버그는 모든 여성 공군들이 임신하자마자 제대해야 한다는 규정에 이의를 제기했다. 이 규정이 남성과 여성 모두가 영향 받는 일시적 장애보다도 더 가혹하게 임신을 다루고 있으니 위헌적 성차별에 해당한다고 주장했다. 긴즈버그는 비록 당시에는 법원이 자신의 의견을 받아들이도록 설득할 수 없었지만, 씨앗을 뿌렸다.

긴즈버그는 이토록 로 사건이 일으킬 파장을 비판적으로 보았음에도, 사생활 권리 자체에 대한 헌법적 기반에 공개적으로 의문을 제기한 적은 없다. 스트럭 사건을 브리핑하며 긴즈버그는 이렇게 말한 바 있다. "출산 및 친밀한 개인적 관계에 관련된 사생활을 지킬 권리는 이 나라 법원 판례의 역사 속에 확고히 내재돼 있다."

로 판례의 과도함을 비판했어도, 임신중단권에 대해 긴즈버그가 대안적으로 생각한 근거는 훨씬 폭이 넓었다. 1984년 노스캐롤라이나 대학교 강연에서, 빈곤한 여성일지라도 장애물 없이 임신을 중단할 수 있도록 정부가 지원할 의무가 있다고 긴즈버그는 분명하게 목소리를 높였다. 1980년 대법원은 하이드 수정안이라는 연방법을 확정 공표한다. 그런데, 이 법에서는 빈곤한 여성에게 제공하는 의료 지원 절차에 임신중단이 빠져 있어 평등권을 침해했다고 긴즈버그는 지적했다.

"법원이 출산 문제에서 여성의 평등권을 인정한다면, 스티븐 대법관의 말을 빌리건대, '최고 통치자가 공평하게 통치할 의무'를 위반한 사례로 공공 지원 사건을 보게 될 것이다." 긴즈버그는 이렇게 결론 내렸다.[3]

임신한 여성에 가해지는 고용 차별과 같은 임신중지금지법은, '여성이 가정에서 돌봄과 양육을 담당한다는 고정관념'에 근거한다고 긴즈버그는 중심 전제를 두었다. 오늘날, 수백만 젊은 여성들을 포함해 임신중단권을 지지하는 학자들, 옹호자들 그 외 시민들은, 긴즈버그의 생각대로 임신중단권의 헌법적 기반으로 사생활 권리보다는 선택의 자유에 기반한 평등권을 더 선호한다.

나아가 허점이 많은 대법원의 판결로 인해, 결국 로 판결이 궁극적으로 지니는 의미가 허약해지리라는 긴즈버그의 예측은 들어맞았다. "내가 경험한 바에 의하면, 팔과 다리가 너무 성급하게 만들어지면 오래 버틸 만큼 튼튼하지 못하다." 긴즈버그는 매디슨 강의에서 이렇게 말했다.[4]

후퇴의 첫 징후는 2007년 곤잘레스Gonzales 대 카하르트Carhart 사건에서 나타난다. 5 대 4로 판결이 났고 대법원은 2003년 연방정부의 부분출생임신중단partialbirth abortions 금지령을 지지했다. 케네디 대법관이 대표로 다수의견을 작성했다.

임신중단한 여성들이 자신의 결정을 후회하게 될 것이 "자명하다"는 케네디 대법관의 결론에 대해, 긴즈버그는 "경악스럽다"는 표현까지 쓰며 맹렬히 반대의견을 작성했다.

"헌법하에서 고대로부터 내려온 가족 내 여성의 위치가 반영된 사고방식이다. 그러나 (이러한 사고방식은) 이미 오래전부터 신뢰받지 못하고 있다." 긴즈버그는 이렇게 썼다. 긴즈버그는 케네디의 결정을 결코 잊지 않았다.

난 2011년 《뉴 리퍼블릭》지에 "케네디는 임신중단과 동성애자 권리를 제한하는 법에 진보주의자들과 함께 투표했다"고 썼다. 긴즈버그가 반대하는 의견을 피력해 보내왔다. "당신은 (여태까지는) 동성애자 권리에 대해서는 정확하게 썼습니다. 그런데 곤잘레스 대 카하르트, 그 이전에 스텐버그 대 카하르트 사건은 어떻습니까." 그럼에도 불구하고, 긴즈버그는 임신중단권 문제에서 최선을 다해 합의점을 구하곤 했다.

긴즈버그는 2014년 맥컬런McCullen 대 코클리Coakley 판결에도 함께했다. 수정헌법 제1조를 위반한다는 이유로 낙태 클리닉 주변 반경 35피트에서 시위를 금지하고 완충지대로 설정한 매사추세츠주법이 파기됐다. 만장일치였다.

2006년 오코너 대법관이 퇴임한 후, 긴즈버그는 로 판결이 난 이래로 임신중단이 쉽지 않은 지역의 가난한 여성들이 가장 먼저 타격을 받을까 봐 늘 염려했다. 길이 더 좁아질 것 같다고 여러 번 말했다. 나 또한 로 판결이 뒤집힐 것 같냐고 긴즈버그에게 여러 차례 물었다. 2018년 케네디 대법관이 퇴임한 지 한 달 뒤였다. 임신 초기에도 출산 선택권을 보장한 로 판결의 핵심은 보존될 것이며, 법원이 이 역사적인 판례를 뒤집지는 않을 것이라고 "회의적이지만 낙관적"으로 전망한다고 긴즈버그는 말했다.

로즌   로 대 웨이드 판례는 뒤집어질까요?

긴즈버그   법원은 케이시 판례를 뒤집을 기회가 있었습니다. 오코너, 케네디, 수터 대법관이 강한 어조로 로 대 웨이드 판결은 1973년 이래로 이 나라의 법이었다며 선례를 존중해야 한다고 했습니다. 법원이 입장을 고수한다면 로 대 웨이드 판결은 번복되지 않을 겁니다. 민주당에서 대권을 잡든 공화당에서 잡든 마찬가지입니다.

로즌   로 재판의 판시가 뒤집힌다면, 얼마나 좋지 않은 파장이 뒤따를까요?

긴즈버그   힘없는 여자들일수록 가장 먼저 타격이 오겠죠. 로 대 웨이드 판결이 무효로 돌아간다면, 가장 최악의 상황을 그려본다 해도, 많은 주들이 예전으로 회귀할 리 없습니다. 의회나 주 의회가 어떤 입장이든 상관없습니다. 임신중단에 필요한 제반 법령과 시설들을 허용하는 주들이 있을 겁니다. 돈을 낼 능력만 있다면 이용할 수 있습니다. 다만, 비용을 낼 수 없는 여성들이 영향을 받겠지요.
　1973년에 로 대 웨이드 판결이 났습니다. 두 세대에 걸친 젊은 여성들이 자신의 출산권의 주체는 자기 자신이며, 자기 운명을 스스로 결정하고 관리할 수 있다는 것을 알면서 자랐습니다. 우리가 다시 그 예전 시대로 돌아가는 일은 없을 겁니다. 당시에 로 대 웨이드 판결에 대한 큰 반발은 없었어요. 7 대 2로 결정이 났어요. 두 명의 대법관이 반대했지요. 로 대 웨이드 사건이 진행될 당시에도 적어도 네 개의 주에서 임신 초기 3개월 동안은 여성이 원하면 안전하고도 합법적인 방식으로 임신을 중단할 수 있었습니다.

지금은 물론 네 개 주가 훌쩍 넘습니다. 이는 무슨 의미일까요? 비행기 표를 구입해서 임신중절이 가능한 주로 갈 돈이 있는 여성에게는 문제가 되지 않는다는 뜻입니다. 한 주에서 다른 주로 이동할 여력이 되는 여성이면, 일본이나 쿠바까지 가지 않고도 안전하게 임신을 중단할 수 있습니다. 그러니 주의 법이 어떻든 법원이 어떤 결정을 내리든 가난한 여성들만이 고통받는다는 것, 가난한 여성들에게 바로 영향이 간다는 것을 이해한다면, 태도도 달라지지 않을까 합니다.

로즌　가난한 여성들도 임신중절을 받을 수 있고 또 출산권을 보호받기 위해 변호사가 어떻게 해야 할까요? 국회를 신뢰할 수 있을까요? 아니면 법원이 경계를 풀지 말아야 할까요?

긴즈버그　주정부들이 부과하는 제한사항으로 비추어볼 때 어떻게 입법부를 신뢰할 수 있을까요? 진료소를 거의 다 문 닫게 만들 텍사스 규제법을 생각해보세요. 법원도 믿을 수 없습니다. (곤잘레스 대) 카하르트 판례로 돌아가 생각해봅시다. 임신중단을 보장할 의료지원을 거부하는 두 가지 결정을 내렸지요. 전 이것을 법원 대 입법부의 문제로 보지 않습니다.

둘 다 잘못된 방향으로 가고 있습니다. 가난한 여성들을 배려하는 사람들이 필요합니다. 아이러니자 비극은, 재력만 있다면 미국 어디에서든 아무 문제없이 안전하게 임신을 중단할 수 있다는 겁니다. 그러나 다른 주까지 이동할 금전적 시간적 여력이 부족한 여성은 그럴 수가 없습니다. 취약 계층 여성의 접근성이 제한당하고 있다는 데까지 신경 쓸 선거구는 없습니다.

로즌   어떻게 하면 입법하는 사람들이 그러한 분들도 신경쓰게 할 수 있을까요?

긴즈버그   한 가지 방법을 떠올려본다면, 인권단체에서 이 문제를 파고들면 큰 변화가 만들어질 거예요. 1980년대 듀크 대에서 강의할 때, 임신중단 문제뿐 아니라 여성의 길을 막는 인위적인 장벽들을 없애는 것과 신이 주신 재능으로 무엇이든 할 수 있는 동등한 기회에 대해 말했습니다. 질의응답 시간에, 어느 아프리카계 미국인 남자가 말하더군요. "백합 같은 백인 여성들이 무슨 생각인지 잘 알아요. 흑인 아기라면 죽기를 바라죠."

몇몇 흑인 커뮤니티들에서 선택적 운동을 어떻게 생각하는지 가늠해볼 수 있는 말이죠. 그러니, 흑인 여성에게 선택권이 주어지지 않을 때, 그로 인해 어떤 영향들이 올지 시민단체들이 고려하고 공감하면 좋을 겁니다. 유용한 방식입니다.

궁극적으로는, 시민들 스스로가 조직해야 합니다. 임신차별법

Pregnancy Discrimination Act(임신을 이유로 한 차별을 금지한 연방법―옮긴이)을 생각해보세요. 법원은 임신으로 인한 차별이 성별에 근거한 차별은 아니라고 판결했었지요. 그때도 단체들이 연합해 행동에 들어갔습니다. 그 중심에는 ACLU가 있었지만 모두가 힘을 실어 함께했습니다. 사람들에서부터 시작해야 합니다. 그런 종류의 추진 없이, 입법부는 움직이지 않을 것입니다.

로즌 동일한 맥락의 질문을 더 드리겠습니다. 로 판례에서 법원의 실책은 무엇이었습니까? 이런 종류의 다른 사건에서 같은 실수를 되풀이하지 않으려면 어떻게 해야 할까요?

긴즈버그 텍사스 주법은 미국에서도 가장 극단적인 편에 속했어요. 텍사스에선, 생명이 위급한 경우가 아니면 여성은 임신을 중단할 수 없었지요. 임신으로 건강이 나빠지는지 아닌지, 잔혹한 강간이나 근친상간의 결과로 임신했는지 등이 전혀 중요한 이유로 취급되지 않았어요. 그래서 대법원까지 넘어오게 되었습니다. 대법원에서는 그저 '너무 극단적'이라고 판결한 것입니다.

'여성의 자유를 전혀 인정하지 않았으므로 헌법 위반이다.' 그러고서 논의는 끝났습니다. 로 대 웨이드 판결에 대해 어떻게 생각하느냐는 질문을 받자 위대한 헌법학자 폴 프로인드Paul Freund는 이렇게 비유했어요. "바나나의 철자를 어떻게 쓰는지 아니?" 아이에게 물었더니 이런 대답이 돌아왔습니다. "물론이죠. 어떻게 시작하는지는 알지만 어디서 멈춰야 되는지는 몰라요."

법정에서 로 대 웨이드 사건이 다뤄지는 동안 이 문제는 주 의회 전체에서도 이슈였어요. 때로 시민들은 이길 때도 있고 지기도 했어요. 다만, 밖에서 조직하고 활동하는 정치적 경험들은 자산으로 쌓였습니다. 대법원의 로 판결은 모든 법, 심지어 가장 진보적인 법까지도 일거에 위헌으로 만들었어요. 사람들은 오랜 싸움 끝에 승리를 얻었다고 말했지요. "우리가 해낸 일이 얼마나 대단한가. 대법원이 우리에게 승리를 주었다."

과연 무슨 일이 벌어졌던 걸까요? 로 판결에 대한 반대의견이 고조되었습니다. 각 주마다 한계가 분명한 임신중단법에 맞서 참호를 파서 싸우는 대신, 하나의 분명한 적이 생겼지요. 아직 선출되지 않았던 대법관들이었습니다. 국민의 손으로 선출한 국회의원들이 국회에서 논쟁하고 결론 내렸어야 할 일입니다. 9명의 늙은 대법관들이 아니고요.

그 법률은 유동적이었어요. 내 고향인 뉴욕주를 포함해 많은 주들이 임신 3개월 안에 묻지도 따지지도 않고 안전하게 임신을 중단할 수 있게 허용했지요. 건강, 강간에 의한 임신, 근친상간을 포함해 임신중단을 허용하는 다른 주들도 4개 정도 있었지요.

법은 차차 변화해가는 상태였어요. 저는 그 변화가 계속 진행되었다면 더욱 건강한 방식으로 나아갔을 것이라고 봅니다. 대법원이 가장 극단적인 법을 기각하면 주정부가 이에 대응했겠지요. 보통 대법원은 거시적인 조치를 취하기보다는 점진적으로 움직입니다. 로 대 웨이드 판결은 이 신중한 운영방식에서 예외가 된 일이었습니다.

로즌   로 판결이 여론보다 지나치게 앞서 나갔기에 비판하셨나요?

긴즈버그   제 입장을 이 자리에서 분명하게 말하겠습니다. 로 대 웨이드 판결은 옳습니다. 그런데, 대법원은 일이 일어난 다음에 대응하는 기관입니다. 당신은 법정에서 제기되는 논쟁에 반응을 하지요. 텍사스의 주법은 미국에서도 가장 극단적이었어요. 대법원은 그 사건 전에도 결정할 수 있었고, 보통 법원은 그렇게 돌아갑니다. 텍사스 주법이 위헌이라고 판결했어야 합니다. 임신중단과 관련된 다른 주들의 모든 법들, 심지어 가장 진보적인 법까지도 위헌이라고 선언할 필요까진 없었습니다. 대법원은 통상 그렇게 운영하지 않습니다. 그렇게까지 광범위하고 거칠게 나갈 필요는 없었습니다.

이런 제 의견에 반대하는 사람들이 많다는 걸, 이제는 저도 압니다. 그런데, 로 사건이 있기 오래전부터도 생명권 운동의 흐름은 힘차게 움직이고 있었고, 계속 이어져오던 중이었어요. 그런데 로 대 웨이드 사건 이후로는 그전에는 없었던 목표가 생겼지요.

또 한 측면은, 제가 로 대 웨이드 의견문을 읽을 때 짐작할 수 있었을 텐데, 의사의 권리에 대한 부분이었어요. 다시 말해, 환자가 필요한 부분을 처방하는 것은 의사의 권리라는 부분입니다. '의사와 약한 여성'이라는 이미지, 독립된 개체로서의 여성이 아니라 항상 담당 의사 안에 포함된 결과로 표현되곤 했지요.

임신중단권은 어떻게 만들어져야 할까요. 저는 사생활이나 의사의 권리 부분에 중점을 두지 않았습니다. 여성이 자신의 운명을 결정하는 것은 자신의 권리입니다. 빅브라더인 국가가 여성 개인에 이래라 저래라 결정 내려주는 게 아닌, 자기 스스로 결정할 수 있어야 한다는 것이 제 생각의 핵심이었습니다.

로즌　바로 그 지점이 긴즈버그 대법관님께서 성평등 분야에서 법에 크게 공헌하신 부분입니다. 언젠가는, 대법원도 임신중단권이 성차별과 관련이 있다는 것을 인정하게 되리라 보십니까?

긴즈버그　글쎄요, 말씀하신 그 내용이 이미 케이시의 판결에서 목소리를 내고 있다고 생각합니다. 법원은 로 대 웨이드 판례를 뒤엎을 기회가 있었어요. 대신 이렇게 말했습니다. "아니다, 이 땅의 소녀 세대가 자라면서 (임신중단권이) 자신에게 필요하고도 유용함을 알게 될 것이다." 케이시 판결에는 (임신중단권이) 여성 자신의 선택이어야 한다는 생각이 건강하게 인식되어 있었습니다.

로즌　케이시 판결에서 인정된 평등 원칙이 곤잘레스 대 카하르트 재판에서는 또 한 발 물러난 것을 비판하셨지요.

긴즈버그　부분출생임신중단 사건이었지요. 여성을 독립된 성인으로 보지 않는 대법원의 태도가 우려됐습니다. 여성이 앞으로 자신이 내린 결정을 후회할 거라는 견해였지요. 법원이 그렇게 말해서는 안 되는 겁니다. 성인 여성은, 성인 남성이 그러하듯 자신의 삶과 나아갈 길을 결정 내릴 수 있습니다. 그러니까, 카하르트 사건에서 법원이 내린 결정은 선을 넘었어요. 지나친 결정이었습니다. "이 빅 브라더가 여자의 미성숙한 오판과 나약함으로부터 구원해줄게." 이런 인식이 새로운 형태로 등장한 겁니다.

로즌 여성이 자기 선택을 후회하거나 돌이킬 수 있으므로, 그 선택에 가부장적인 보호가 필요하다는 의견에 줄기차게 그리고 단호하게 반대하셨습니다.

긴즈버그 그렇습니다. 스스로의 판단 착오로 빚어질 결과에서 여성을 보호할 필요도 분명 있습니다. 적절한 시기에, 자신이 끔찍한 실수를 저질렀다는 걸 깨달을 수도 있고요. 그러나 어른도 실수를 합니다. 어른들이요. 내가 실수를 했는지 아닌지 판단하는 주체는 그 자신입니다.

로즌 수정헌법 1조와 임신중단 클리닉과 관련된 맥컬런 대 코클리 판결은 만장일치로 판결이 났습니다. 그러나 이 판결의 기저에 깊은 분열이 보이는 데 주목하셨지요. 맥컬런은 어떤 사건이었나요?

긴즈버그 매사추세츠주에서 임신중단 클리닉 근방에서 벌어지는 시위에 대응하기 위해 규제를 만들었습니다. 클리닉 주변 반경 35피트를 중립지대로 두어 시위대가 넘어오지 못하게 하는 내용이었지요. 자칭 '카운셀러'라는 여성들이 소를 제기했어요. 자기네들은 돌을 던진다든가 고함을 지른다든가 하지 않는다고요. 그저 여성들이 (임신중단) 클리닉에 들어가기 전에 대화를 나눠 대안을 말하고 싶다고요. 그런데 35피트 중립지대 때문에 가까이 접근할 수 없다고 했지요.

법정에서 내린 한 가지 핵심 판결은, 다른 사람을 위험에 처할 수 있는 발언이면 국가가 제한할 수 있다는 것이었습니다. 그래서, 매사추세츠주는 격렬한 시위대로부터 클리닉에 가려는 이들을 보호했죠. 그런데 너무 지나쳤어요. 기록에 따르면 일부 진료소에는 아예 시위대가 얼굴도 안 비쳤거든요. 시위대는 주로 보스턴의 진료소로 왔는데, 대부분 토요일에 찾아들었어요.

법원은, 사람들이 진료소에 방문할 수 있게 보호하기 위해 어느 정도 규제를 두되, 이 경우 원고와 같은 사람을 강제는 할 수 없다는 판결을 내렸어요. 이 결정의 의미인즉슨, 가령 매사추세츠 같은 주는 35피트 중립지대 같은 조치보다 덜 강제적인 방법을 고안해보라는 뜻이었어요.

법원에서 강한 의견 충돌이 일어났습니다. 진료소 방문을 방해하려는 사람들을 대상으로 이러한 법들을 제정할 수 있단 말인가? 대법원은 '그렇다'고 답변했죠. 처음에는 이 질문에 의견이 갈렸습니다. 상식선에서, 도를 넘지 않는 선에서 임신중단 클리닉에 가려는 사람들의 권리를 지키려면 입법부가 그 법을 통과시키면 될 문제였습니다. 이 사건의 주요 메시지죠.

앤서니 케네디 대법관의 자리를 브렛 캐버노Brett Kavanaugh가 이어받

왔다. 그 뒤 또 한 번의 인터뷰가 이뤄졌다. 로 대 웨이드 판결이 앞으로 뒤집힐 가능성도 있는지 재차 물어보았다.

로즌　1년 전쯤 인터뷰하실 때 '회의적이지만 희망적으로' 로 대 웨이드 사건의 판결은 뒤집히지는 않을 것이라 낙관한다 하셨죠.

긴즈버그　아직도 그렇게 봅니다. 그 희망의 근거 하나는, 그 늙은 대장[렌퀴스트]을 떠올려봐요. 그가 과거에 얼마나 미란다 원칙을 비판했습니까. 그러나 결국은 (미란다 원칙을) 지켜냈지요. 가족 및 의료 휴가법Family and Medical Leave Act을 지지하기로 한 렌퀴스트의 결정과 비교해보세요. 1970년대 판사들하고는 다를 겁니다. 로버츠는 렌퀴스트의 서기로도 일한 바 있고요.

로즌　캐버노가 케네디와 같은 선택을 할 것이라 보십니까?

긴즈버그　아마 논쟁이 강하게 일어나는 이슈에서는 똑같지는 않을 겁니다.

로즌　대법원의 중심은 대법원장일 테니 그에게 많은 것이 달려 있겠네요.

긴즈버그　캐버노가 케네디의 서기로 일했습니다. 제가 대법원에 들어온 첫해인가에 그랬을 거예요.

로즌 　그러면 태아에 관한 이 새로운 법은 어떻게 되는 걸까요? 로 사건의 핵심을 건드리고 있는데요. 수태되는 그 시점부터 생명이 시작되고 있다고 선언하고 있는데요.

긴즈버그 　몇몇 주에서는 태아의 심장 소리가 들리는 다음부터 임신 중단을 금하고 있습니다. 그런데 임신 6주가 지나도록 자기가 임신했는지도 모르는 여성들도 있거든요. 결국 같은 지점으로 귀결됩니다. 가장 최악의 경우, 로 사건의 판결이 뒤엎어지면, 제아무리 재력 있는 여성이라 한들 미국에서 안전하게 임신을 중단할 장소는 찾을 수 없습니다.

　안전하지 않은 뒷골목 임신중단 시절로는 결코 돌아가지 않겠다는 몇몇 주들만이 핵심적으로 남아 있겠지요. 그러면 능력이 되는 여성들은 임신중단 선택권을 가지고, 가난한 여성들에게는 선택지가 없어지겠지요. 국가 정책으로서, 과연 이게 말이 되겠습니까?

4장
권리장전과 평등의 원칙

시민권과 시민의 자유에 대한 열정은 긴즈버그가 코넬 대학교 학생
일 때부터 힘차게 타올랐다. 매카시즘이 한창이던 1950~1951년, 코
넬대 교수 두 명이 공산주의 동조 혐의로 하원 비미활동위원회(非美
活動委員會, Committee on Un-American Activities)에 출석해 증언하라는 소환
장을 받았다. 긴즈버그는 지도교수인 로버트 쿠시먼Robert E. Cushman
의 요청으로 연구 조교로 일하는 중에 이 소식을 들었다. 쿠시먼과
긴즈버그는 매카시 및 그 동조자들이 불온하다고 선언한 책을 모
아 불태우는 도서 전시회를 열었다.[1]

　밀튼 콘비츠Milton Konvitz 교수는 헌법의 철학적 토대를 연구한 학
자다. 콘비츠는 강좌에서 미국 법의 이상을 논의했고, 긴즈버그는

이러한 강좌를 들으며 시민 자유를 위협하는 모든 것에 맞서 싸우는 법률가의 역할을 더욱 존중하게 되었다. 콘비츠는 NAACP 법률 방어기금에서 서굿 마셜을 도우면서 경찰의 만행 사건에 집중했다. 지도교수 쿠시먼은 긴즈버그가 로스쿨에 진학하도록 독려했다. 훗날 긴즈버그는 마셜의 소송 전략을 모델로 삼는다.

가장 좋아하는 다수의견이 뭐냐고 긴즈버그에게 물었다. 그녀가 1966년 버지니아 군사 학교 사건으로 말문을 연 것은 놀랍지 않다. 이전 대화에서도, 남자만 들어갈 수 있는 버지니아 군사 학교에 정책을 바꾸는 게 중요하다고 강조한 적이 있었다. 1970년대 긴즈버그는 최초로 필라델피아의 센트럴 고등학교의 사례를 통해 공립 고등학교의 입학 정책을 남자 단일 성별에서 남녀 양성으로 바꾸기 위해 도전했다. 버지니아 군사 학교 재판은 그녀가 걸어온 노선의 정점이었다.[2]

당시에 별로 주목받지 못했지만 M.L.B. v. S.L.J. 사례도 있다. 6 대 3으로 투표 결과가 났고 긴즈버그가 다수의견을 작성했다. 친권 민사소송을 할 때, 200달러의 행정 비용을 낼 능력이 있어야 항소할 자격을 주는 미시시피의 주법은 폐기되었다. 이전에도 기본권에 관련된 형사사건의 경우 소송비용을 납부할 수 있어야 항소권을 행사할 수 있다는 조항이 있었다. 긴즈버그는 여기에 더해 시민의 "친권을 영구히 종료할 수 있는 법령" 또한 "국가가 '평등한 정의의 문'을 열어줄" 범주에 들어간다고 다수의견에서 말했다.

클래런스 토머스Clarence Thomas 대법관은 반대의견에서 긴즈버그의 판결이 "소송의 수문을 열 수도 있다"고 지적했다. 이에 대해 긴즈버그는 "결혼, 가족생활 그리고 자녀를 기르는 일은 법원이 우리 사회에서 가장 중요한 기본으로 인식해야"한다면서 "부모 자격 박탈은 국가가 취할 수 있는 가장 가혹한 조치"라고 강조했다.[3]

이전에 민사 소송을 강의했던 경험까지 더해져, 이 사건으로 인해 형편이 넉넉지 않은 소송인들에게 절차적 요구 조건이 부담이 된다는 확신이 들었다. 법정이 부적합 부모로 판결을 내린 이혼한 엄마들이 권리를 찾기 위해 이의 제기할 기회가 주어졌다.

미국 항소법원에서 있을 때, 긴즈버그는 언론의 자유, 종교의 자유와 관련된 사건에서 탁월한 시민 자유주의자로 유명했다. 교회와 국가의 분리를 확고히 옹호했다. 일반적으로 적용되는 형법과 민법에서 종교적 사유가 예외가 된다면, 종교와 정부가 얽히게 되어 차별금지법이 훼손당할 위험을 우려했다. 바로 그런 이유로, 연방정부의 마리화나 금지 조항에서 자기는 예외가 되어야 한다고 수정헌법 1조를 해석한 에티오피아 콥트 교회 신부에게 하급법원 판사로서 불리한 판결을 내렸다.[4]

하비 로비 사 사주의 종교적 신념으로 인해 의료보험개혁법상 보장된 피임약 지급을 거부할 수 있는가를 두고 대법원에서 재판이 있었다. 같은 원칙을 적용해 긴즈버그는 반대의견을 냈다. 결과는 5대 4였다. 임산부들이 명분 있는 편의를 누리듯, 종교적 동기로 안식일을 지키는 등 종교인들도 이처럼 합리적인 편의를 받을 수 있다고 긴즈버그도 생각했다. 1979년 제정된 임신차별법으로 인해 유나이티드 택배회사는 임신 중 20파운드 이상 들 수 없는 노동력도 고용을 보장하게 됐다.[5] 당시 대법관 여섯 명의 지지를 받았다. 의회는 긴즈버그의 제안처럼 임신 차별을 성차별의 한 형태로 정의하기로 결정했다. 정반대의 결론에 도달했던 5년 전의 대법원 결정이 뒤집힌 것이었다.

포터 스튜어트Potter Stewart 판사는 제둘디그Geduldig 대 아이엘로 Aiello 판결에서 헌법의 평등 원칙을 지키는 선에서 캘리포니아주는 '임신을 제외한' 직업적 장애에 모두 보상해야 된다고 결정했다. ("성별에 근거한" 차별을 금지한다는 1964년의 민권법Civil Right Act 제7호에 의거해, 1976년 행해진 제너럴 일렉트릭 사 대 길버트 재판에서도 같은 결정이 내려졌다.) 스튜어트 판사는 캘리포니아 주법이 남성과 여성의 차별이기보다는 "임신한 여성과 아닌 사람" 간의 합리적인 구분이라고 판시한 것이다.[6]

임신이 근거가 된 차별 또한 성차별이라는 의회의 결정은, 오래전 긴즈버그가 내린 유죄 판결이 정당했음을 입증했다. 1979년, 대법원은 참전용사 특별 채용이 비록 여성을 배제하는 결과를 낳지만 고의성이 있는 여성차별만 헌법 위배에 해당된다고 다시 판결했다. 긴즈버그와 ACLU 소속 변호사인 수전 델러 로스Susan Deller Ross 는, 법원의 민권법 7호에 대한 해석이 의도적인 차별을 낳으므로 의회에서 공식적으로 부인해달라는 글을 《뉴욕 타임스》에 기고했다.

이 글에서는 또한, 직장 내 임산부 차별에 집중하여 고의성이 있건 없건 임신한 여성 차별 금지법을 의회에서 제정해야 한다고 촉구했다. "직장의 통상 복리후생 제도에서 임산부를 배제한 것이 성차별이 아니란 말인가. 그렇다면 임산부에 대한 해고, 고용 거부, 장기무급 휴가 강요, 연공서열권 박탈은 성차별인가. 어떤가."[7]

의회는 즉시, 임신을 근거로 한 민권법 7호의 구분 내용 또한 성차별에 해당한다는 임신차별금지법을 통과시켰다.

1984년, 페미티스트 진영의 합의 전선이 완전히 붕괴되는 일이 일어난다. 임신한 여성에게 특별 출산 휴가를 주는 캘리포니아 주법이 기폭제가 되었다. 이 시기에 긴즈버그는 연방대법관이었다. ACLU는 긴즈버그가 발전시킨 논리에 따라, 다른 장애인 노동자와 임산부가 "동일한 대우를 받아야 한다"는 임신차별금지법과 캘리포니아 주법이 일치하지 않는다고 주장했다.

ACLU는 법원이 특별 출산 휴가를 무효화하기보다 남자들에게 휴가를 더 연장해주어야 한다고 주장했다. 차별에 관련된 법의 경우, 폐기에 대한 효과적인 대안이 확장 적용이라는 웰시 대법관의 의견을 할랜 대법관 역시 또 한 번 환기시켰다. ACLU 스태프들은 캘리포니아의 페미니스트 단체들로부터 반여성적이라는 "엄청난 공격"에 시달렸다. 형식적 평등에 어긋나더라도 임신부를 위한 특별한 혜택이 필요하다는 논지였다. 대부분의 직장은 남자들을 염두에 두고 설계되므로, 여성이 동등하게 대우받는다는 것은 다를 수 있다는 의미이다.

긴즈버그는 1986년 한 연설에서 ACLU의 입장을 암묵적으로 지지한다. 애초에 고용될 가능성이 적은 여성에게 자칫 이러한 생각이 "부메랑 효과"로 되돌아올 수 있다는 내용이었다. 남자든 여자든 청구할 수 있는 육아수당을 포함한 가족 및 의료휴가법 제정이 핵심이라고 짚었다.[8]

1987년 캘리포니아 연방 저축 및 대출 협회 대 게라Guerra 사건에서 대법원은 캘리포니아 법의 손을 들어줬다. 여성에게 특별한 대우

가 필요하다고 주장했던 진영에서는 정당성을 획득했다. 이 진영에서 목소리를 높였던 지도자들은 임신부들에게 훨씬 더 큰 혜택을 줄 승리를 거머쥐었다. 임신한 여성에 대한 혜택을 둘러싸고 페미니스트 진영에서 벌어진 논쟁은 임신중단 선택권의 법적 지위에도 극적인 영향을 미쳤다. 1986년 긴즈버그가 한 기사에서 지적했듯 "임신한 여성 차별을 성차별로 규정하려면 평등 보장 모델에 대한 분석이 필요하다. 여성이 출산을 하는 과정이 특별하지 않음에 중점을 둔다."

이와는 반대로, 오히려 출산만의 독특한 면에 주목한 페미니스트들도 있었다. 남성과 여성은 생식기가 차이가 있으므로 "비슷한 상황"이 될 수 없음을 전제로 하여 임산부에 대한 특별 혜택을 옹호한다. 그런데 문제는, 이 전제는 1974년 스튜어트 대법관이 임신부에 대한 차별이 허용된다고 주장했던 기본 전제와 한편으로는 결이 같았다.

긴즈버그가 임신에 따른 차별도 성차별에 속한다고 주장한 것은 바로 그런 이유 때문이었다. 미국 헌법에는 사생활에 대한 권리가 명시되어 있지 않다. 따라서, 여성의 출산 선택권을 확고히 보호하기 위해 명확한 법적 근거와 대안을 모색했다. 부당한 수색 및 압수를 명백히 금지한 수정헌법 제4조와 같이, 헌법 텍스트에서 확고히 여성 사생활 권리의 근거를 찾고자 힘을 쏟았다.

로즌 대법관님이 작성한 의견 중 시민의 자유를 가장 진전시킨 것이 무엇일까요?

긴즈버그 오, 제프, 내 손자들 가운데 누가 제일 좋냐고 물어보는 거나 진배없네요. 음, 여성 인권 분야에서는 아마도 VMI 사건이 아닐까 싶어요.

로즌 VMI 이니셜이 뭘 의미하는지 설명 부탁드립니다.

긴즈버그 VMI는, 많은 분들이 아시겠지만 버지니아 군사 학교 Virginia Military Institute의 약자입니다. 주정부의 지원을 받았는데, 여성은 들어갈 수 없었어요. 문제는 국가가 한쪽 성별에 엄청난 혜택을 제공하면서 다른 한쪽 성별에 그 시설을 제공하지 않고 유지할 수 있는가 여부였습니다.

VMI 사례 때 이런 질문들을 많이 받았어요. '아니, 여자가 왜 굳이 그런 학교에 스스로 걸어 들어가서 위험한 일에 노출되고 싶겠어요?'

전 이렇게 대답했습니다.

"글쎄요, 아마 전 안 가겠죠. 제 딸도 아마 안 갈 겁니다. 당신도 남자지만 아마 안 가시겠지요. 그렇지만 그 혹독한 훈련을 겪을 준비가 되어 있고, 의지가 있고, 해낼 수 있는 여자들이 있습니다. 그

분들이 왜 기회를 가질 수 없단 말입니까?"

판결은 매우 만족스럽게 내려졌습니다. 남편 말대로, 이 의견을 썼다는 건 제가 20년 후에 보어하이머Vorchheimer 사건에서 이겼다는 뜻입니다. 필라델피아에는 영재학교가 두 군데 있었는데요. 센트럴 Central 고등학교랑 걸스Girls 고등학교라고 불렸지요. 학교의 이름들이 말해줍니다. 센트럴 고등학교는 과학 및 수학 관련 시설이 훨씬 더 훌륭했어요. 경기장도 한없이 좋아 그 학교에 가고 싶어 하는 어린 소녀들이 있었어요. 하지만 기회가 주어지지 않았지요. 그 소녀들이 법의 평등한 보호를 거부당했다고 소송을 했습니다. 보어하이머 사건의 개요입니다. 1심 법원인 연방지방법원에서는 승소했습니다. 그런데 항소심에서 2 대 1로 졌어요.

이 사건은 대법원까지 넘어왔어요. 대법원은 4 대 4로 의견이 갈렸습니다. 지금은, 그런 경우에 우리가 판결을 내릴 수 없어요. 하급 법원의 결정을 확인할 뿐, 어떤 사건들에 대해 우선적으로 가치를 점유하진 않습니다. 센트럴 고등학교 사건에서 연방대법관들의 결정은 고르게 나뉘었지요. 버지니아 군사 학교 사건에서는 7 대 1의 결정이었어요. 이러한 변화는 제게, 20년간 세상이 얼마나 변화했는지 나타내는 신호입니다.

로즌 가장 기억에 남는 다수의견에 대해 더 말씀해주세요.

긴즈버그 언론에 별로 나오지 않았던 사건이 하나 있어요. M.L.B. 대. S.L.J.라고요. 만약 너무 가난해서 중범죄 사건에서 변호사를 선임할 비용이 없거나, 소송 기록을 구매할 여력이 없다면, 국가에서 법적으로 지원해주어야 합니다. M.L.B라는 여성은 당시 엄마 자격이 박탈되는 절차에 놓여 있었어요. 이분이 엄마로서의 자격에 문제가 있으므로, 아이를 빼앗길 것이며, 부모 자격은 영구 박탈될 것이라고 사회복지사는 말했습니다.

M.L.B는 1심에서 패소했습니다. 항소하고 싶었지만 그런 상태에서 항소하려면 소송 기록이 있어야 합니다. M.L.B는 자원봉사 변호사는 구했지만, 소송 기록을 구입할 200달러가 없었어요. 주의 법원은, 안타깝지만 소송 기록에 대한 비용을 지불하지 않아 상고를 받아들일 수 없다고 했습니다. 그래서 대법원까지 넘어왔습니다. M.L.B는, 자신한테 가장 귀중한, 부모의 권리를 빼앗기는 중이라고 호소했습니다. 당시 민사 소송 중이었습니다.

형사 사건의 경우, 여력이 안 되면 변호사든 수임료든 무엇이든 국가에서 지원받을 수 있습니다. 그런데 민사 사건의 경우에는 온전히 자신의 몫입니다. 형사 사건의 경우 주나 국가에서 대신 변호사를 선임하고 비용을 지불해줍니다. 대부분의 여자들에게 자식을 잃는다는 것은 징역 6개월 형보다도 가혹하게 느껴집니다. 훨씬 더 처참하죠.

엄밀히 따지면 민사 사건이지만, 부모의 친권을 박탈하는 것은 형사의 유죄 판결만큼이나 가혹하다고 설득하여 다수의견이 되었습니다. 대법원은 소송 기록이 없어 항소할 수 없다면, 국가가 그녀에게 아무 대가 없이 소송 기록을 제공해야 한다고 판결했지요.

변호인을 선임할 권리와 소송 기록 비용을 국가가 부담하는 형사 사건과 그렇지 않은 민사 사건의 뚜렷한 구분에서 벗어난 판결이었어요. 사실은 개인이 지불할 능력이 있어야 합니다. 그런 점에서 M.L.B.는 한 획을 긋는 중요한 사건이었어요. 그러한 처지의 여성에게 어떤 영향이 미칠지 대법원이 생각하게끔 됐으니까요.

로즌　가장 좋아하는 사례로 우선 VMI와 M.L.B. 두 가지를 들었습니다. 차별과 불평등 속에 존재하는 여성의 상황을 남성들이 공감하도록 설득해낸 재판이었지요.

그런데 저는, 대법관님의 다수의견만큼이나 소수의견들도 너무나 아낍니다. 이유가 있습니다. 소수의견에서 당신은 불타오르거든요. 그중 하나가 2003년의 스미스Smith 대 도Doe 사건입니다. 알래스카 성범죄자 등록 데이터베이스에 관한 사건이었지요. 대법원은, 이 법이 통과되기 전에 유죄 판결을 받은 성범죄자들에 대해서도 소급 적용할 것을 지지했습니다.

그때 소수의견에서 갱생의 가능성이 차단된다고 지적하셨지요. 나쁜 정보들만 온라인에 게시된다면, 좋은 정보를 주거나 전후 맥락을 설명할 기회가 차단된다면서요. 헌법 가치를 수호하기 위해서 현실 세상에서 인기 없고 약한 자들의 편에 서야 할 때, 시민의 자유에 대해서 무슨 생각을 하셨습니까?

긴즈버그　헌법사상 위대한 합헌 판결을 살펴보면, 우리가 친한 친구나 이웃으로 두고 싶지 않은 사람들이 제기했어요. 기디언Gideon 대 웨인라이트Wainwright 사건을 떠올려보세요. 좋아하지 않는다고 그 사람들을 법적으로 보호하지 않으면, 우리 자신도 보호받지 못하게 됩니다. 수정헌법 4조는 나쁜 놈들을 수색할 수는 있지만 좋은 사람들은 수색할 수 없다고 말하고 있습니다.

웨스트보로 침례교회 신도들 사건[Snyder vs. Pelphs(2011)]은 또 어땠나요. 이들은 미국의 이라크 전쟁 참전을 반대했습니다. 이라크에서 복무하다 목숨을 잃은 분들의 장례식에 찾아와서 시위하며 반대를 표했습니다. 끔찍한 일이죠. 그들이 시위할 수 있는 구역은 제한되었고, 교회 근처로 오는 것은 허용되지 않았어요. 그런데, 길을 따라 교회로 가던 사람들이 시위대를 볼 수 있었죠. 법원은, 시위자들에게 예배를 방해를 권리도 없고 교회로 들어가는 이들을 막을 권리는 없으나 언론의 자유는 있다고 결정 내렸습니다.

누군가가 하는 말이 듣기 싫을지언정, 타인을 해치지 않는 한, 말할 권리를 막을 수 없습니다. 좋아하지 않을 만한 연설이라고 해서 정부가 미리 검열할 수 없습니다. 아시다시피, 이 문제는 우리나라가 새로 건국될 때부터 논쟁이 뜨거웠습니다. 이 나라가 막 건국되는 중일 때, 영국 보수당 토리당원을 한 미군이 감옥으로 끌고 가는 장면을 묘사한 만화가 있습니다. 그 만화에는 "자유의 연설을 하는 이들에 대한 언론의 자유"라는 캡션이 붙어 있었지요.

무엇이 올바른 생각이고 말이고 글인지, 정부가 우리에게 알려줘선 안 됩니다. 다른 이들을 위험에 빠뜨리지 않는 한, 언론 자유 권리는 존중되어야 합니다. 우리는 무엇이 올바른 생각, 말, 글인지 지정하는 빅 브라더 정부를 두어선 안 됩니다.

그런 이유에서 저는 매우 중요한 사건이라고 생각합니다. 그들의 행동을 우리 모두 끔찍하게 생각했지요. 미국 역사상 끔찍한 연설을 했던 사람들은 많았어요. 그들의 발언이 허용되었기 때문에 우리 자신의 말할 권리도 존재한다고, 말할 자유의 권리는 안전하다고 느낄 수 있었지요. 〈내가 사는 집The House I Live In〉이라는 노래 아세요?

로즌 모릅니다.

긴즈버그 폴 로브슨Paul Robeson이 부른 것 같아요. 어쨌든, 그 가사에 이런 대목이 있습니다. "내 마음을 소리 내어 말할 권리, 그것이 내게는 미국이었네."

로즌 아……, 무척 아름다운 가사네요. 대단히. 다음으로는 시민의 자유권을 다룬 다른 사건에 대해 여쭤보겠습니다. 하비 로비 사건에서 매우 강하게 반대의견을 내셨지요. 그토록 강하게 반대했던 이유는 무엇이었습니까.

긴즈버그 의료법에는 의료보험 가입자가 받을 수 있는 의료 서비스 목록이 있습니다. 피임도 필수로 포함되어 있어요. 하비 로비 사주는 피임약 복용이 죄라는 믿음이 깊었습니다. 하비 로비에서는 피임약 관련해서는 의료보험을 보장할 수 없다 했지요. 만일 하비 로비가 종교 단체였다면, 종교 단체를 섬기는 비영리 단체였다면 이런 문제 제기는 없었겠지요. 구성원들이 모두 같은 종교 논리를 따를 테니까요. 그렇지 않기 때문에 하비 로비 직원들이 피임약에 접근할 권리를 요구한 겁니다. 하비 로비는 영리를 목적으로 사업합니다. 소유주와 종교적 신념이 같지 않은 여성들을 수백 명 고용했지요. 요점은, 소유주가 다양한 사람들을 고용하려면 자기 종교를 직원들에게 강요할 수 없다는 겁니다.

사업을 하고 싶다면 다른 기업들이 제반 법령을 따르는 것처럼 지켜야 합니다. 소유주의 신념과 종교 때문에 그 종교를 갖지 않은 직원들이 불이익을 받을 수는 없습니다. 그것이 하비 로비 사건에 대한 제 입장입니다.

로즌 그 판결로 인해 차별금지법을 적용받지 않겠다고 하는 주장이 확산될까 봐 우려하십니까?

긴즈버그 글쎄요. 두고 봅시다. 난 대법원이 지뢰밭으로 걸어 들어가고 있다고 말했습니다. 반대의견을 말하며 몇 가지 예를 들었지요. 그중 하나는, 아버지나 남편이 허락하지 않으면 여자는 일을 할 수 없다는 종교도 있었어요. 이제, 어떤 고용주가 이런 사고방식을 가졌다면 이렇게 말할 수 있겠지요. '나는 민권법 7조에 대해 안다. 종교상 고용 차별을 금지하는 법이다. 그러나 나의 종교는 이러이러한 것이므로, 법적으로 예외를 적용 받을 수 있다.' 예를 든 거지만, 많은 이들이 이와 같이 말할 수 있을 겁니다.

DC 순회법원에서 일하는 몇 년간 이런 일이 있었지요. 에티오피아 시온 콥트 교회에서 일어난 일이었어요. 그들의 성찬은 마리화나였습니다. 아메리카 원주민 종교나 페요테peyote와는 다르게, 이들은 종교 의식으로 오로지 마리화나만 피웠어요. 그러고는 중독된 상태에서 자리를 뜨는 일이 없게 면밀하게 지도했지요⋯⋯. 매일 마리화나를 피우는 의식이 자신들의 신성한 의식이었고, 본인들이 지키는 종교적 의식이 받아들여지기를 원했습니다. 하비 로비 판결 이후 어떤 일들이 벌어질지, 관심있게 지켜볼 일입니다.

로즌　재도전해보고 싶은 사례가 있나요? 판결한 내용 중 후회가 들거나 더욱 강력하게 주장했더라면 하는 사건들은요?

긴즈버그　DC 순회법원에서 처음 일할 때 에드워드 탬Edward Tamm 판사가 해준 조언이 떠오르네요. '각자의 견해로서 열심히 일하되, 일단 결정하면 뒤돌아보지 마라⋯⋯. 다음 사건으로 넘어가서 최선을 다해 모든 힘을 쏟아라. 이로 인해 미래에 무슨 일이 일어날지 걱정하는 건 절대 생산적이지 않다.' 지금 판사로 일하는 분들께 드리는 조언입니다.

로즌　한편, 테크놀로지로 인해 신속히 변화하는 시대에 유연하게 대처하길 원하셨지요. 라일리 대 캘리포니아 사건의 만장일치 결정이 인상적이었는데요. 경찰이 어떤 사람을 체포하면서 휴대폰을 수색하고 거기에 담긴 모든 정보를 샅샅이 보는 건 미국 혁명을 초래한 일반 영장이나 다름없다고 대법관 모두 같은 의견이었죠. 그때 어떤 의견이었습니까. 오랫동안 대법관님을 알았는데, 특별히 기술

쪽에 해박하신 편은 아니셨잖아요. 지금 휴대폰에 어떤 어플들을
깔아놓으셨나요?

긴즈버그　글쎄요. 그 사건에 논쟁이 벌어지는 동안 사람들이 내게
그러더군요. 대법관님이 휴대폰이 두 개일 리 없다고요. 저는 휴대
폰이 두 개랍니다.

로즌　정말로요? 두 개를 쓰신다고요?

긴즈버그　네.

로즌　개인적인 용도로 하나, 공적인 용도로 하나요?

긴즈버그　아니요. 하나는 제가 쉽게 다룰 수 있고 한 대는 또 그렇
지 않은 것뿐입니다. 어쨌거나 원칙은, 사람이 체포되었을 경우 그
의 주머니에 든 것은 무엇이든 게임의 공정성과 관련이 있다는 겁니
다. 주머니에 든 것이 지갑이건 일기장이건, 체포할 만한 명분이 있
다면 소지한 물건도 압수한다고 경찰이 말했지요.
　정부는, 주머니에 넣고 다니는 휴대폰이 지갑이나 다이어리와 진
배없다고 주장했어요. 연방대법원은 핸드폰 안에 사무실 캐비닛보
다 훨씬 더 많은 정보를 담을 수 있다는 걸 알 만큼 알고 있었어요.
그래서 법원은, 만약 경찰이 휴대폰을 조사하고 싶다면 압수수색
원칙대로 영장을 발부 받아야 한다고 판결했습니다. 공정한 치안판

사 앞에서 휴대폰을 검사해야 하는 타당한 근거를 제시해야 한다고요.

로즌   기술과 관련된 이러한 사건들은 매우 중요하고도 흥미를 끕니다. 왜냐하면, 말씀하셨다시피 이제 사람들은 휴대폰으로 인생을 살기 때문입니다. GPS 추적과 관련해서 미국 대 존스Jones 사건이 있었지요. 경찰이 용의자의 차량 바닥에 GPS 장비를 설치하고 한 달 동안 24시간 내내 동선을 추적했지요. 대법원은, 세부 의견에는 차이가 있었지만 만장일치로 위법이라고 판결했습니다.

"이 법정에 있는 이들에게 GPS 장치를 달고, 동선을 추적해도 된다는 게 정부의 입장입니까?"

대법원장이 이렇게 첫 질문을 띄웠을 때, 몇몇 사람들은 이 논쟁은 이미 끝난 거라 생각했습니다. 변호사가 "예"라고 대답했을 때 사건은 종결된 거나 마찬가지였지요. 사생활의 권리에 근거한 것이 아닌 수정헌법 4조에 근거한 것이었습니다.

긴즈버그   헌법에 사생활의 권리는 명시돼 있지 않습니다. 하지만, 자유에 대한 중요한 개념이 있지요. 수정헌법 4조에는 부당한 수색과 압수로부터 사람들을 보호하는 법이 명시돼 있습니다. 그러니까, 어깨너머로 빅 브라더 정부의 정부 감시를 받지 않은 채 우리의 삶을 영위할 자유가 있습니다. 이 개념은 사생활 보호가 아니라 정당한 절차에 의한 자유 보장에서 비롯돼 나왔습니다.

로즌　해외에 있는 미국인들이나 반대로 미국에 거주하는 해외 국적자들 또한 동등하게 사생활의 권리를 보장받을 수 있느냐는 문제도 있습니다.

긴즈버그　두 가지로 답할 수 있겠습니다. 하나는, 우리 국경 안에 있는 사람이라면 누구든 정당한 절차에 따라 평등한 보호를 받을 권리가 있습니다. 왜냐하면 헌법에 '사람person'이라고 명시돼 있기 때문이지요. 수정헌법 14조를 한번 볼까요.

"국가는 적법한 법률 절차 없이 어떠한 사람의 생명, 자유 또는 재산을 박탈할 수 없다. 사법권 내에 있는 누구라도 법의 평등한 보호를 받을 수 있다."

여기서 '사람'이란 말이 쓰인 것은 모든 사람이 정당한 절차와 평등한 법의 보호를 받을 자격이 있음을 의미합니다. 제 신념은 국기 아래의 헌법을 준수해야 한다는 겁니다. 다시 말해, 미국의 대표로서 존재한다면 그곳이 어디든 미국의 헌법이 지침서라는 것입니다. 이 견해가 지금은 대다수의 지지를 받지 못한다 해도 언젠가는 다수의 지지를 받을 수 있으리라 여깁니다.

이를 잘 설명해줄 사례가 독일이 분단되었던 시절에 있었습니다. 동독인 두 사람이 바르샤바에서 비행기를 납치해 서베를린으로 몰고 온 사건이 있었습니다. 비행기 납치는 중대범죄이죠. 그런데 독일인들에게는 다소 당혹스러운 면이 있었어요. 왜냐하면, '동독·서독이 아닌 하나의 독일'이라는 개념이 그들에겐 있었거든요. 동독에 거주하더라도 서독에 오는 것이 자유롭다는 개념이 있었지요.

이 사건을 어떻게 처리해야 할지 독일 당국은 고심에 빠졌습니다. 미국이 도움의 손길을 뻗었습니다. 2차 세계대전 이후, 베를린에 미국 법원이 아직 남아 있을 때였습니다. 그 법원을 되살려 재판을 할 판사를 보냈습니다.

독일 형법에 따라 미국 판사가 재판하게 되었습니다. 미국인 판사가 도착하자마자 물었습니다.

"용의자들은 어디에 있습니까? 변호사는 있습니까?"

변호사가 없다는 답변이 돌아왔지요. 그래서 용의자들에게 조언해줄 변호사를 붙이도록 했습니다. 그러고 나서는 "이제, 배심원단이 필요하겠군요"라고 했습니다. 배심원단? 독일에는 배심원단 제도가 없었습니다. 그러자 미국인 판사는 이런 말을 했습니다.

"내가 어디에서 재판을 하든, 내 국기에 따른 헌법에서 보장하는 권리는 존중되어야 합니다."

미 국무부는 이 개념에 대해 동요했습니다. 놀라운 생각이었지요. 결국 독일은 모든 규칙을 준수했습니다. 피고인들은 미국 법원에서 재판 받는다면 보장되었을 모든 보호를 받았습니다. 그들이 재판 받는 곳은 독일 법정이었고, 실재하는 법은 독일 형법이었습니다. 그 미국인 판사는 저처럼, 연방정부 공무원이라면 국내든 국외든 미국 헌법이 지침이 되어야 한다고 믿었던 사람입니다.

로즌　매우 적절한 예입니다. 말씀하신 것처럼 대부분의 법정이 그렇지 않더라도 개별적으로 많은 판사들이 헌법이 국기를 따른다는 입장을 견지하고 있습니다. 종교의 자유 영역으로 넘어가볼까요?

종교적 신념이 일반적인 법의 규칙과 충돌할 경우 어떨까요?

긴즈버그 가령, 안식일을 지키는 사람의 종교적 관습을 수용하는 것이 가능해졌습니다. 만약 다른 노동자들에게 폐를 끼치지 않는다면, 고용주의 선택대로 이들의 주장을 수용할 수 있습니다. 그런데 하비 로비 사건의 경우, 소유주의 종교적 믿음 때문에 의회가 입법한 노동자들의 보험을 정부가 박탈할 수밖에 없는 결과가 나왔습니다. 전에도 이 요점을 말씀드린 적이 있지요.

만약 팔을 휘둘러 다른 사람의 코를 칠 수 있다면, 그 행위는 잘못된 겁니다. 그렇지만, 명분이 있는 모든 편의, 합의는 가능해야 합니다.

택배 회사에서 일했던 한 여성의 사건을 볼까요. 이 여성의 주치의는 임신한 기간 동안 20파운드가 넘는 물건은 들지 말라고 했어요. 택배 회사 동료들이 나서서 기꺼이 일을 거들겠다고 했지만 고용주가 거절했어요. 이분만 편의를 봐줄 수는 없다고 했지요. 장애인은 편의를 봐줄 의무가 있지만, 임산부는 장애인에 해당하지 않는다고 했습니다.

그래서 그녀는 일을 그만두었다가 출산 후에 다시 고용됐습니다. "전 부당하게 일을 그만두어야 했으므로 그 시간에 대해 보상 받고 싶습니다. 제가 임신한 기간 동안 고용주가 제게 편의를 제공할 의무가 있었습니다." 그 여성은 그렇게 말했습니다.

1970년대 대법원은 임신에 따른 차별은 성차별이 아니므로, 따라서 임신으로 인한 불평등으로 항변할 수 없다고 판결한 적 있습니다. 경악할 판결입니다.

이번에 의회는 매우 빠르게 임신차별금지법을 통과시켰습니다. 임신차별금지법은, 임신을 이유로 한 차별도 성차별에 속한다고 규정합니다. 이 여성이 들 수 있는 택배 무게 제한을 회사에서 수용하지 않아 어쩔 수 없이 회사를 그만두어야 했고, 고용주를 상대로 소송을 제기했습니다. 그로 인해 이 법이 제정된 겁니다.

로즌 질문을 마무리할 시간이네요. 마지막으로, 저는 "초당파적인 자세로서 헌법에 대한 정보를 알리려는" 목적으로 의회에서 설립한 국립헌법센터National Constitution Center의 수장이 되어 이끌고 있습니다. 대단히 출중한 기관이지요. '초당파nonpartisan'적인 헌법 판결의 가능성은 과연 현실에서 이룰 수 없는 이상에 불과할까요?

긴즈버그 우리 정부의 이 기본적인 도구, 즉 법을, 모든 국민이 알아야 합니다. 몇 년 전 중국에 갔을 때 "정의는 주머니 속 법전에 있다"는 말을 들었습니다. 중국인 리포터가 이 이야기를 듣고는 매우 감동받더라구요. 숱한 나라들에 우리의 헌법에 맞먹는 권리장전이 존재해요. 훨씬 더 강렬하고, 광범위하고, 비등하지요. 그런데 아직 열망에 머무를 뿐, 실제 법으로 제정되지 않은 경우도 있습니다.

미합중국의 헌법은 다른 어느 나라의 법보다도 뛰어납니다. 단지 열망의 수위에서 그치는 게 아니라 우리와 실질적인 역사를 함께 걸어왔습니다.

프랑스 서점에 가서 프랑스 헌법을 한 권 달라고 하면 서점 주인이 "죄송합니다. 우리는 정기 간행물은 취급하지 않습니다"라고 대꾸한다는 우스갯소리가 있어요.

1787년에 만들어진 법이 여전히 우리를 통치하고 있다면 어떨까요? 한번 상상해보십시오.

5장
여성 법관이 들어선 후

지미 카터 대통령은 연방 법원의 구성원을 다양하게 하고자 노력했다. 카터는 1980년 루스 베이더 긴즈버그를 DC 순회법원의 판사로 임명했다. 그 뒤로 긴즈버그 또한 판사직에 여성의 수가 늘어나는 것의 중요성을 인식하고 집중했다. 1993년 8월 10일, 대법관 취임식에서 긴즈버그는 이렇게 말했다. "(빌 클린턴 대통령의) 총 14명의 연방 판사 지명자 중 6명만이 여성"이라며 "내 생애 동안, 사위들만큼이나 나의 자매들이 우수한 자질로 연방 판사가 되길 고대합니다."[1]

　미국의 첫 여성 대법관이었던 샌드라 데이 오코너는, 미네소타 대법관인 메리 진 코인이 "지혜롭고 나이 든 여성은 지혜롭고 나이 든 남성과 동일한 결론에 도달한다"고 한 말을 인용하면서, 판사의 성별이 다르다고 해서 판결이 달라지는 게 아니라고 말하곤 했다. 긴 즈버그도 이에 동의했다. 나아가 "동감합니다. 더 나아가, 여성 또한 다양한 집단, 다 다른 민족적 기원을 가진 사람들과 같이, 저 훌륭한 법학자이자 5순회법원 판사이셨던 고故 앨빈 루빈의 말씀대로 '(여성은) 생물학적 차이, 문화적 영향력 그리고 인생의 경험에서 영향을 받아 고유한 시각의 메들리'를 지니고 있다는 데 전적으로 공감합니다."[2]

실제로, 오코너가 재직하는 동안 성차별과 관련된 사건에서 긴즈버그와 투표 방향이 종종 일치했다. 대법관의 남성 동료 중 4명은 오코너가 들어오기 전보다 성차별 관련 사건에서 원고 편을 들 가능성이 26% 더 높아졌다.[3]

"여성과 남성이 존재하는 방식을 일반화시키면, 고유한 각 개인에 대한 결정을 바르게 내릴 수 없다."

긴즈버그는 종종 이렇게 말했다. 그렇다면, 법관 층에 남녀 고루 포진하는 것이 중요하다는 주장과 이 말이 어떻게 조화되는 것일까? 상충되는 주장이 아닐까? 긴즈버그는 여성 판사가 모두 사건을 같은 방식으로 본다고 믿은 게 아니다. 다만, 종합적으로 대법관의 구성원이 다양할수록 "모두 같은 틀로 세상을 바라보는 것이 아니므로, 어떤 면이 위태롭고 판결이 어떤 영향을 미칠지 다양하게 공감할 수 있으며" 그래서 궁극적으로 판결도 더 좋아진다고 보았다.[4]

대법원에 올라온 새포드 유니파이드 스쿨 대 레딩 사건(2009)의 구두 변론에서 긴즈버그의 주장이 극적으로 드러난다. 서멘사 레딩 Samantha Redding은 당시 열세 살 중학생이었다. 학교 관계자들이 금지된 약물을 찾는다고 레딩의 몸에서 브래지어와 속옷을 벗기면서까지 수색을 했다. 스티븐 브라이어 판사는 구두 변론에서 이 일이 뭐가 대수롭냐고 물었다.

"속옷 벗는 일이 뭐 큰일인가요? 체육관 가려고 옷 갈아입을 때도 벗잖아요?" 브라이어 판사는 이어, "난 여덟 살, 열 살, 열두 살 때도 학교에서 하루에 한 번 꼴로 옷을 갈아입었어요. 체육관에 가야 되니까요. 가끔 내 속옷에다가 물건을 집어넣는 짓궂은 애들도 있었구요"라고 덧붙였다. 법정에서 불편한 웃음소리가 터졌다. 당시 유일한 여자였던 긴즈버그가 여자의 관점에서 환복을 말했다. "그냥 속옷을 벗은 게 아닙니다." 더욱 강한 어조로 말을 이었다. "그 사람들이 브래지어를 흔들어보고 바지 윗부분을 펴서 털어내보라고 강요했다지 않습니까!"[5]

데이비드 수터 판사는, 레딩의 관점에서 신체 수색을 바라보라고 한 긴즈버그의 말에 영향을 받았다. 수터 판사 또한 나중에는 "당혹스럽고 무섭고 굴욕적"이라는 표현을 사용했다. 여기에 덧붙여 긴즈버그는 "모욕적"이라고 했다.[6]

긴즈버그가 연방대법관으로 합류했을 때 샌드라 데이 오코너가 따스히 환대했다. 긴즈버그는 이에 대해 마음속 깊숙이 고마워했다. 오코너를 "누구에게나 가장 도움이 되는 큰언니"라고 표현했다. 긴즈버그의 사무 일을 함께했던 셰론 드 하트Sherron De Hart는, 긴즈버그가 다른 어떤 판사보다도 오코너와의 관계를 소중하게 여겼다고 말한다.[7]

1997년 오코너가 상을 탈 때, 오코너가 자신을 어떻게 대해주었는지 긴즈버그가 회상한 일이 있다. 1993년 10월에 긴즈버그가 대법원에서 처음으로 의견 배정을 받을 때였다. 대대로 신입 대법관에게 그러했듯 만장일치 결과가 나오기 쉬운 의견을 배정 받을 거라고 예상했다.

"목록을 받았을 때 무척 당황했습니다." 긴즈버그는 회상했다. "복잡한 사건이었는데, 대법관들의 의견이 첨예하게 대립했습니다. 조언을 구하려고 샌드라에게 갔더니 간단히 말하더군요. '그냥 하세요. 가능하면 다음 업무 돌아오기 전까지 초안을 배포하시구요.'"

당시 판결은 오코너와 긴즈버그가 반대편이었다. 긴즈버그가 최초로 다수의견에 반대하는 목소리를 내는 순간이었다. 긴즈버그가 판사석에 앉아 의견을 읽는 동안 오코너가 직접 쓴 메모가 전해졌다.

"대법원에서 처음으로 의견서를 읽는 순간이네요. 너무 자랑스럽습니다. 앞으로가 더욱 기대됩니다."[8]

긴즈버그와 오코너의 의견이 나뉠 때에도, 오코너는 늘 대중과 소통하려고 노력을 했다. 그 헌신에 긴즈버그는 마음 깊이 감사했다. 이러한 헌신적인 태도는 친구이기도 한 앤토닌 스캘리아 대법관과는 대조적이었다. 스캘리아가 오코너 의견에 반대하면서 "진정 받아들일 수 없다"고 한 적이 있다. 이에 대해 오코너는 즉각 "막대기나 돌로 내 뼈를 부러뜨릴지언정 데 말로써 나를 상처 입힐 수는 없을 것"이라고 응수했다.(긴즈버그는 이 말에 대해, 오코너가 그렇게 말했을 리 없다고 했다) [9]

긴즈버그는 오코너의 이런 면을 말한 적이 있다. "오코너와 의견이 엇갈린 적 있다. 그럴 때도 오코너는 전문적이고도 명확하게 자신의 의견을 제시했다. '너무 어리석다' '충격적' 분명한 '오판' '단순히 무책임한' 따위의, 동료들을 질책하는 말로 혹평하지 않았다.(방금 나열한 단어들 중 필자가 지어낸 말은 없다) 나는 오코너의 그런 면을 존중하며, 나도 그녀의 방식을 따른다."[10]

대법관 석에 여성이 두 명 들어선 후 대법원이 바뀌었냐는 질문을 긴즈버그는 종종 받았다. 그러면 긴즈버그는 이렇게 대답했다. "1993년부터 있었던 법복을 갈아입는 방에, 이제는 남자 화장실과 똑같은 크기의 여성 화장실도 생겼습니다." 오코너가 대법관이 된 지 12년 만이고 긴즈버그가 합류한 직후, 법복을 환복하는 방에 여자 화장실이 생겼다.

2009년, 긴즈버그가 지명된 지 16년째이자 오코너가 퇴임한 지 3년 만에 미국 역사상 세 번째 여성 연방대법관으로 소니아 소토마요르Sonia Sotomayor가 지명된다. 이듬해에 엘레나 케이건Elena Kagan이 그 뒤를 이었다. 긴즈버그는 이 여성 동료들을 환영했다. 애브너 미크바Abner Mikva가 미국 항소법원 판사일 때 케이건이 미크바의 사무원으로 일했었고, 긴즈버그는 그때부터 케이건을 알았다. 케이건 대법관이 첫 임기를 마친 뒤 제2순회법원에서 긴즈버그는 이렇게 말했다. "케이건은 구두 변론에서 예리한 신문 실력을 보여줘 이미 박수갈채를 받았다." 대법원에 여성이 몇 명이면 충분할 것 같냐는 질문에는 "(여성이) 아홉 명이면 충분할 것"이라 답하며 더 많은 여성이 이 길을 가길 바랐다.[11]

긴즈버그와 오코너는 대법관으로 함께 근무하는 13년 내내 매우 친밀한 관계였다. 만장일치 의견 중에서는 52퍼센트 정도에서 일치했다.[12]

오코너와 긴즈버그의 의견이 심각하게 불일치했던 사례가 대표적으로 부시 대 고어 전 부통령의 재판이었다. 그럼에도 이 모든 일들을 뛰어넘어, 오코너는 성평등의 길에 헌신한 긴즈버그의 선구적 업적을 항상 존중했다. 남자에게만 공교육을 허용했던 버지니아 군사 학교 사건을 존 폴 스티븐스 대법관이 오코너에게 맡기려고 했다. 그러자 오코너는 꿋꿋하게 "이 재판은 루스가 맡아야 한다"고 주장했다.[13]

2005년 여름, 오코너는 남편의 알츠하이머 병이 빠르게 악화되자 남편을 돌보고자 은퇴한다. 오코너의 은퇴를 긴즈버그는 가슴 깊이 안타까워했다. 암으로 투병하던 윌리엄 렌퀴스트 대법원장도 비슷한 시기에 세상을 떠났다. 긴즈버그는 이루 말할 수 없이 비통해했다. 긴즈버그가 암으로 투병할 때, 곁에서 늘 용기를 북돋아주던 렌퀴스트였다. 늘 유머러스함을 잃지 않던 렌퀴스트는 사람들의 존경을 받았다. 2006년, 새뮤얼 앨리토와 존 로버츠가 후임 연방대법관으로 임명되면서 연방대법원은 오른편으로 방향을 튼다. 점점 보수적으로 변해가는 연방대법원에서, 긴즈버그는 유일한 여성으로 남았고 더 고립돼갔다. 그러한 상황에, 긴즈버그가 온건한 미니멀리스트에서 명성 높은 반대자의 표상으로 떠오르게 된다. 이 전환기에, 캐나다 공군 훈련에서 비롯된 오랜 운동 루틴을 두 배로 늘린다. 이 루틴에 대해 난 세세하게 설명 듣곤 했다.

1999년, 긴즈버그는 대장암을 이겨내고 회복한다. 긴즈버그의 항암치료가 끝난 뒤 남편 마티가 "힘과 건강을 되찾기 위해 개인 트레이너를 구하라"고 조언했다.[14] 낙하산 부대원 출신으로 지방법원 사무실에서 근무하던 브라이언트 존슨Bryant Johnson을 개인 트레이너로 삼고 운동을 시작한다. 존슨이 2004~2007년 쿠웨이트에 파견 나갔던 기간을 제외하면, 긴즈버그는 줄곧 존슨과 함께 운동했다. 2017년에는 이 운동 방법과 루틴을 담아 『죽을 때까지 건강하게 살고 싶어서The RBG Workout』라는 책을 출간하기도 했다. 주로 연방대법원 체육관에서 일주일에 두 번씩 만나 몇 시간 동안 운동했다. 그 뒤로 긴즈버그는 골밀도가 더 강해졌다. 강철 같은 집중력과 투지로 벽에 대고 팔굽혀펴기하는 것부터 존슨이 "육군 기초 훈련에서 하는 바로 그 완벽한 표준 팔굽혀펴기"라고 칭찬한 운동까지, 철저히 마스터했다.

브라이언트 존슨 코치의 어머니조차 긴즈버그의 이러한 결심과 집중을 보고 자극을 받았다. 존슨의 어머니도 규칙적으로 운동해 22킬로그램 정도 감량에 성공했다. 남녀노소 가릴 것 없이 긴즈버그를 보고 웨이트 운동과 유산소 운동을 하게끔 자극받고는 했다. 이러한 과정을 거치며 긴즈버그는 대법원에 가장 걸맞은 적임자가 되어갔다. 2018년 워싱턴 대학교에서 열린 간담회에서 동료 재판관들 중에 누가 가장 팔굽혀펴기를 잘하느냐는 질문을 받았다. 긴즈버그는 "아마 닐 고서치Neil Gorsuch 판사"일 거라고 대답했다. 51세의 닐은 매일 자전거로 출근한다고 했다. "우리 대장이 제일 잘할 수도 있고요"라고도 덧붙였다.[15]

로즌 긴즈버그 대법관님과 세 분의 여성 대법관이 있습니다. 오코너 대법관이 최초의 여성 대법관이었고, 그다음 두 명, 그다음엔 다시 한 명, 그리고 두 명 이제 아홉 명의 연방대법관 중 세 명이 여성입니다. 어떠세요? 여성이 더 있어야 할까요?

긴즈버그 더 있게 될 것입니다. "내 평생 미국 연방대법원에 여성 대법관이 셋, 넷 그보다 더 많이 들어서는 걸 보길 기대한다." 이런 말을 자주 한 걸 당신도 알고 있지요. 우리는 캐나다보다 약간 뒤처져 있어요. 캐나다는 연방대법관이 아홉 명인데 그중 네 명이 여성이고 대법원장도 여성입니다. 결국 우리도 그 지점까지 갈 겁니다.

로즌 엘레나 케이건을 원래 알고 계셨죠. 어떻게 만났습니까?

긴즈버그 엘레나가 미크바의 재판연구원으로 일할 때 처음 만났습니다. 시간이 흐를수록 엘레나에 대해 점점 더 많이 알아갔어요. 그녀도 마찬가지구요. 클린턴 대통령이 저를 연방대법관으로 지명했을 때, 조 바이든이 상원 법사위원장이었어요. 바이든이 청문회를 잘 준비해보고자 당시 백악관에서 일하던 엘레나를 데려갔죠. 바이든이 엘레나에게 긴즈버그가 쓴 모든 글들, 연설들을 죄다 읽어보고 나서 의견을 달라고 했습니다. 엘레나는 그 작업을 해주었고, 바이든은 그 정보를 토대로 청문회 때 제게 질문을 했습니다.

서로 그런 과정이 겪어서 엘레나는 날 아주 잘 알았습니다. 엘레나가 법무 차관이 되었을 때는 저는 최고의 재판연구원 선발 담당을 잃은 셈이었어요. 왜냐하면, 엘레나가 하버드 로스쿨 학장일 때, 매 기수마다 제 법률 서기 네 명 중 한 명을 올려 보내주기로 약속이 돼 있었거든요. 엘레나가 추천해준 법률 사무관들은 그야말로 훌륭했습니다.

로즌   법무 차관으로 엘레나 케이건은 어땠습니까?

긴즈버그   엘레나가 연방대법원에서 첫 논쟁을 벌인 자리는 너무도 근사했지요. 모든 논쟁에서 훌륭한 법조인임을 탁월히 입증했어요. 2010년 연방대법관으로 지명되었을 때 문제가 조금 불거지긴 했어요. 엘레나는 과거 저와 브라이어의 지명에 관해, 조금 더 자신을 드러냈어야 하지 않냐고 글 쓴 적이 있어요. 나이가 들어가고 지혜가 쌓일수록, 엘레나도 우리와 같은 길을 가게 되지 않을까 생각하지요.

로즌   엘레나가 잘 나아가고 있다고 보시나요? 어떤가요?

긴즈버그   엘레나가 엄청나게 잘하고 있다고 봅니다. 엘레나에게 이런 메모를 전한 적 있습니다. "두 가지 자질만 있으면 됩니다. 인내심, 유머 감각." 엘레나는 이 두 가지를 다 보여줬습니다.

로즌   사람들은 이 놀라운 대법원 조직의 역동성을 아주 많이 궁금해합니다. 제 좁은 소견으로는, 문고리가 잠긴 방에 똑같은 9명의 사람들과 아주 오래 갇혀 있는 듯 보이기도 해요. 끝나지 않는 논쟁을 되풀이하면서요. 어떻게 견디세요?

긴즈버그   내가 일했던 모든 곳들, 내가 속했던 모든 법학부들을 망라해서 그중 바로 여기 미국 대법원에서 최고의 동지를 얻었습니다. 진지하고도 중요한 질문들에 아무리 서로 반대 의견을 가지고 있을지언정, 우리는 가족이고 서로를 진심으로 존중하고 좋아하며 아낍니다.

1999년 첫 번째로 암에 걸렸던 때, 샌드라가 항암 치료에 대해 조언해주었어요. "금요일 저녁에 항암 진료 예약을 잡으세요. 주말 동안에 쉬고 회복한 다음 월요일에 출근할 수 있습니다." 또 이런 조언도요. "미국 전역에서 편지가 쇄도할 겁니다. 회복을 바라는 편지가 수백 통 쏟아져도 답장 생각일랑 하지 마세요."

처음 암에 걸렸을 때 데이비드 수터 판사가 다른 동료들과 함께 해준 말이 가장 기억에 남습니다. "루스, 힘든 시간을 극복해가는 과정에 뭐라도 내가 도울 수 있다면, 뭐라도 좋아요. 언제든 전화해요." 어느 금요일 오후, 남편 마티한테 전화가 걸려왔어요. "항암 치료가 끝나면 날 보러 와줄 테요. 난 지금 워싱턴 병원 심장병동에 있소."

다행히 생명에는 지장이 없었지만 거기서 이틀 밤을 보냈어요.

여성 대법관들과. 샌드라 데이 오코너, 소니아 소토마요르, 루스 베이더 긴즈버그, 엘레나 케이건. 2019.

1868년 당시 여성도 남성과 동등한 위상을
가진 시민이라고 상상할 수 있었을까요?
대답은 당연히, 아닙니다.
한데 평등이라는 개념은 존재했습니다.
시간이 지나며 사회에서 실현되었지요.
투표권을 가지기까지, 우리 여성은 아득한
그 옛날부터 참으로 긴 시간을 걸어왔습니다.

그다음 날 저녁, 원래 워싱턴 국립 오페라 공연에 가기로 예정되어 있었어요. 그래서, 데이비드에게 전화했습니다. "데이비드, '무엇이든' 도움이 될 일이라면 말하라고 했지요. 내일 저녁 옆 좌석이 비어 있게 놔두고 싶지 않아요. 함께 가줄래요?"

데이비드가 케네디 센터에 방문한 일이 얼마나 큰 사건인지 아마 짐작 못하겠지요. 데이비드는 수십 수백 번이나 초대를 받았지만 딱 한 번, 서굿 마셜 대법관을 기리는 행사를 제외하고는 그간 정중하게 참석을 고사해왔지요. 결국 데이비드도 오페라를 아주 즐겁게 보긴 했습니다만, 자진해서 왔던 적은 없습니다.

로즌 여성이 많아지면서 대법원에 활력이 넘치게 되었습니까?

긴즈버그 오코너 대법관과 저는 12년이 넘도록 함께 일했습니다. 그 12년 동안, 구두 변론을 할 때마다 한 명이든 여러 명이든 저를 '오코너'라고 부르는 변호사가 있게 마련이었어요. '대법원에 여성이 한 명이 있고, 그 이름이 오코너'라는 선입견에 익숙했던 거죠. 샌드라는 종종 그 변호사에게 수정해주곤 했어요. "내가 오코너 대법관이고 저분이 긴즈버그 대법관입니다."

가장 최악이었던 시간은, 나 혼자 여성이었던 그때였습니다. 법정에 들어서는 대중은 평범한 몸집의 남성 여덟 명 옆에 아주 작은 체구의 여성인 나를 보게 되었지요. 사람들 눈에 비치기에 좋은 그림은 아니었어요. 그렇지만 지금은, 이제 대법관 석에 여성이 세 명이나 포진해 있습니다. 이제 외롭지 않아요. 그리고 내 새로운 여성 동료들은, 결코 물러서거나 수줍어하는 사람들이 아닙니다. 소토마요르는 심지어 스캘리아를 제치고 논쟁 중에 가장 질문을 많이 하는 사람 1위에 올랐습니다.

로즌　여성이 공직에 나서도록 권유받고 격려받는 일은 좋을까요? 출마 여부를 망설이는 이들에게 뭐라고 말해주고 싶습니까?

긴즈버그　지금의 여성들은 아무래도, 여러 단체들이 캠페인, 운동 따위를 벌이던 예전보다는 훨씬 더 공직 출마를 지지받고 있습니다. 글쎄요, 우리 법정만 보더라도 샌드라 데이 오코너는 1981년에 연방대법관으로 지명됐지요. 그 전에는 아예 여성이라고는 없었습니다. 지미 카터가 저를 DC 순회법원에 임명했을 때, 지미 카터는 말 그대로 미국 사법부의 얼굴을 바꾼 거였어요.

　지미 카터는 법조인이 아니었습니다. 연방 사법부를 찬찬히 관찰한 뒤 이렇게 말했지요. "그들 모두 나처럼, 나와 같은 사람이었다. 모두 백인이면서 남성이었다. 그러나 그것은 위대한 미국의 모습이 아니지 않은가. 나는 재판부가 미국인들의 일부 계층이 아닌 모든 계층을 대변하길 바란다." 카터는 그래서, 우연히, 일회성이 아니라 구성원의 숫자를 바꾸며 소수 계층과 여성을 임명하기 위해 노력했습니다.

　카터 대통령은 25명 이상의 여성을 연방대법원, 연방지방법원에 기용했습니다. 또한 여성 11명을 순회법원에 임명했는데 내가 그 행운의 11명에 들었지요. 사람들이 가끔 묻더군요. "판사가 되는 것이 꿈이었나요?" 제가 로스쿨을 졸업할 때는 연방항소법원 판사들 중 여자가 단 한 명도 없었습니다.

1934년에 루스벨트 대통령이 플로런스 앨런Florence Allen을 임명한 적은 있지만 1959년 은퇴한 뒤로는 아무도 없었지요. 제9순회 항소법원에 존슨 대통령이 셜리 허프스테들러Shirley Hufstedler를 임명하기 전까지 여성은 없었습니다. 그리고 지미 카터 대통령은 역대 그 어떤 대통령도 시도한 적 없는 패턴을 만들었습니다. 그 뒤 레이건 대통령은 이에 뒤지지 않고 최초로 여성을 연방대법관에 임명하기로 결심합니다. 미국 전역을 샅샅이 뒤져 샌드라 데이 오코너라는 훌륭한 후보자를 찾아냈지요.

지금은, 연방대법원의 3분의 1인 세 명이 여성이죠. 저는 선배라서 중앙에서 가까운 자리에 앉습니다. 소토마요르가 한쪽 끝에, 케이건이 다른 한쪽 끝에 앉기 때문에 논쟁이 벌어지면 매우 열띤 광경이 펼쳐집니다.

로즌 여성 대법관들이 더 간섭을 많이 받는 경향이 있다는 조사를 접하고 흥미로워하셨지요. 그 조사 결과에 대해서는 어떻게 생각하십니까?

긴즈버그 내 (여성) 동료들도 그 통계를 봤으니 앞으로 더 신경쓸 거 같아요. 그런데, 우리 여성 대법관들은, 늘 서로 영향을 주고받습니다. 내 전직 재판연구원들도 잘 알고 있지요. 그와 관련해 오코너 대법관과 논쟁하던 중 재밌는 일이 하나 있었어요. 오코너 대법관은 주로 첫 번째로 질문을 던지는데, 전 오코너가 질문이 다 끝난 줄 알고 다음 질문을 했어요. "잠깐만요. 제 말 아직 안 끝났습니다." 오코너가 그러더군요. 나중에 이 일에 대해 미안했다고 사과하니 이렇게 답했습니다. "루스, 그런 일 다시 되짚지 마요. 남자들은 언제나 서로에게 그렇게 합니다."

다음 날, 《USA 투데이》의 기사 제목이 이랬습니다. "무례한 루스, 샌드라가 말하는 도중 끼어들다." 이 일에 대해 코멘트를 요청받았습니다. 샌드라가 내게 들려줬던 말을 고스란히 전해줬지요. 남자들 사이에선 그런 일이 규칙적으로, 빈번하게 일어나서 당신은 알아채지도 못할 거라고요. 그 기자는, 그 뒤로 두 차례 법정을 더 지켜보고 나서 이렇게 말했습니다. "대법관님 말이 맞습니다. 남자 대법관 둘이 서로 그랬을 때는 저는 (그 일이 무례하다고) 느끼지도 못했습니다."

때마침 언어학 전공 학자 한 명이 왜 이런 일이 일어났는지 《워싱턴 포스트》에 의견을 냈습니다. 왜 내가 오코너 판사의 말을 막는 꼴이 되었는지 분석한 글이었어요. "음, 긴즈버그는 뉴욕에서 자란 유대인입니다. 그런 사람들은 말을 빨리 합니다. 오코너는 골든 웨스트의 소녀로 자라났지요. 느긋하고도 천천히 말합니다." 샌드라와 나를 둘 다 아는 사람이라면, 즉시 알아챌 사실이에요. 아무튼 우리에게 내재한 고정관념을 보여준 좋은 사례입니다.

로즌 법정에서 말씀하실 때와 그냥 대화를 나눌 때의 방식이 다르세요. 법정에서는 딱 그 자리에 어울립니다. 그런데 대화를 나눌 때는, 말과 말 사이 잠시 멈출 때, 당신을 아는 친구들은 기다려야 하는 시간임을 압니다. 무언가를 말할 때 매우, 특별하거든요.

긴즈버그 [긴 침묵 뒤 웃음] 맞아요. 제 재판연구원들도 그걸 알아요. [웃음] 음, 말하기 전에 생각을 하려고 애씁니다. [웃음]

남편이 법률을 가르칠 때 있었던 일인데요. 자원봉사자를 뽑으면 남자가 여자보다 훨씬 더 많이 손을 든다고 염려했더니 동료 한 명이 이렇게 조언해주더래요. "절대 처음으로 손 든 사람을 지목하지 마세요. 언제나 남자가 첫 번째로 들 거예요. 5~6초 정도 기다리면 여자들 중 손을 드는 사람이 나와요. 여자들은 말하기 전에 생각을 하기 때문입니다."

로즌 남자에게도 좋은 일일까요. 연방대법원 석에 여자가 아홉 명이 있어야 한다고 말하신 적 있지요.

긴즈버그 아니요. '난 여성이 9명 있어야 한다'고 대답한 적 없습니다. 그때 질문은 '연방대법관에 여성이 몇 명 정도면 충분하냐'는 거였는데, 저는 9명이면 충분하겠다고 했지요. 우리 역사를 보면 대부분, 9명보다 적었던 때 말고는, 한 번은 10명인 적도 있었지요. 오코너가 취임하기 전까지는 전부 남자였고요. 아무도 그걸 이상하다고 생각하지 않았습니다.

로즌 하지만 농담만은 아니었잖아요. 여성 대법관이 9명이면 남자에게도 좋을까요?

긴즈버그 주 대법원은 그랬던 적이 있지요. 제 기억에 미네소타 주 대법관이 한동안 모두 여성이었고, 많은 주의 대법원에서 여성이 다 입니다.

로즌 여성이 많아져서 좋은 이유가 뭘까요? 자꾸 여쭤보는 이유는, 대법관님께서 힘주어 말씀하셨듯, 남성과 여성이 존재하는 방식을 일반화하면 개개인의 고유한 특성을 놓치게 됩니다. 그렇게 보면 여성이 3명이든 5명이든 그 수는 상관없는 걸까요.

긴즈버그 여성은 자신이 삶에서 겪은 일을 테이블 위에 의제로 꺼냅니다. 다양한 배경과 풍부한 경험을 가진 사람들이 모일수록 우리 합의체의 대화와 정보는 풍성해지고 훨씬 더 나아집니다.

한 번은 이런 일이 있었어요. 열세 살 소녀가 잘못된 약물을 학교에 가져온 게 아닌지 의심받았어요. 그 소녀는 여자 화장실로 가서 알몸 수색을 받았습니다. 그 소녀 지갑에는 애드빌하고 아스피린 한 알밖에 없었어요. 소녀의 몸을 수색하고도 아무 증거물도 발견되지 않자, 이번에는 교장실로 불러 가서 앉으라고 하고는 소녀의 엄마에게 전화를 걸어 집으로 데려가라 했습니다. 엄마는, 자기 딸이 그런 식으로 굴욕당하고 나서 소송을 제기했습니다. 남북전쟁 이후의 차별금지법, 우리는 그걸 섹션 1983 소송(Section 1983)이라고 부르곤 하는데, 그 법에 따라서요. 구두 논쟁은 이를 가볍게 다루는 식으로 일어났습니다.

동료 대법관이 이렇게 말하더군요. 남자애들 같은 경우에는 라커룸에서 서로 옷을 벗고 알몸을 보여주기도 한다고, 그러니 당황할 일이 못 된다고요. 저는, 열세 살 소녀와 열세 살 소년은, 다르게 취급되어야 한다 했습니다. 한 소녀의 성장 단계에서도 매우 중요하고도 예민한 시기라고요. 그러고는 갑자기 농담이 그쳤지요.

내 동료 대법관은 그 순간에 부인이나 딸을 떠올리지 않았을까요. 그러나 저는 몸소 여성의 삶을 겪어왔기에 이러한 면을 잘 알고 있습니다. 여성이 남성과 다르게 사건을 판결하는 게 아닙니다. 미네소타 주 대법원의 진 코인은 나이 들고 지혜로운 남자와 나이 들고 지혜로운 여자가 같은 판단에 이른다고 했지만, 그럼에도 불구하고, 코인도 언급한 바 있지요. 판사석에 여성이 있으면 사법부가 죄다 남자였을 때는 존재하지 못했던 사안을 테이블 위에 올려놓을 수 있다고요.

로즌 오코너 대법관이 아직 연방대법원에 있었다면 어떤 결정들이 다르게 판결났을까요?

긴즈버그 시민연합 사건, 셸비 카운티 사건, 하비 로비 사건 등에서 아마 우리는 의견이 같았을 겁니다.

로즌 오코너 대법관이 은퇴 결정을 후회했을까요?

긴즈버그 오코너는 오래전부터 일흔다섯에 퇴직하기로 마음먹었어요. 야외에서 해보고 싶었던 활동들을 남편 존과 하나씩 다 해보려고 했지요. 남편의 알츠하이머 병이 깊어지면서 그 계획을 이루지 못하게 되었지만요. 어쨌든 오코너는 예전부터 은퇴 계획을 공언한 바 있어요. 요즘 법원 판결들은 그녀가 작성했던 의견들에서 멀어지고 있습니다. 아마 오코너도 걱정하고 있지 않을까요.

로즌 은퇴 얘기가 나왔으니 여쭤보겠습니다. 정치 지형이 민주당 쪽에 유리했을 때 대법관님이 자리를 넘겨주었어야 한다는 말이 있었지요. 이런 이야기가 들려오면 어떠셨습니까?

긴즈버그 우선, 제 직장이 정년퇴직 연령을 의무적으로 못 박은 시스템이 아니라 행운이라는 말부터 하겠습니다. 세계 대부분의 국가에서는 정년퇴직 연령이 65세, 70세, 75세 등으로 정해져 있지요. 미국의 많은 주에서도 정년퇴직 연령을 명시합니다. 제가 일할 수 있는 날까지 가능한 한 이 자리를 지킬 것입니다. 더 이상 명료하게 일할 수 없을 때, 명료하게 생각하고 일하고 글 쓸 수 없을 때를 제 자신이 알 수 있습니다. 지난 임기에서 의견 마감을 지키는 속도가 가장 빠른 사람이 저였습니다. 논쟁이 시작된 날부터 결정까지 평균 60일 정도 걸렸는데, 대법원장보다도 6일이나 빠른 속도였지요. 그러니 내가 일을 못할 지경에 이르렀다고 생각하지 않습니다.

오바마 대통령 재임 시절에 내가 물러났어야 한다는 의견에 대해, 몇몇 분들, 특히 학계 인사들에게 물었어요. "나보다 연방대법원에서 보고 싶은 인물 중에, 대통령이 지명해서 상원을 통과할 것 같은 인물이 누굽니까?" 아무도 대답을 주지 못했어요.

로즌 건강은 어떠세요? 괜찮습니까?

긴즈버그 건강은 좋아요. 여전히 일주일에 두 번씩 개인 트레이너와 운동하고 있답니다. 케이건 판사도 그 트레이너와 함께해요. 1999년부터 죽 그렇게 해오고 있습니다.

로즌 같이 운동도 하십니까?

긴즈버그 아니요. 케이건은 나보다도, 내 딸보다도 어려요. 그녀는 복싱을 합니다. 잡친 기분을 털어내는 데 복싱만 한 게 없습니다.

로즌 대법관님은 무슨 운동을 하세요?

긴즈버그 저는 역도, 엘립티컬 글라이더, 스트레칭, 팔굽혀펴기 등 다양한 운동을 합니다. 그리고 거의 매일 캐나다 공군 수칙 훈련을 합니다.

로즌 1991년 항소법원에서 만났을 때 하셨던 운동과 비슷한가요?

긴즈버그 아뇨. 그때는 재즈 체조 수업이었습니다. 시끄러운 음악에 맞춘 에어로빅 루틴이었어요. 저한테는 꽤 끔찍하게 들렸어요. 재즈 체조는 1980~1990년대 인기가 있었지요.

로즌 캐나다 공군 훈련이 어떤 건가요?

긴즈버그 캐나다 공군에서 책자로도 발간한 적 있어요. 제가 스물아홉 살 무렵인가. 이 운동 가이드북이 아주 인기가 많았어요. 마티와 함께 시러큐스에서 열린 세무 관련 컨퍼런스에 참석했을 때였습니다. 아침에 열리는 프로그램이라서 다른 한 변호사를 태우기 위해 잠시 멈췄었어요. 그가 말하더군요. "잠시만요. 이 운동만 마저 끝내고요." 그 변호사에게 무슨 운동이냐고 물었어요. 캐나다 공군 훈련이라고 하더군요. 하루도 이 운동을 거르고 지나갈 수 없다더군요.

정작 그 변호사는 몇 년 전에 캐나다 공군 훈련을 그만두었어요. 전 여전히 매일매일 준비운동과 스트레칭을 계속하고요.

어릴 때의 루스.

헌법이 새로 제정될 때 '우리 국민'은
누구를 말했을까요?
땅을 소유한 남자여야 했습니다.
노예, 여자, 원주민 등은 처음엔
그 '우리 국민'에 들지 못했습니다.
출발했던 지점에서 여기까지,
우린 얼마나 총체적이 되어왔습니까.

6장
다 다를지나, 하나일 수 있다

빌 클린턴 대통령이 연방대법관에 누구를 지명할지 고심하고 있던 1993년 즈음, 나는 워싱턴 미국 항소법원 재판연구원들과 점심 도시락 모임을 함께했다. 그들은 얼마 전 앤토닌 스캘리아 대법관과 이런 비슷한 점심 도시락 모임을 함께했다고 했다. 재판연구원들이 스캘리아 대법관에게 물어봤다.

"남은 인생을 무인도에서 단 한 명과 보내야 한다면요. 로런스 트라이브Laurence Tribe와 마리오 쿠우모Mario Cuomo, 둘 중 누구를 택하시겠습니까?"

스캘리아는 단 1초도 망설이지 않고 대답했다.

"루스 베이더 긴즈버그."

질문의 보기에 없는 인물이었다. 나는 이 일화를 당시 긴즈버그를 지지하던 《뉴 리퍼블릭》지에 실었다. 2016년 5월 워싱턴에서 스캘리아 대법관 추도식이 열렸을 때 긴즈버그도 이 일화를 회상했다.

"그리고 며칠이 지나서 대통령이 날 지명했지요."[1]

스캘리아 대법관을 비롯한 보수주의자들은 긴즈버그가 미 항소법원에 일한 12년을 존중했다. 그 존중이 클린턴의 결정에 영향을 주었음은 주지의 사실이다. 긴즈버그 지명 당시 클린턴은 이렇게 말했다. "루스 베이더 긴즈버그는 자유주의자나 보수주의자라고 규정할 수 없다. 그런 라벨을 붙이기에, 긴즈버그는 너무도 사려 깊다는 것을 증명해왔다."[2]

스캘리아와 긴즈버그는, 이념 성향은 다르지만 음악과 유머감각에 상호 존중과 애정이 있었다.

"스캘리아는 가장 냉철한 판사조차 웃게 만드는 보기 드문 재능이 있었다. 매력적인 총명함과 재치로 가득한 법학자기도 했다."[3]

스캘리아가 세상을 뜬 후에 긴즈버그는 이런 감동적인 추도사를 쓰기도 했다. 추도사에서는 또 이 이야기도 덧붙인다. 의견이 맞지 않는 두 친구가 어찌 그토록 오랫동안 평정심을 유지한 채로 유머를 나누었는지 종종 질문 받곤 한다.

"그 모든 의견의 불일치를 넘어서서, 우리가 어떻게 친구가 될 수 있었는지 스캘리아가 답한 적 있지요. '난 생각에 대해 겨룬다. 사람은 공격하지 않는다. 매우 좋은 사람인데 그의 머릿속 개념은 좋지 않을 때도 있다.'"

긴즈버그는 얼굴에 웃음을 머금고 이렇게 회상하기도 했다.

"오페라 〈스캘리아/긴즈버그〉에서 스캘리아가 서막을 공연할 때였어요. 스캘리아가 전성기 때 모습으로 묘사된 부분이었지요. 국립 오페라단 테너 두 분이 스캘리아와 함께 피아노 연주에 맞춰 노래했어요. 스캘리아는 '유명한 세 테너의 공연'이었다고 농담하곤 했지요."[4]

오페라 〈스캘리아/긴즈버그〉는 메릴랜드 대학교 로스쿨에 재학 중이던 데릭 왕Derrick Wang이 만들었다. 스캘리아보다 긴즈버그가 더 이 오페라를 좋아했다. 국립헌법센터가 2014년 워싱턴에서 이 오페라를 무대에 올랐을 때, 나도 긴즈버그와 함께 〈네임 댓 튠Name That Tune〉에 잠깐 출연하는 특별한 영광을 누렸다. 데릭 왕은 헨델, 모차르트, 슈트라우스, 비제, 길버트와 설리번 등 다양한 아리아를 인용해서 오페라를 만들었다. 긴즈버그와 나는 그 인용을 하나하나 확인했다. 그 오페라에서 긴즈버그는 특히 헌법에 대한 애정과 초당적 우정을 찬미한 〈우리는 다르나, 우리는 하나We Are Different, We Are One〉란 곡을 좋아했다. 가사 중 일부를 소개하면 다음과 같다.

우리는 다 다를지나
우리는 하나.
이 땅에 살아 존재하는 소수의견들이여.
우리는 이 긴장감을 동경하노니

분리된 가닥은 서로 부딪히며 합쳐진다.
내 조국의 심장을 지키기 위해.

이것이 우리 조국의 힘이니
그렇게 이 땅의 법원은 세워졌노라.
우리는 동족이다.
우리 아홉 명은.

2018년 9월 브렛 캐버노의 연방대법관 인준 청문회가 열렸다. 양당의 양극화가 심하게 드러난 청문회였다. 정당 노선에 따른 투표가 극심해졌다. 법원의 동족성, 법원의 초당적 전통이 위협받는 걸 긴즈버그는 비판했다. 캐버노는 청문회 후 민주당 표를 단 한 표도 얻지 못했다. 긴즈버그는 스캘리아 대법관과 자신이 겪었던 인준 청문회를 이와 대조했다. 훗날 이에 대해 조지 위싱턴 대학에서 "그때 방식이 옳았습니다. 이러한 방식은 잘못"이라 말했다.[5] 긴즈버그와 스캘리아는, 긴즈버그 취임 첫 해보다 마지막 해로 갈수록 함께 투표하는 빈도가 줄어들었다. 학자들은 이러한 투표 패턴에 "단일한 이념적 일치"가 없다는 분석을 내놨다.[6]

스캘리아와 긴즈버그는 긴즈버그의 집에서 마티가 손수 요리한 일품 식사를 즐기며 피아노 주위에 모여 함께 노래하고, 연례 송년 만찬에 함께 참석하는 등 친한 관계였다. 긴즈버그의 남편 마티는 스캘리아의 아내 모린과도 친했다. 2011년 마티가 대법관의 배우자들의 모임에서 내놓았던 레시피가 집대성되어 『대법관의 셰프Chef Supreme』라는 책에 실렸다. 모린은 이 책에 서문을 쓰기도 했다. 모린이 쓴 서문의 한 대목을 잠깐 인용한다.

마티를 설명할 때 '최고의 요리사'라는 간단한 수사로는 부족하다. 마티가 요리에 쏟은 열정과 헌신, 그가 한 요리를 우리가 맛볼 때, 그의 표정에 떠오르던 그 따뜻하고 사랑 가득한 미소, 우리에게 차례대로 베풀던 그 친절한 인내. 그 메뉴의 일부를 나도 같이 계획하고 요리할 때 마티는 예의 그 미소로 내게 힘을 주었다. 그러나, 내가 빵을 사서 가려고 할 때는 아니었다. 그런 건 생각할 수도, 가능하지도 않은 일이었다. 그는 너무나 슬픈 표정과 눈빛으로 이렇게 말했다. '내가 빵도 책임질게요…….'

스캘리아의 사법 적극주의와 관점의 차이도 긴즈버그는 숨기지 않았다. 2000년 부시 대 고어 사례부터 2008년 수정헌법 제2조 총기 소지 권리를 인정한 컬럼비아 특별구 대 헬러Heller 사례까지, 스캘리아가 다수의견 편이었던 사건에 긴즈버그는 종종 소수의견 측에 있었다. 스캘리아의 추도식에서 긴즈버그가 회상했듯, 상반된 입장과는 달리 그들의 관계는 늘 친밀했다.

2000년 12월 12일, 연방대법원에서 부시 대 고어의 판결을 내리던 날도 잊을 수 없습니다. 마라톤 일정이 끝난 뒤, 기진맥진해 방에 돌아와 있었지요. 토요일 검토 승인이 나고 일요일 서류 제출, 월요일 구두 논쟁, 화요일 의견 발표. 놀랄 것도 없이, 스캘리아 판사와 나는 각자 반대편에 있었지요.
법원이 옳은 결정을 내렸다고 스캘리아는 믿어 의심치 않았습니다. 나 또한 반대의견 쪽에서 근거와 이유를 설명했어요. 오후 9시쯤, 내 직통 전화가 울렸습니다. 스캘리아 판사였어요. 스캘리아는 '이제 그만 잊으라'는 조언 대신 이렇게 말했습니다. "루스, 왜 아직도 퇴근 안 했습니까? 집에 갑시다. 따뜻한 물로 목욕하시고요." 좋은 조언이었어요. 난 즉각 그 조언을 따랐습니다.[7]

마티가 세상을 떠났을 때, 스캘리아는 진심을 다해 긴즈버그를 위로했다. 2016년 2월, 스캘리아도 갑작스럽게 생을 마감했다. 긴즈버그는 힘들어했다. 스캘리아가 긴즈버그보다 세 살이나 어렸다. '내가 먼저 하늘로 가기로 했는데……' 긴즈버그는 그 생각을 하지 않을 수 없었다.[8]

———————

로즌 거의 25년 전으로 거슬러 올라가네요. 대법관님과 저의 인연은 오페라 덕분이었지요. 그때 저는 미국 항소법원의 재판연구원이고 대법관님은 항소법원 판사였습니다. 믿을 수 없을 정도로 인상적이고 겁나는 이 여성에게 무슨 말을 건네야 할지, 전 머리가 하얘졌어요.

그래서 제가 진짜 잘 알고 있고 사랑하는 한 가지에 대해 떠들기 시작했지요. 그것이 오페라였습니다. 알고 보니 대법관님도 오페라에 대한 애정이 대단하셨지요. 우리의 우정은 급속도로 쌓여갔습니다. 오페라를 통해 유대감이 만들어지고, 오페라의 모든 차원에 대한 모든 이야기를 나눌 수 있었습니다. 그리고 〈스캘리아/긴즈버그〉라는 멋진 공연으로 절정을 맞게 되리라고는,

처음 뵈었을 때는 상상할 수 없었지요. 그렇게 멋질 줄은 정말로요!

긴즈버그   오, 내 최고의 아리아를 듣지 못한 거랍니다. 중요한 장면 중 하나에서, 저는 밤의 여왕 스캘리아 판사를 구하기 위해 유리 천장을 깨고 마술 피리에서 나온답니다.

로즌   어떻게 그를 구출하나요?

긴즈버그   노래를 많이 해서 구출합니다. 우리한테는 인내심이 매우 대단한 해설자가 있으니까요.

로즌   〈스캘리아/긴즈버그〉 오페라에서는 근본적으로 매우 상반된 성격의 두 사람, 즉, 떠들썩하고 활기찬 한 명과 매우 차분한 한 명이 대법원이란 방에 갇혀 있습니다. 이 갇힌 방에서 나가는 유일한 길은, 헌법에 대한 공통된 접근법을 찾아 동의하는 수밖에 없지요.

긴즈버그   우리가 다르다는 것에 동의합니다.

로즌   다르다는 것에 동의하시는군요. 마지막의 대사는 이랬지요. "우리는 다르나, 우리는 하나." 무엇보다도, 당파주의와 양극화가 심화된 나라에서, 헌법에 대해 강렬히 반대할 수 있으면서도 또한 헌법에 대해 단결할 수 있다는 사실이 놀랍도록 감동적이었습니다. 실제 현실에서도 이 희망은 이루어질 수 있을까요?

긴즈버그 그렇다고 생각해요. 나와 스캘리아 재판관을 위한 오페라였지요. 스캘리아가 대법관으로 지명됐을 때, 그의 관점은 널리 알려진 바였지만, 만장일치로 인준을 받았지요. 저도 거의 만장일치에 가깝게 인준 받았습니다. 저에 대한 투표 결과는 96대 3이었습니다. 그러나 지금 시대는 그렇지 않잖아요. 그랬던 지점으로 돌아가야 하지 않겠습니까?

로즌 네, 다들 그렇다고 소리 높여 말합니다. 우리가 어떻게 하면 그러한 상황으로 되돌아갈 수 있을까요? 대법관님과 스캘리아가 나눈 것과 같은 우정에 대해, 헌법상 반대편에 있었지만 다시 헌법에 대한 사랑으로 뭉칠 수 있다는 사실을 도대체 어떻게 하면 설명할 수 있을까요?

긴즈버그 데릭 왕이 잘 포착한 것처럼, 우리는 헌법과 법원 제도를 존중합니다.

로즌 모두가 궁금해하는 점이 있는데요. 의견이 그렇게 다른 사람과 어떻게 친구가 될 수 있었습니까?

긴즈버그 우리는 항소법원에서 일할 때 동료였습니다. 스캘리아에 대한 한 가지 진실은, 매우 재미있는 사람이란 겁니다. 매년, 우리는 가장 많이 웃게 하는 재판관을 투표하곤 했는데요. 스캘리아가 항상 9명 중 1등이었고 저는 꼴찌였지요. 가끔, 그가 무언가 말할 때 면 전 그저…… 터져나오는 웃음을 참으려고 허벅지를 꼬집곤 했어 요.

로즌 그리고 두 분은 오페라에 대한 사랑도 함께 공유하셨고 새해 도 같이 보내시곤 했지요?

긴즈버그 그렇습니다.

로즌 〈스캘리아/긴즈버그〉 오페라에 대해서는 어떻게 생각하세요?

긴즈버그 데릭 왕이 처음 스캘리아에게 "이 작품을 무대에 올려도 되겠습니까?"하고 물었답니다. 스캘리아는 "이 공연에 대한 헌법 제1조는 당신한테 있습니다"라고 대답했습니다.

로즌 대본을 본 다음에요?

긴즈버그 스캘리아가 이 작품을 매우 좋아한 것 같습니다. 특히나 계단을 건설하면서 아버지에게 바치는 헌사 부분을요. 오페라의 모 든 대사 한 줄 한 줄마다 의견과 기사에 대한 참조가 각주로 표시돼 있습니다. 그 점을 당신도 높이 평가할 듯합니다. 그러니, 데릭 왕이 한 이 작업은 정말이지 놀랍다고밖에는 표현할 길이 없네요.

로즌   실로 놀랍습니다. 그러면서도 그는 모든 대본을 서정시와 같
은 아름다운 가사로 썼으니까요. 가장 좋아하는 대사가 있습니까?

긴즈버그   헌법에 대해 쓴 그 대목이 특히 좋습니다……. 우리 사회
처럼, 헌법은 진화할 수 있다.

로즌   깜짝 놀란 부분이었죠. 대단했어요. 크레이그Craig 대 보렌
Boren 사건에서 라임을 찾을 수 있는 사람이 있다니. 너무 잘 쓴 부
분이었어요. 당신은 이렇게 노래했죠. "우리가 선택한 사건들은, 때
로는 간접적으로도 크나큰 영향을 미칠 수 있노라니./위트너 가게
안에 있던 목마른 소년들/크레이그 대 보렌 사건처럼."

긴즈버그   음, 그 많은 참조들을 아마 다 이해하기 어려울지도 몰라
요. 각주가 포함된 버전의 오페라 책자도 발간되어야 하는 이유기
도 하지요. 이 오페라에 나오는 모든 사건들이 다 실제로 1970년대
에 법정에 회부된 사건들입니다.

로즌   레토릭이 때로 강하더라도, 개인적인 감정이 실린 건 아니라
고 말씀하시는 거죠. 많은 이들처럼 저도 특히 카하르트 사건에서
대법관님이 쓰신 열정적인 소수의견에 감동한 바 있습니다. 부분출
생임신중단 사건이었지요.
  여자가 잘못된 결정을 내릴 수 있으니 미리 그러한 결정을 내리
지 않도록 보호해야 한다는 식의 성 고정관념에 반기를 드셨지요.

오페라 〈스캘리아/긴즈버그〉 무대를 마치고.

그렇게 동료들과 직접적으로 맞서는 일이 힘들지 않으셔요? 대법관님이 그동안 이뤄온 일들에서 거꾸로 퇴행해가는 듯 보이는 사건이었습니다. 대법관님도 무척 신경쓰는 듯 보였습니다만.

긴즈버그 그렇습니다. 그런데 저는 상대방에게 "이런 의견은 심히 잘못"이라거나 "이런 견해는 심각하게 받아들이지 말라"거나 하지는 않습니다.

로즌　그런 말은 스캘리아 대법관이 쓰지요.

긴즈버그　맞아요.

로즌　스캘리아 대법관이 오코너 대법관의 의견 하나에 대해 말했는데 오코너가 매우 차분하게 대응했지요. "막대기나 돌로 내 뼈를 부러뜨릴지언정……" 그 대목이요. 너무 훌륭한 반박이었어요.

긴즈버그　나는 샌드라가 그런 비유를 쓰는 걸 본 적 없습니다. 그런 식의 표현은 집중력을 흩뜨리지요. 그래서 전 가급적 그런 표현을 쓰지 않으려 합니다.

로즌　〈스캘리아/긴즈버그〉는 어떤 과정을 거쳐 제작되었나요?

긴즈버그　작가이자 작곡가이며 작사가이기도 한 데릭 왕은 대단히 유쾌한 청년입니다. 하버드 대학에서 음악을 전공했고, 예일 대학에서 음악 석사 학위를 땄지요. 그리고 법에 대해 조금 더 알아가기로 결정했습니다. 데릭은 볼티모어에서 태어나 메릴랜드 대학교 로스쿨에 입학했어요.
2학년 때 법을 공부하면서 스캘리아 대법관의 의견, 저의 의견, 때로는 법원의 숱한 견해라든지 소수의견 등을 접하게 되었다고 합니다. 이렇게 다양한 관점들을 모아 오페라를 만들어보면 재미있지 않을까 생각했던 거죠. 모든 것이 바로 그 생각에서 출발했습니다.

로즌 〈스캘리아/긴즈버그〉는 역대급 친구 영화처럼 보이기도 합니다.

긴즈버그 음, 전반적으로는 〈마술 피리〉에 기반을 두었지요. 스캘리아 대법관이 어떤 재판을 해내야 하는데, 혼자서는 감당할 수 없기 때문에 제가 함께해서 그가 성공할 수 있도록 돕습니다. 오페라 처음에 나오는 스캘리아의 아리아 첫 마디를 들어보면 그 생각을 알아챌 수 있을 겁니다.

로즌 근사하네요. 정중하게 한 소절 부탁드려도 될까요.

긴즈버그 스캘리아의 맹렬한 아리아는 이런 식으로 시작해요. "법관들은 눈이 멀었군/어떻게 그런 말을 할 수 있다지?/헌법에는 결코 그런 말이 없건만."

로즌 데릭 왕은 확실히 재능이 엄청나요. 〈더 스타 스팽글드 배너 The Star-Spangled Banner〉 음악에서 비슷하게 영감을 받은 대사가 NPR의 발췌문, 오페라 대본에 나왔습니다. "오 루스, 그 문서를 읽었나요? 당신은 확실히 그 문서를 알고 있습니다./아직 당신은 너무도 위풍당당하게 그 진정한 의미를 파악하는 데는 실패했습니다."

몇 년 전, 대법관님이 지명되기 전에 제가 재판연구원들과 점심을 먹던 자리가 기억납니다. 그들이 스캘리아 판사에게 "만약 무인도에 남는다면, 누구랑 함께 있겠어요?"라고 물었더니, 지체 없이 '루스 베이더 긴즈버그'라고 했다더군요.

긴즈버그 뭐, 저한테는 경쟁 상대가 별로 없었습니다. (웃음)

로즌 그리고 두 분은 친한 친구가 되었지요. 헌법을 바라보는 견해가 그토록 다른데도요. 두 분이 지적 헌법적 견해에서 갈등을 겪고 있을 때에, 개인적으로는 어떻게 우정을 유지했습니까?

긴즈버그 협력의 관계는 법정의 특징 중 하나입니다. 스캘리아는 "이 다음으로 넘어가자"는 말을 자주 했어요. 헌법이 우리한테 부여한 책무를 다 못했다면, '넘어갈' 수 없겠죠.
법이란 진정 무엇인지에 대해, 우리는 최선을 다하여 치열하게 대립합니다. 동시에 서로 깊이 신뢰하고 있다는 것도 압니다. 우리 대법관들은 마음 깊숙한 곳에서부터 헌법과 법원을 존중합니다. 우리가 이 자리를 떠날 때에도, 처음 들어왔을 때처럼 좋은 모습이길 바랍니다.
스캘리아 법관과 제 의견이 완전히 일치한 케이스도 많았어요. 그런데 그런 케이스는 언론에서 자주 다뤄지지 않았습니다. 수정헌법 제4조 사건(메리랜드Maryland 대 킹King)이 생각나네요. 문제는, 경찰이 중범죄 혐의로 어떤 사람을 체포할 때, DNA 샘플을 채취할 권리가 있느냐였습니다. 오늘날의 DNA는 어제의 지문과 같다고들 하죠. 스캘리아는 여기에 반대의견을 냈습니다. DNA는 미해결 범죄를 해결하는 데는 놀라우리만치 효과적이지만, 체포된 사람을 식별하는 데 이용되기도 했어요. 체포된 사람은 이미 구금돼 있어 누구인지 다 알고 있는데 말이지요.

체포된 사람이 이전에도 범죄를 저질렀는지 밝혀서 미해결 범죄를 밝히는 데 DNA가 활용됩니다. 매우 잘하고 있는 겁니다. 단, 헌법에는 인간이 아무런 이유 없이 조사당할 근거가 없다고 명시되어 있습니다.

일반적인 룰은 이렇습니다. 어떤 사람이 범죄를 저질렀다고 의심된다 칩시다. 그러면 경찰이 치안판사에게 가서 타당한 이유를 대고 영장을 받아야 하지요. 바로 이 과정이 누락된 거였습니다. DNA 샘플을 채취해 컴퓨터로 돌려보고 이전에 저지른 범죄를 발견하는 과정에서요. 그 사건의 경우는 끔찍한 강간이었습니다.

로즌 저야말로 그 사건에 스캘리아 대법관이 쓴 소수의견에 감명받았지요. 엄청나게 중대한 의미가 있었습니다.

오페라에는 "자유의 헌장을 쓴 자랑스러운 우리 인간"이 "왕실의 검열에 입을 열지 않겠다"는 훌륭한 대사도 있었습니다. 의심받을 이유가 없는 사람들에 대한 정보를 수집하기 전에 영장을 발부 받을 필요성을 일깨워주는 매우 중요한 부분이었습니다.

오페라 속 법관 스캘리아는 푸치니를 많이 부릅니다. 〈스캘리아/긴즈버그〉에서 저는 카르멘의 음악에 처음 등장하는 대법관님의 캐릭터를 좋아합니다.

긴즈버그 마지막에 부르는 듀엣 〈우리는 다르나, 우리는 하나〉를 좋아합니다. 두 사람은 헌법을 다르게 해석하면서도 서로를 아낍니다. 더욱더 좋은 점은, 두 사람 다 자신이 일하는 기관에 경외심을 갖고 있단 겁니다.

7장
대법관들의 대립, 존중, 변화

긴즈버그가 대법원에서 일한 초기 12년 동안 대법원장은 윌리엄 렌
퀴스트였다. 긴즈버그는 렌퀴스트를 "나의 치프"라고 부르곤 했다.
은근하고도 특별하게 그를 아꼈다. 2005년 렌퀴스트가 세상을 떴
을 때 "윌리엄 허브스 렌퀴스트 대법원장은 내가 변호사, 법률 교사,
판사로 일했던 시절을 모두 통틀어 만난 사람들 중 가장 공정하고
도 효율적인 판사"라고 말했을 정도였다.[1]

　뉴욕의 시민 자유주의자가 애리조나의 자유주의적 보수주의자에
게 이토록 이끌린 이유는 무엇인가? 렌퀴스트가 탁월하게 효율적이
고도 공정하게 대법원 의견서 작성을 분배한 것도 이유다.(대법원장이
다수의견의 편에 있을 때, 누가 대법원 의견을 쓸 것인지 결정할 권한이 있다.) 세간

의 관심이 가장 집중되는 사건들의 의견서를 쓸 대법관을 정할 때, 렌퀴스트는 이념과 무관하게 어느 재판관이 그동안 시간을 잘 지켰느냐에 따라 배정했다. 긴즈버그는 이 점을 높이 샀다.

긴즈버그가 법원에 합류했을 때, 오코너가 이런 조언을 해주었다. 렌퀴스트가 다음 임무를 배정하기 전까지 긴즈버그가 의견 초안을 돌리지 못하면 "다음엔 지루한 다른 사건을 받을 위험이 있다"고.[2]

렌퀴스트는 그 자신도 다수의견 초안 작성에 열흘의 마감시한을 정해놓고 있었고, 자신의 동료들에게 비슷하게 엄격한 기준을 적용했다. 의견 작성이 늦어지는 동료 재판관들에게는 (가령 해리 블랙문이 속도가 느리기로 유명했다) 새로운 사건을 할당하지 않거나 남들이 별로 맡기 싫어하는 잔여 사건을 주는 식으로 벌을 주었다. 긴즈버그도 마감일을 준수하고 집행하는 데 못지않게 엄격한 사람이었다. 오코너의 조언을 마음에 새기고 긴즈버그가 '숙제'라고 부른 것(즉, 다수의견 초안 작성)을 다른 어느 판사보다 빠르게 해내려고 노력했다.[3]

긴즈버그는 또한 렌퀴스트가 매주 두 차례 대법관 회의를 진행하는 속도에 경탄했다. 렌퀴스트는 토론이 흐트러지지 않게 연공서열 순으로 테이블을 활보하며, 각 대법관들이 견해를 말하도록 했다. 이 거니는 행동 때문에 심의와 숙고가 방해받는다고 불평하는 대법관도 있었다. 긴즈버그는 매 순간을 효율적으로 쓰는 걸 좋아했다. 그러니 렌퀴스트의 이러한 집중적이고도 생산적인 일처리와 잘 맞았다. 사건을 배정하는 렌퀴스트의 효율성과 공정성에 더해, 1999년 긴즈버그가 대장암 치료 후 복귀했을 때 렌퀴스트가 배려

한 "인간적인 품성"이 빛나는 사려 깊음도 존경했다.

"렌퀴스트는 내가 가장 힘들었던 몇 주 동안 업무가 과중하지 않도록 신경써주었고, 더 어려운 사건을 맡을 시기는 언제인지 그 결정도 내가 내리게 해주었습니다. 지난 임기 동안 렌퀴스트가 암과 싸우며 보여준 용기, 그 결단력은, 질병에 맞서는 모든 이들에게 힘을 줍니다. 순간순간을 소중히 영위하고 최선을 다해 일하도록 영감을 주었습니다."

렌퀴스트가 작고한 뒤 긴즈버그는 추도사에서 이렇게 말했다.

긴즈버그는 렌퀴스트가 "포커 페이스"로 툭 던지는 유머도 좋아했다. 가령, 1986년 한 기자가 렌퀴스트에게 대법원장에 임명되어 꿈의 절정에 다다랐는지 묻자 이렇게 대답했다. "61세가 되면, 새로 직업을 구할 기회가 쉽게 찾아오지 않거든요."⁴

1995년 렌퀴스트는 영국 대법관의 의상에서 영감을 받아 법복 소매에 금색 줄무늬 네 개를 추가한다. 길버트와 설리번의 이올란테 현지에서 만들어진 법복이었다. 다른 사람들처럼 긴즈버그도 놀랐다. "남자 법복은 화려하지 않았는데 렌퀴스트가 왜 그렇게 했는지 알아요? 렌퀴스트가 한 말을 그대로 옮기자면, 여성들에게 뒤처지고 싶지 않았다더군요.(오코너 대법관은 매력적인 넥 피스가 몇 개, 영국식 가운에 넥 피스, 프릴이 달린 프렌치 파울라드도 있었지요. 저는 영국, 프랑스의 레이스 파울라드가 있고, 프랑스나 캐나다풍의 디자인도 있었습니다)"

긴즈버그가 렌퀴스트를 가장 높이 평가하는 부분은, 무엇보다도 성차별 관련 사건에서 자기 시각을 바꾸어보려는 의지였다. 1970년대 긴즈버그가 처음 법정에 섰을 때, 판사석에 앉아 있던 세 명의 판사 가운데 하나가 렌퀴스트다. 긴즈버그가 변론했던 많은 중요한 사건들에서 렌퀴스트는 반대표를 던졌다.

군인의 가족에게 주어지는 혜택은 그 배우자가 남자냐 여자냐에 따라 달라질 수 없다며 1973년 긴즈버그가 법원을 설득했다. 이 프런티에로 소송에서 긴즈버그는 8 대 1로 이겼다. 그때 유일한 반대자 한 명이 렌퀴스트였다. 배심원단에서 여성이 배제된 것이 수정헌법 6조 위반이라고 긴즈버그가 법원을 설득한 1975년 재판에서도 역시 한 명의 반대자가 있었다. 렌퀴스트였다. 렌퀴스트는 연방제에 굽힘없이 헌신하는 사람이었다. 오코너와 스탠포드 로스쿨 동창이었는데 성차별과 관련돼 이정표가 되는 사건마다 긴즈버그와 입장이 갈렸다. 2000년 미국 대 모리슨 사건에서는 렌퀴스트가 5 대 4로 다수의견을 써서 여성폭력방지법 일부가 무효가 됐다.

그런데 2003년 네바다 주 인사부 대 히브스 사건에서는, 연방 가족 및 의료휴가법 위반으로 피해 입은 주정부 직원들이 손해배상을 청구할 수 있게끔 렌퀴스트가 지지했다. 이때 긴즈버그는 크게 고무되었다.

2005년 렌퀴스트는 갑상선암으로 운명했다. 긴즈버그는 이루 말할 수 없이 상심했다. 그해 말, 존 로버츠가 그 뒤를 이어 새로운 수장이 되었다. 긴즈버그는 새 대법원장에게도 호의적이었다. 대법원을 수호하는 로버츠의 능력을 높이 샀다. 존 로버츠는 1990년대 법정에 자주 출두했다. 존 로버츠는 대법원장으로 취임할 때, 긴즈버그가 마치 사법적 미니멀리즘의 대표로 인식되던 평판을 마음에 두었다. 헌법 문제들은 첨예하게 의견이 갈리는 만큼 만장일치로 동료들의 뜻을 모으려 할 때 긴즈버그의 이러한 면에 내심 기대고자 했다. 현실은 어땠느냐면, 5 대 4로 의견이 갈린 첨예한 결정에서 로버츠 대법관이나 케네디 대법관이 주로 다수의견을 쓰고 긴즈버그가 주로 반대의견을 쓰는 쪽이었다.

2010년 시민연합 대 연방선거관리위원회 사건도 여기에 포함된다. 로버츠 대법원장은 애초에 가능한 한 의견이 좁혀져 결정나기를 바랐다. 2013년의 셸비 카운티Shelby County 대 홀더Holder의 투표권 사건도 마찬가지다. 긴즈버그의 입에서 "오만"이란 단어가 나온 바로 그 사건이다. 긴즈버그는 또한 2012년 전미자영업자연합National Federation of Independent Business 대 시벨리어스Sebelius 사건에서 로버츠가 보수주의 노선으로 갔을 때 크게 개탄했다. 상대편에선 상업 조항에 의거해 의회가 의료보험개혁법을 통과시킬 권한이 없다고 주장했다.(로버츠가 세금으로 의료보험개혁법을 유지하는 쪽으로 투표를 바꾸었는데도 긴즈버그는 완전히 염려를 내려놓지 못했다)

그럼에도 불구하고, 로버츠도 긴즈버그도 초당적인 대법원의 정통성을 지키고자 전력했다. 정치인들이 당파성으로 사법 독립을 침해하는 데 맞서서 긴 세월을 싸웠다.

———————

로즌 렌퀴스트 대법관을 오랫동안 존중해오셨지요. 로버츠 대법원장이 취임하면서 법원의 임무에 어떤 변화가 생겼습니까?

긴즈버그   예전 치프를 무척 좋아했지요. 지금 치프 또한 매우 좋아합니다. 법조인으로서 기량이 탁월한 분이죠. 직접 구두 변론하신 경험이 풍부하고, 언제나 준비성이 철저합니다. 발언하거나 법원의 질문에 민첩하게 답변하는 능력이 대단하시고요.

렌퀴스트에서 로버츠로 바뀐 이 변화를 전 세무 변호사들이 쓰는 표현으로 "동종 교환like-kind exchange"이라고 부르곤 했습니다. 그런데 지금 치프가 조금 더, 구두 변론에 유연한 편입니다. 중간에 빨간 불이 켜진다고 해서 변호사나 판사를 막지 않습니다. 그리고 우리 대법관 회의 테이블에서는 교차 토론에 조금 더 시간을 허용하는 편이에요. 조금 더 느긋합니다.

대법원장이 바뀌었다고 중대한 변화는 없습니다. 물론 전 이런 희망을 품고 있습니다. 2003년 렌퀴스트가 법원에서 가족 및 의료 휴가법을 지지하는 의견을 썼지 않습니까. 1970년대 초의 렌퀴스트를 떠올리면, 그가 이렇게 변할 거라고 짐작할 수 없었지요. 렌퀴스트가 말년에 변화한 것처럼 로버츠도 나이 들수록 생각이 변할 수도 있지 않을까요. 렌퀴스트 대법원장은 미란다 고지도 싫어하지 않았나요. 그러나 미란다 고지는 경찰의 문화가 되어갔고, 렌퀴스트도 이 결정을 뒤집지 않았지요.

로즌   로버츠 대법원장이 재임하는 동안 5 대 4로 의견이 대립하는 큰 결정들이 있었습니다. 하비 로비 사건처럼요. 남성 동료들이 여성 문제를 다루는 데 '맹점'이 있다고 비판하셨지요. 로버츠 대법원장은 만장일치를 선호하는데, 법원 내에서 당신의 반대의견은 어떻게 받아들여졌나요?

긴즈버그   그 질문에 대해 답변을 드리자면, 스캘리아의 반대의견이 주목을 끈 것처럼 제 반대의견도 그렇지 않았을까요.

로즌   합의에 이르는 아이디어에 대해서는 논의가 더 이뤄지고 있습니다. 로버츠 대법원장이 5 대 4보다는 합의가 더 성사되길 원하긴 했어요. 어떤 측면에서 보면 성공하고 있습니다. 이번 임기에는 좀 더 나았거든요. 5 대 4로 결정이 난 비율은 15퍼센트 정도였습니다. 하지만 바깥에서는 이런저런 말들이 무성히 부풀곤 합니다. '로버츠 대법원장은 합의를 이끌어냈는가?' '합의는 좋은 일일까?'

긴즈버그   로버츠가 자신을 포함해 우리 (대법관들) 중 누구라도 깊이 있는 시각을 포기시키려 한 건 아닙니다. 아시겠지만, 법원은 입법부와는 다릅니다. 결과를 내려고 특정한 방식으로 투표하는 일은 일어나지 않아요. 우리가 하는 모든 일에는 그 이유와 근거가 있어야 합니다. 그러니 법원에서 교차 거래cross_trading가 일어날 가능성은, 아예 없습니다.

쟁점이 첨예한 사건을 결정하는 과정에서 절차상 합의에 이를 수는 있겠지요. 합의를 이끌어내는 면에서는 샌드라 데이 오코너 대법관이 탁월한 거장이었어요. 샌드라는 우리가 합의에 이를 토대를 마련하는 데 능숙했고, 보다 큰 대전투는 미래의 다른 날로 잡기도 했습니다.

로즌 오코너는 그 분야의 대가였죠. 긴즈버그 대법관님 또한 점진적이고, 단단하고, 절제된 결정으로 명성이 높습니다. 그런데 최근 시민연합 사건의 경우 치밀하기보다 광범위하게 판결이 내려졌습니다. 로버츠 대법원장이 정말로 의견을 좁히는 데 집중한다고 생각하세요?

긴즈버그 그 대답은 제가 할 영역은 아닌 듯합니다. 대부분 시민연합이 수정헌법 제1조에 근본적인 문제를 제기한다고 보았지요. 조만간 결정이 내려져야 할 사안이었습니다. 더 치밀한 범주 안에서 결정될 수 있었다는 당신 말은 맞습니다. 우리 대법관들의 결정은 5 대 4에서 출발했습니다. 저희 의견문을 잘 읽어보시면, 양쪽 다 의견이 빼어나게 드러났다는 것을 아실 겁니다. 법원이 어떻게 일하고 있는지 제가 잘 설명해야 하는데요.

우리 대법관들은 법원에 소집되면 2주 연속으로 같은 자리에 앉습니다. 수요일 오후에 만나 월요일의 사건에 대해 이야기를 나누고, 금요일 오전에 만나서 화요일과 수요일의 사건들에 대해 대화하고요. 대법원장은 한 사건을 요약하고 나서 잠정적으로 자신이 어떻게 투표할지 의견을 밝힙니다. 우리가 할 말을 다 끝내고 나면 대법원장이 숙제를 내줍니다. 즉, 대법관들이 의견을 제출해야 하는 시간입니다.

대법원장 의견이 다수 쪽에 속하지 않으면, 다수의견인 대법관들 중 가장 연장자가 그 일을 합니다. 처음 회의대로 표 수가 가는 게 아니라 다수와 소수가 바뀌기도 합니다. 정말로 '끝날 때까지 끝난 게 아니다'라고 표현하면 짐작이 되실까요. 7 대 2로 의견이 갈렸던 사건이 떠오르네요. 전 소수의견인 2에 속해서 반대의견을 쓰기로 배정된 상태였지요. 회의가 거듭되고 시간이 흐르면서 이 투표 결과는 6 대 3으로 뒤집어졌습니다. 그런데, 처음 2가 6으로 바뀐 거였어요.

우리는 서로를 설득하고자 끊임없이 노력합니다. 주로 글을 통해 의견을 표현합니다. 한쪽의 대법관이 반대의견을 읽으면 다른 판사가 "반대의견이 옳다고 생각하니 나도 반대의견에 동참하겠다"고 말하는 식입니다.

로즌 렌퀴스트 대법원장이 젠더 판례들에서 입장이 어떻게 바뀌었는지 이야기해보죠. 어떻게 렌퀴스트 대법원장을 설득했나요? 아니면, 그는 어떡하다가 설득이 된 겁니까?

긴즈버그 살아가는 한, 우리는 한없이 배울 수 있습니다. 렌퀴스트가 가족 및 의료휴가법을 두고 내린 결정이 그 좋은 예입니다. 렌퀴스트 치프는 딸이 둘, 손녀도 둘이었어요. 아마 지금쯤 손녀의 수가 더 늘어났을 수도 있겠네요. 렌퀴스트는 자녀와 손자 들에게 헌신적인 사람이었습니다. 렌퀴스트는 딸 재닛이 이혼하고 나서, 렌퀴스트의 소녀들, 그러니까 그의 손녀들 말입니다. 제 짐작에는, 딸과 손녀의 삶에 남자라는 존재가 필요하다고 느끼는 것 같았어요. 법원에 있는 사람들 누구도 이 부분을 잘 느끼지 못하는 것 같더군요.

2006년 2월 연방대법관 동료들과 함께.

처음 회의대로 표 수가 가는 게 아니라
다수와 소수가 바뀌기도 합니다.
'끝날 때까지 끝난 게 아니다'라고 표현하면
짐작이 되실까요. 우린 서로를 설득하고자
끝없이 노력합니다.

렌퀴스트가 얼마나 딸과 손녀 들을 사랑했는지, 얼마나 그 사랑을 아낌없이 다하려고 했는지 아는 이는 별로 없습니다.

로즌   전 이제 오페라에 나오는 스캘리아 대법관과 교신한다면 이런 말을 하고 싶습니다. "적절하지 않아. 헌법에는 절대적으로 그런 언급이 없다고! 법은, 원전에 충실해야 하며, 진화해서는 안 되며, 변하는 것도 아니다." 딸이 세상을 보는 시선이라든지 손녀들의 전망을, 대법원장이 왜 고려해야 하는 거죠? 대법관이 그렇게 해도 됩니까?

긴즈버그   사회의 변화와, 딸을 바라보는 부모의 열망의 변화 혹은 딸의 열망에 대한 지지가 표현된 겁니다.

로즌   가르치기 정말 어려운 문제인데, 모두가 답을 알고 싶어 하지요. 법정에서 사회의 변화를 고려해야 하는가?

긴즈버그   음, 가족 및 의료휴가법은 그 문제에 대한 결정이 쉬운 편이었습니다. 의회에서 통과된 법이라서요. 의회는 연방정부 지배 영역 바깥에서 권위에 도전을 받았습니다. 그래서, 왜 이 법이 국가적 과업인지, 왜 국가적으로 정부 차원에서 처리할 권한이 있는 사업인지 연방대법원은 설명을 했습니다.

로즌   1970년대 긴즈버그 대법관님이 변론할 때는 렌퀴스트가 반대표를 던졌죠. 그럼에도 당신은 항상 침착함을 견지했습니다.

긴즈버그   맞아요. 소송에서 이기고 싶었기 때문입니다. 나의 사랑하는 옛 치프, 특히 렌퀴스트가 가족 및 의료휴가법을 지지하는 결정문을 쓴 뒤로 그를 좋아하는 마음이 더 커졌어요. 내가 변호사로서 대법원에서 했던 마지막 변론은 1978년 가을이었어요. 여성이 배심원이 될 수 있느냐를 두고 싸운 사건이었죠.

여자가 배심원 역할을 한 지 그리 오래되지 않았다고 말하면, 요즘 젊은이들은 깜짝 놀랍니다. 여자의 경우에는 원하면 배심원 명단에 이름을 올릴 수 있어도, 자진해서 올리는 경우가 아니라면 선발되지 않았습니다. 어떤 여성이든 예외가 아니었어요. 그래서 그 변론을 미주리주 캔자스 시의 국선 변호인과 나누었습니다. 내게 15분의 시간이 있었어요. 내가 하고 싶은 말을 다 했다고 확신하고 자리에 앉을 때였습니다. 렌퀴스트가 그러더군요.

"그래서, 긴즈버그 부인, 수전 앤서니Susan Anthony의 얼굴을 새 화폐에 새기는 정도로는 성이 안 찬다, 이 말이지요?"

옆에 있던 버저 대법관은 무언가 예의 바른 말을 한 것 같고요. 그것으로 끝이었습니다. 논쟁은 종료되었지요. 돌아가는 택시 안에서 이런 생각이 들었습니다.

"아, 왜 그때 재빠르게 응수하지 못했을까. '네, 재판장님, 수전 앤서니의 얼굴을 토큰에 올리는 정도로는 결코, 성에 차지 않습니다. 그럴 리 없습니다.'"

뉴욕과 워싱턴의 소셜 클럽에 오로지 남자들만 회원이던 때가 그리 오래전이 아닙니다. 그런 모임들에서 가끔 제게 연설을 부탁할 때면 전 이렇게 사양했습니다.

"나를 회원으로 받아들이길 원하지 않는 곳에 가서 연설할 수 없습니다."

그중에는 매우 유명한 모임들도 있었습니다. 가령, 미국법률연구소(The American Law Institute, ALI)는, 뉴욕 센튜리 어소시에이션에서의 회합을 거부했습니다. 그들이 왜 그 장소에서 만나면 안 되는지에 전 글을 발표한 적도 있습니다. 대부분의 의견도 저와 같았지요. 그렇지 않은 사람들도 몇몇 있었지만요. 미국법률연구소ALI는 하버드 클럽(하버드 대학 출신 또는 교직원, 임원만 회원이 될 수 있는 사교 클럽. 1973년 이전까지 여성은 입회할 수 없었다—옮긴이)으로 바뀌었죠.

처음 남성 전용 소셜 클럽을 알게 된 건 남편 마티가 뉴욕의 로펌에서 일할 때였습니다. 그 회사는 여성이 출입 금지된 클럽에서 파티를 열더군요. 그건 옳지 않다고 회사의 여성 직원들이 들고 일어났습니다. 그렇지만 위에서는 말을 듣지 않았지요. 다음 해에는, 여성 동료들은 아무도 그 연말 파티에 나타나지 않았습니다. 그래서 또 그다음 해에는, 남성뿐만 아니라 여성도 환대 받는 장소에서 연말 파티가 열렸습니다.

로즌 여자는 홀리데이 파티에도 갈 수 없고 클럽조차 가입할 수 없었던 그 세상이, 지금 얼마나 달라졌는지 생각해보니 놀랍습니다. 엄청난 진전일까요? 아니면 아직도 미흡할까요? 그 후 우리가 이뤄 온 진전을 어떻게 평가하십니까?

긴즈버그　어마어마한 진전이지요. 그래서 미래에 희망을 갖습니다. 우리 주변 도처에 징후들이 있습니다. 지역, 주, 연방정부 등등, 모든 직급에 그 어느 때보다도 여성이 많이 공직에 출마할 것입니다. 제가 지금 있는 이 자리, 이 좋은 직업에 지명될 때, 상원 법사위원회에 여자가 단 하나도 없었어요. 그래서 법사위에 여자를 두 명 추가했죠. 그뒤로는 남자로만 법사위가 구성되었던 예전으로 회귀하지 않았습니다.

8장
들불처럼 번진 소수의견

법조계 유명인사로 떠오르자 긴즈버그 대법관은 실로 깜짝 놀랐다. 1996년의 한 연설에서, 긴즈버그는 자신의 삶에 일어난 변화를 버지니아 울프의 유명한 소설 『올랜도』와 비교했다. 올랜도는 수세기 동안 남자로 살다가 어느 날 아침, 여성으로 깨어났다.

"거울에 비친 자기의 모습을 보며, 올랜드는 불쾌해하지 않았지요. '같은 사람이야.' 올랜도는 그렇게 말했습니다. '그냥 성별이 달라진 것뿐이잖아?' 그러나 올랜도의 삶은 이전과는 확실히 달라졌습니다. 세상은 여자가 된 올랜도를 다르게 대했어요. 비록 마음과 정신은 이전과 같았지만."

이 이야기처럼, 긴즈버그는 자기의 경우 사생활이 공적 생활로 뒤바뀌었다고 했다.

"이제는 아주 사소한 일들도 눈에 띄게 됐어요. 미국 상원에서 저를 지명한 같은 달에, 저는《뉴욕 타임스》의 스타일 페이지와《피플》잡지의 '미국에서 가장 옷 잘 입는 사람' 목록에 이름을 올렸지요. 영화 시사회에 손전등으로 우편물을 봤다는 기사가 나가자마자 미국 전역에서 손전등용 조명이 여섯 개나 도착했습니다."[1]

그럼에도 불구하고, 1990년대 긴즈버그에게 언론이 주목한 정도는 2013년 센세이션에 비하면 미미한 수준이었다. 인터넷을 중심으로 파장이 퍼져 긴즈버그는 단숨에 미국의 아이콘이 되었다.

2013년 7월 뉴욕대 법대생인 서나 크니즈닉Shana Knizhnik은 '노터리어스 R.B.G.Notorious R.B.G.'라는 텀블러 블로그를 개설했다. 그 지난달에 열렸던 셸비 카운티Shelby County 대 홀더Holder에서 긴즈버그가 발표한 소수의견에 영감을 받아 제작한 블로그였다. 블로그에는 이렇게 인용됐다. "꾸준히 작동하여 차별을 막고 있는 (투표권법의) 사전 승인을 폐기한다면, 지금 이 정도 비에는 젖지 않을 거라면서 폭풍우를 막아줄 우산을 내동댕이치는 셈입니다."[2]

투표권법 개정안이 효력을 내기 전에, 역사적으로 투표권 차별이 있었던 미국 주들이 연방정부의 '승인 혹은 사전 승인'을 받아야 했던 투표권법 5조를 기각할 것인가를 두고 벌어진 재판이었다. 5 대 4로 기각된 이 재판에서 긴즈버그는 반대의견을 밝혔다. 크니즈닉은 텀블러에 이런 말을 했다. "긴즈버그는 고정관념을 거스릅니다. 그렇기 때문에 텀블러 블로그를 만들게 됐습니다. 사람들은 긴즈버그가 온유한 할머니 타입일 거라고 예상하지요. 할머니인 건 맞아요. 그런데 너무나도 강하고, 사과 따윈 하지 않는 강인함 그 자체입니다."[3]

이 텀블러는 순식간에 입소문을 탔다. 크니즈닉은 저널리스트 아이린 카먼Irin Carmon과 함께 『노터리어스 RBGNotorious RBG』라는 책도 펴냈다. 그는 긴즈버그가 "여성으로 하여금 다른 종류의 힘을 상상하게 합니다. 일반적으로는 사회에서 보이지도 않는 나이를 훨씬 넘었는데도, 권력을 가진 여성을 눈앞에 생생히 보여주지요"라고 했다.[4]

긴즈버그의 명성은 점점 높아져가고 반대의견 또한 점점 더 격렬해져갔다. 법원은 하비 로비 사건 판결에서 고용주의 종교적 신념에 따라 법 규정에서 예외를 받게끔 허용했다. 5 대 4 표결이었다. 하비 로비 결정에 낸 반대의견에서 긴즈버그는 이렇게 말한다. "법원이 감히 지뢰밭으로 뛰어들었다. … 종교적 이유로 수혈에 반대하는 고용주(여호와의 증인), 항우울제(사이언톨로지스트), 돼지에서 추출된 약물, 젤라틴으로 코팅된 알약을 포함하여 마취, 정맥주사에 반대하는 (특정 무슬림, 유대인 힌두교도) 고용주들의 경우에는 어떻게 할 것인가. 또 백신은?"[5]

2014년 9월, 긴즈버그 대법관을 인터뷰했다. 나는 언론인이자 친구로서 가장 놀란 주제에 대해 질문했다. 1990년대 그 자신 연설에서 강조했던 공손함과 공동성의 중요성, 절제된 사법 미니멀리스트, '판사들의 판사'가 어쩌다 반대파의 불꽃같은 리더로 변신한 것인가? 그녀는 거듭, 자신이 변한 게 아니라고 했다. 2006년 오코너 대법관이 은퇴하면서 오히려 연방대법원이 변한 것이 더 근본적인 이유라고 짚었다.

소수의견 쪽에 자주 서게 될수록, 긴즈버그는 더욱더 명확하게 표현할 의무를 느꼈다. 2007년 봄, 긴즈버그가 소수의견을 표명한 두 가지 사건이 처음으로 널리 알려지게 된다. 곤잘레스 대 카하르트 사건은 연방 정부의 부분출생임신중단 금지령을 지지하는 결정을 했다. 표결은 또 5 대 4였다. 다른 하나는 레드베터 대 굿이어 타이어 앤 러버 회사 사건이었다. 여성이 급여 차별을 문제제기하기까지 너무 오래 걸렸다는 쟁점이 다뤄졌다. 역시 5 대 4였다. 이 두 사건은 많은 이들에게 '노터리어스 RBG'로서 위대한 반체제 인물의 출현을 예고했다. 그런데, 긴즈버그는 2010년 존 폴 스티븐스John Paul Stevens 대법관이 퇴임하고 나서 또 하나의 전환점이 왔다고 했다.

긴즈버그 역할이 어떻게 변해갔는지 이해하려면, 대법원에서 다수의견과 소수의견이 나뉘는 방식을 알아두면 좋다. 앞장에서 언급했듯, 법원이 회기 중일 때 대법관들은 주 2회 비공개 회의를 한다. 이 회의에서 현재 논의 중인 사안들을 어떻게 결정할 것인지 투표한다. 9명의 대법관 외에는 누구도 회의실에 들어갈 수 없다.

각 대법관들은 연공서열 순서로 사건에 대해 입장을 밝힌다. 대법원장이 먼저 발언하고 가장 후임 대법관이 마지막으로 말하게 된다. 그러고 나면 각 대법관들이 투표를 진행한다. 대법원장이 다수의견일 때, 즉 다른 대법관 4명 이상이 대법원장의 의견과 같을 때에는 대법원장이 직접 다수의견을 작성하거나 다수의견인 쪽 대법관 중 한 명에게 의견을 쓰게 시킨다.

대법원장이 소수의견에 속한다면, 다수의견에 속하는 판사 중 가장 선임 대법관이 '섀도 치프shadow chief' 역할을 한다. 긴즈버그 대법관이 다수의견에 속할 때는 자신이 직접 다수의견을 쓰거나 후배 대법관에게 할당했다. 긴즈버그는 스티븐스 다음으로 진보주의 진영의 대법관들 중 가장 연장자였다.

소수의견 진영일 때는 진보주의 진영의 동료 대법관들에게 한목소리를 내자고 설득했다고 했다. 소수 진영의 목소리가 되도록 갈리지 않고 하나의 목소리를 냄으로써, 더 큰 힘으로 대중을 설득하고 했다. 바로 이런 이유로 긴즈버그나 여타 세 명의 자유주의 진영의 대법관들이 소수의견을 작성해왔다.

그럼에도 불구하고, 이러한 역할 변화로 긴즈버그의 변화를 완전히 설명할 수 없다. 몇몇 주요한 사건에서, 보다 실용적이고 자유주의적인 성향의 대법관들(엘레나 케이건, 스티븐 브라이어 등)은 존 로버츠 대법원장과 타협해서라도 중도 입장을 내기 위해 기꺼이 통로를 가로질러가 손을 내밀었다.

이를테면 전미자영업자연합 대 시벨리어스 사건의 경우, 케이건과 브라이어는 메디케이드 확대가 위헌이라고 본 보수주의 대법관과 입장이 같았다. 주정부에 메디케이드 확대를 요구하는 것은 합헌인가? 이와는 반대로, 긴즈버그와 소토마요르 대법관은 메디케이드를 의무사항으로 두는 게 헌법과 일치한다고 주장했다.

7 대 2로 표결이 난 트럼프 대 하와이 사건(2018)에서는 트럼프 대통령의 여행 금지령을 지지한 소토마요르의 소수의견과 긴즈버그도 입장이 같았다. 케이건과 브라이어는 보수주의 진영의 대법관들과 의견이 같았다.

마스터피스 케이크 가게Masterpiece Cakeshop 대 콜로라도 시민권 위원회Colorado Civil Rights Commission 사건에서는 소토마요르 대법관이 긴즈버그의 반대의견에 동참했다. 다른 일곱 명의 대법관은, 수정헌법 제1조를 근거로 동성애 커플에게 웨딩케이크를 만들어주지 못하겠다고 한 제빵사의 손을 들어주었다.

소토마요르는 중도 성향의 대법관과 손잡고 타협을 모색하는 데 적극적인 편이었고 긴즈버그는 그렇지 않았다. 오히려 반대의견을 뚜렷이 제출하는 데 의지를 두었다. 긴즈버그가 처음 대법관에 지명될 때보다 진화했다고 평가하는 것이 타당하다고 본다. 그때 긴즈버그는 사법적 만장일치 및 공동 합의의 중요성을 강조했었다. 대법관 지명 전에 인터뷰한 일련의 기사들을 읽어보면, 항소법원에서 별도의 소수의견을 너무 자주 내면 권위가 위협받을 수 있다고 말한 적도 있다.[6]

1990년 「개별의견에 대해 논함」이라는 기사를 보면 긴즈버그는 미국 대법원에 개별의견이 너무 많이 제출되고 있어서 걱정한다. 판결의 명확성과 안정성이 떨어지기 때문이었다.[7] 1992년 뉴욕 대학교 매디슨 강의에서 긴즈버그는 "간결함과 속도를 장려하려면 전 재판관 만장일치의 해결이 관행으로 자리 잡으면 좋을 것"이라고 말한 바 있다. "의견 작성자의 이름을 밝히지 않"고 법원의 이름으로 말이다.[8]

그리고 루이스 브랜다이스Louis Brandeis 대법관의 "위대한 헌법적 질문들은…… 하나의 의견으로 완벽하고도 최종적으로 해결되는 것이 최선"이란 견해를 공개적으로 지지했다. 임명 전 또 다른 기사에 의하면 긴즈버그는 대법관의 이상적인 자질로서 온건함과 협력의 중요성을 강조한다. 또한 당 노선의 경계를 넘나들며 공정성을

유지해야 한다고 강조했다.[9]

5 대 4 판결들에서 그녀가 소수의견의 목소리를 점점 더 높인 것은 대법원이 보수적으로 변해갔기 때문이라는 게 긴즈버그 생각이다. 긴즈버그가 보기에 꼭 지켜져야 하는 본질적인 것들에서 충돌이 일어났다. 그래서 '미니멀리스트'에서 '노터리어스 RBG'로 나아가게 된다. 1992년 긴즈버그는 법률학자 로스코 파운드Roscoe Pound의 말을 인용했다. "[작성한] 동료들에 대한 무절제한 비난, 폭력적 모욕, 나쁜 의도로 법원의 다수의견 공격하기, [다른 판사들의] 무능, 태만, 편견 또는 우둔함"으로[10] 일반 대중이 법원을 존중하지 못하도록 흔들린다고 했다.

이제 긴즈버그는 확신한다. 다음 세대를 위해, 부당함을 바로잡기 위해서라도 소수의견의 목소리를 내야 한다는 것을. 2002년 긴즈버그는 NPR 저널리스트 니나 토텐버그Nina Totenberg와 인터뷰하며 "소수의견은 미래를 향해 발언하는 것"이라고 했다. "시간이 흐를수록 가장 위대한 소수의견은 점차 지배적인 견해가 됩니다. 그것이 소수자, 소수의견의 희망입니다. 현재가 아닌 내일을 위해, 소수의견을 작성합니다."[11]

2007년 레드베터Ledbetter 대 굿이어 타이어 앤드 러버 회사Goodyear Tire and Rubber Co. 사건에서 긴즈버그의 이러한 의지를 더 확실히 알 수 있다. 굿이어 회사 직원 릴리 레드베터가 의회 회기 내에 성차별 사건을 제소하지 않았다고 한 보수적 다수의견을 비판했다. 5 대 4로 표결이 났다.

이 소수의견에서, 긴즈버그는 다수의견이 연방정부의 차별금지법을 "억지스럽게" 해석하여 넓은 범위에서 차별금지법의 목적을 무시했다며 비판했다. 의회가 이 결정을 뒤집어야 한다고 요구했다. 그리고 2009년 1월, 의회는 긴즈버그의 호출에 응답하며 오바마 대통령 취임 첫날 릴리 레드베터 공정임금법Lilly Leadbetter Fair Pay Act을 통과시켰다.

로즌　긴즈버그 대법관님이 오페라 광팬인 건 널리 알려진 사실이지요. 그런데, 최근에는 다른 부류의 음악으로도 인터넷에서 센세이션을 일으키고 있습니다. 인터넷에서는 '노터리어스 R.B.G.'라는 티셔츠까지 유행하고 있어요. 첫 질문을 이렇게 시작하지 않을 수 없네요. 노터리어스 B.I.G.이라는 뮤지션을 아십니까?

긴즈버그　제 재판연구원들이 말해주더군요. 그게 첫 티셔츠는 아니고요. 부시 대 고어 사건 때부터 티셔츠들이 나타나더군요. 내 사진, 소수의견에서 말한 단어들이 티셔츠에 쓰여 있더군요. 노터리어스 R.B.G. 티셔츠에서 또 많은 진화가 있더군요. 셸비 카운티 사건 이후로는 'I LOVE R.B.G.'란 티셔츠도 보았어요.

로즌　'긴즈버그라면 과연 어떻게 할까What Would Ruth Bader Ginsburg Do' 라는 티셔츠도 있죠?

긴즈버그 '루스 없이 진실도 없다 You Can't Spell Truth Without Ruth'도 있더라고요.

로즌 인터넷에서 센세이션을 일으킨 소감이 어떻습니까?

긴즈버그 내 손자들은 좋아하더군요. 전 이제 곧 여든이에요. 제 나이가 되면, 제 사진을 찍으려는 이들이 자꾸 늘어난다는 데 놀랄 수밖에 없습니다.

로즌 임명되었을 때, 많은 이들이 대법관님을 미니멀리스트라고 했지요. 신중한 분이라고요. 자신의 목소리를 높이며 진보의 아이콘이 된 것은 최근 몇 년 사이 일입니다. 무엇이 바뀌었을까요?

긴즈버그 제프, 난 변하지 않은 것 같아요. 아마, 막 대법관에 임명되었을 때는 지금보다 조금 조심스러웠나 싶기도 해요. 그러나 진짜 변한 것은 대법원의 구성원들일 겁니다. 2006년 오코너 대법관이 떠났지요. 그 자리가 교체된 뒤로 몇 달 동안, 대법원에 5 대 4로 나뉜 일이 종종 있었어요. 나는 4에 속한 사람이었습니다. 만약 오코너가 그 자리에 있었다면 제가 5에 속했을 수도 있어요. 제 사법적 판단은 변함없습니다. 다만, 대법원에 대한 평판이 바뀌는 이슈들이 생기곤 하더군요.

로즌 그렇지만 요 근래 몇 년간 대법관님은, 진심으로 말씀드리는

데, 불타오르는 듯했어요. 마치 루이스 브랜다이스Louis Brandeis(유대인으로서는 최초로 미국 연방최고재판소 판사가 된 인물로, 최저임금법의 합헌성을 주장함—옮긴이)의 말처럼 들렸어요. 셸비 카운티 투표권법 폐지에 적절히 언급한 '오만'이라든지, '우산'이나 '비에 젖는 것'과 같은 멋진 비유는 또 어땠습니까. 이전에는 잘 하지 않던 방식으로 힘있게 대담하게 표현하시게 된 계기가 무엇인지, 제가 궁금한 부분은 그겁니다. 그전에는 하시지 않던 방식이었으니까요.

긴즈버그　대법원 생활을 하는 동안 만난 존 폴 스티븐스 대법관은 최고였어요. 그분이 좋은 전범이 되어주었습니다. 5 대 4로 의견이 나뉘면, 그는 넷 중 가장 연장자였어요. 스티븐스는 주요 사건은 손수 처리하면서도 소수의견을 공정하게 배분하려고 노력했어요. 그는 누군가 재미있는 케이스를 맡는 동안 또 다른 이가 계속 지루한 사건만 맡는 일 없게, 최대한 공정하려고 했습니다. 세간의 이목이 집중된 사건에 소수의견을 공정하게 배분했어요.

로즌　그러니까, 우린 긴즈버그 대법관님이 어떤 역할을 하시는지 정말 궁금한데요. 방금 말씀하신 것처럼 수석(선임) 대법관으로서, 다수의견에 속할 때는 판결문을 직접 작성하거나 가장 적임인 대법관에게 배정할 권리가 있죠. 소수의견일 때는 본인이 직접 소수의견을 작성하거나 하고 싶어 하는 사람에게 배정할 수 있고요.

이 힘을 어떻게 쓰고 있습니까? 만장일치의 가치에 대해선 어떻게 보십니까? 소수의견 네 명에게 같은 의견을 내자고 설득하는 것인가요?

긴즈버그　그렇습니다. 의료보험개혁법Affordable Care Act('적정부담보험법'
이라고 번역되기도 함. 일명 오바마 케어—옮긴이) 때 동료들과 만났죠. 어떻
게 소수의견을 낼지 거의 세 시간이나 토론했습니다. 어떤 사항들
을 제안할 것인지 동료들에게 물었지요. 대법관 전체에 회람하기 전
에 제가 초안을 보았고요. 그러니까, 제 자신만이 아니라 우리 네
사람의 목소리라고 확실히 말할 수 있습니다. 다 다른 네 개의 소수
의견보다는, 한 가지의 소수의견이 대중이 이해하기 쉽습니다. 그래
서 가능하면 쪼개지지 않으려고 노력하는 거구요. 자주는 아니지
만 아주 가끔 불가피하게 쪼개질 때도 있어요. 그러나 소수의견 쪽
에서는 대체로 함께하려고 애씁니다.

로즌　다섯 명의 보수파에 맞서 네 명의 진보주의자가 힘을 합치는
비전이네요. 로버츠 대법원장은 취임하면서 만장일치를 중요하게
여긴다며 동료들을 설득해 의견을 합쳐보겠다 했지요. 그 발언과도
매우 다르고요. 5 대 4 의견 분할을 피하기 위해 만장일치를 이루
려는 것은, 대법원 자체를 위해서도 옳지 않고, 대법원이 정치적으
로 보여서 국가적으로도 이롭지 않습니다. 로버츠 대법원장의 비전
이 괜찮다고 보십니까? 그가 무슨 성과를 거두기는 했나요? 현실에
서 이뤄질 가능성이 있는 걸까요? 아니면 대법원은 계속 중요한 결
정에 대해 5 대 4 양극화 투표 결과를 내게 될까요?

긴즈버그　로버츠 대법원장이 바람직하다고 한 그 만장일치가, 그의 첫 임기에는 이례적으로 많이 이뤄졌습니다. 그렇게 된 이유를 정확히 설명할 수 있습니다. 로버츠 대법원장의 첫 임기는 샌드라 데이 오코너의 마지막 임기기도 했어요. 오코너의 마지막 임기이자 로버츠의 첫 임기에, 예전보다 만장일치가 많이 나왔죠.

이 말을 여러 번 한 적 있어요. 진짜인지 확인해본 분이 있다면 진짜란 걸 알게 될 겁니다. 오코너가 떠난 해, 저는 네 명 가운데 한 명이 되었지요. 그녀가 남아 있었다면 저는 다섯 명 가운데 한 사람이 되어 있을 겁니다. 오코너가 법정을 떠난 사건이 엄청난 차이를 만들었지요.

로즌　그리고 의견일치를 거부하셨지요.

긴즈버그　그렇습니다.

로즌　왜 그랬습니까?

긴즈버그　부시 대 고어 사건은 다시 경험하고 싶지 않은 일이었어요. 대법원이 5 대 4로 나뉘었죠. 소수의견이 네 개였고요. 그러니 언론은 혼란스러워했습니다. 실제로, 어떤 기자들은 판결이 7 대 2로 났다고 보도까지 했습니다. 우리가 시간을 조금만 더 가질 수 있었다면 네 명이 함께할 수 있었을 텐데, 너무나 많은 소수의견으로 《US리포트》 지면을 채우기보다 하나의 소수의견을 낼 수 있었을 겁니다.

로즌 일반적으로, 대법관님은 몇몇 동료들과 타협이 잘 안 된 편이
었죠. 의식적인 결정이었어요?

긴즈버그 부시 대 고어 사건에서는 그랬습니다. 최근 하비 로비 사
건에서도 그랬고요. 브라이어 대법관과 케이건 대법관은 영리 기업
의 자유권 행사에 입장을 취하지 말자고 했지요.

로즌 그래서 그들은 따로 소수의견을 썼습니다. 단 몇 줄이면 설명
이 됩니다. 대법관이 중요하게 보는 것은 같았어요. 기업체가 개인
소유인지, 파트너십인지, 법인인지가 문제가 아니에요. 요점은 단순
합니다. 핵심적인 것만 지킨다면, 종교의 자유에 제한이 없고 자유
롭게 말할 권리도 지켜진다는 것입니다.

긴즈버그 "남의 코를 치지만 않는다면 팔을 휘두를 권리가 있다."
1916~1956년까지 하버드 로스쿨에서 강의한 채피Zechariah Chafee Jr.
교수가 한 말입니다. 우리 대법관들 중 누구도 하비 로비 소유주의
종교에 문제가 있다고 제기한 게 아니에요. 종교 선택의 자유는 태
어날 때부터 부여받은 겁니다. 다만, 사업하는 사람이 영리를 위해
활동하면서 자기와 종교적 신념이 같지 않은 직원들에게까지 그 믿
음을 강요할 수 없습니다.

로즌   이렇게 헌법 개정, 시민권 운동 그리고 의회의 행동까지 평등이 확장되어간 과정을 설명해주실 때면, 투표권, 의료, 차별 철폐 영역들에서 작성하신 소수의견 바탕에 흐르던 열정이 이해되기 시작합니다. 잊을 수 없는 레토릭의 투표권 불복 사건에 대해 이야기해볼까요.

"이 사악한 감염에 초동 대처하는 것은 마치 히드라와 싸우는 것과 같다. 한 형태의 투표 차별을 확인해서 금지시키면 그 자리에 또 다른 형태가 돋아난다." 법원이 셸비 카운티 대 홀더 사건에서 투표권법 섹션 5를 파기했지요. 그런데 불과 몇 시간 만에 텍사스 주가 유권자 ID법을 시행하기로 결정했습니다. 그 소식에 놀라셨나요?

긴즈버그   아뇨. 그 사건은 우산을 내동댕이친다는 비유를 사용했었죠. 아직 우리가 비에 젖은 건 아니지만 폭풍우가 몰려오고 있다고. 정확히 그와 같은 사태를 예상합니다. 유권자 신분증법, 투표 조기 마감, 적절한 위치에 투표소 설치 등……. 자, 이제부터는, 우리가 무엇을 해야 할지 정확히 찾아내는 것이 관건일 겁니다.

로즌   투표권법 제2항, 제3항은 적절한 대안일 수 있을까요? 아니면, 연방대법원에서 이러한 대안들에도 제동을 걸까요?

긴즈버그   대법원의 앞으로 행보를 아주 정확히 예측할 수는 없습니다. 그런데 설명은 해야 할 것 같군요. 투표권법 3항은 '베일 인bail-in' 조항인데, 제가 투표권법이 헌법에 부합된다고 생각하는 근거 중

하나입니다. 1965년에는 아프리카계 미국인의 투표를 허용하지 않았던 주가 세월이 흐르면서 방식을 바꾸어 인종을 이유로 투표를 막는 일이 없다고 가정해볼까요. 10년 동안 기록이 깨끗하다면 법의 요구 조항에서 베일 아웃, 즉 벗어날 수 있습니다.

반면, 그런 역사가 없는 주에서, 원래 투표 방식을 바꾸도록 승인해달라고 사전에 요구한다 가정합시다. 그 주나 그 지역구는 명분이 있을 경우 베일 인할 수 있습니다. 과거에 기록이 있는 정치 단위를 빼고 기록이 깨끗한 단위를 추가하는 방식도 생길 수 있겠지요. 의회에서 제시한 메커니즘을 거칠게라도 대략 설명드렸습니다만, 다수의견에서 베일 인, 베일 아웃 조항에 대해 아무 의견도 표명하지 않았다는 건 아니고요.

로즌 주정부가 베일 인을 허가하는 데 법원이 요구한 기준이 매우 높았어요. 법원의 의도가 있다고 보이는데요. 아주 적은 수만이 베일 인하게 된 원인이 되었죠. 그래서 소송이 실패할 수도 있습니다.

긴즈버그 네, 조금 더 지켜볼 여지가 있습니다.

로즌 제2항 또한 고의적 차별의 기준을 높게 두었습니다. 의회는 기준을 낮추려고 노력했습니다. 그런데 법원이 세운 기준이 높아 싸우기가 힘듭니다.

긴즈버그 글쎄요. (성차별의) 의도가 있는지 없는지를 증명할 수는 없다고 해도 의회는 사실상 차별이라고 했습니다. 그렇다면 법원은 어떻게 할 것인가. 그에 대한 답은 미래에 있습니다.

로즌　긴즈버그 대법관님의 소수의견이 그토록 힘있는 것은 필요로 하는 사람들이 있었기 때문입니다. 특히 섹션 5의 경우, 의회는 합법적으로 연방정부의 사전 승인이 필요하다고 결론 내렸습니다. 왜냐하면 2세대의 투표 차별에 미리 의의를 제기하지 않으면, 당신이 말한 그 히드라는, 아마 다시 올 테니까요. 그에 대해 좀 더 자세히 들려주세요.

긴즈버그　그러지요. 원래의 수법은 다른 형태였어요. 속이 빤히 보였습니다. 그들이 뭘 하려는지 숨겨지지가 않더군요. 예전 시대에 있었던 읽기, 쓰기 능력 테스트들에 관해서는, 아프리카계 미국인들이 싸워 강제해냈죠. 아프리카계 미국인들이 투표소에 등록은 할 수 있게 하되, 실제로는 투표를 못 하게끔 막는 이들이 있었습니다.

　역사적으로 투표권법의 과거는 폭력으로 얼룩져 있습니다. 시간이 흐름에 따라 그러한 장치들, 그 조잡한 수법들은 물러갔지만 좀 더 교묘한 장치들이 등장했습니다. 이를테면 소수 집단의 유권자들이 가기 힘든 지역에 투표소를 둔다든지, 직장인들이 투표하러 오지 못하게 투표소를 부러 늦게 열고 일찍 마감한다든지, 선거구를 재조정한다든지 했어요. 더 교묘하고 감쪽같은 수법들이 낡고 어설픈 수법들을 대체했지요. 그리고, 지금 이런 현상들을 우리가 눈앞에서 목도하고 있는 겁니다.

로즌 대법관님은 수정헌법 14조와 15조의 입안자들이 법원이 아닌 의회를 투표권의 주된 수호자로 만들려 한다고 강하게 비판하셨지요.

긴즈버그 네, 군이 비유하자면 수정헌법 제1조겠지요. 1조에는 "의회는 법을 만들지 않는다"라고 쓰여 있습니다. "의회는 손을 떼라"고 말하는 겁니다. 그러나 수정헌법 제13조, 제14조 및 제15조는, 남북전쟁 이후 적절한 입법 절차에 따라 "의회는 시행할 권한이 있다"고 끝납니다. 헌법은 입법부의 활동을 부정적으로 견제하기보다는, 수정안을 실행할 권한을 긍정적으로 부여해준 것이죠.

로즌 또한 법원이 셸비 카운티에서 노스웨스트 오스틴 시 공공시설 1구역 대 홀더에 대한 의견을 확장시킨 것도 비판하셨지요. 투표권법에 대한 결정 말입니다. 로버츠 대법원장이 아슬아슬하게 판결을 내려 헌법 갈등을 피한 사례였는데, 돌이켜볼 때 노스웨스트 오스틴 결정을 후회하시나요?

긴즈버그 노스웨스트 오스틴에 내린 결정은 옳았습니다. 이곳은 차별을 받은 적은 없지만 차별이 있던 지역이었습니다. 법원은 이 법을 이렇게 해석했습니다. 구, 자치단체, 카운티에서 베일 아웃할 수 있다고요. 그러니 당장은 자기가 속한 지역에 차별이 없다 해도 언제든 일어날 수 있습니다. 노스웨스트 오스틴 사건을 통해 정치적으로 소규모인 단위에서도 베일 아웃이 가능하다는 점을 확인했습니다. 대법원장이 직접 의견을 작성했는데, 몇몇 단어들이 우리에게 되돌아와 머릿속을 떠나지 않았지요.

로즌 로버츠의 대법원이 역사상 가장 행동주의적인 법원으로 변모하고 있다고 하신 건 무슨 뜻인가요?

긴즈버그 그 말의 의미를 설명하려면 행동주의라는 용어부터 잠깐 정의해야겠네요. 의회가 통과시킨 법안을 뒤집는 데 조금도 주저하지 않는 쪽은 법원입니다. 일례로 가장 최근의 두 가지 헤드라인을 들어보겠습니다. 의료보험법이 의회를 통과했지만 법원은 상거래 조항이 그렇게까지 나아가지 못했다고 판결했습니다. 고맙게도 과세 권한 덕분에 사건이 해결됐지요. 그러나 상업조항에 의거한 법안(보험은 명백히 상거래임)을 파기할 준비가 되어 있다는 사실이 저에게는 그저 놀라웠습니다.

최악은 셸비 카운티였습니다. 투표권법 개정안이 압도적인 결과로 의회를 통과했습니다. 상원은 만장일치, 하원은 355표 정도였지요. 투표권법을 아는 사람들이라면, 투표권법이 시스템에 어떤 식으로 영향 미치는지 아는 사람들이라면, 선출직으로 뽑힌 대표들은 법관에게는 없는 공감 능력이 있다고 생각합니다. 의회가 압도적으로 투표권법을 통과시켰음에도 법원은 그렇게 하지 않을 거라고 했죠. 투표권법 형식이 시대보다 너무 뒤처져 있으니 의회는 그 지점부터 시작해 계속 개정 작업을 해야 한다고요.

투표권법은 존슨 대통령이 재임 중이던 1965년에 통과되었습니다. 닉슨과 포드, 부시 부자 대통령들의 재임 기간 동안 갱신되었고요. 그런데 법원은 '그렇게 되진 않을 것'이라고 했지요. 법원보다 정치판에 있는 사람들이 더 잘 아는 주제에 대한 법안을 폐지한 예입니다.

로즌 이 질문으로 마무리하고 싶습니다. 대법관님의 소수의견이 언젠가는 다수의견이 될 거라고 예상하나요? 아니면 반대로, 적극적인 조치가 내려져 선거자금 지원이 더욱 제한되거나 로 판결도 뒤집힐 거라고 보십니까? 미래에 당신이 다수의견을 차지할 것 같나요. 아니면 여전히 소수의견에 속할까요?

긴즈버그 때로는 의회가 도움이 되기도 합니다. 법원이 비록 "이것이 바로 헌법이 의미하는 바"라고 하여도, 헌법적 해석은 다양하게 존재합니다. 자, 그것이 바로 법원의 결정이 뒤집히거나 개헌이 존재하는 이유겠지요. 고용차별법이나 민권법 7조와 같은 법령에서는 법원이 틀리면 의회가 바로잡았습니다.

그러한 의미에서, 릴리 레드베터 같은 판결은 대법원에서 일하면서 가장 마음에 들었어요. 제가 소수의견에서 의원들에게 본질적으로 이렇게 말한 셈이죠. "의원님, 내 법관 동료들이 당신들이 말한 바를 정말 오해했습니다. 그러니 좀 더 명확하게 해주십시오"라고요. 의회는 이 의견을 받아들였습니다. 2년 안에 이 문제를 해결했습니다.

굿이어 타이어 회사에서 지역 매니저로 일한 한 여성의 사건이었습니다. 남자들이 대다수였던 직종이었습니다. 릴리 레드베터는 10년 넘게 같은 일에 종사했는데 누군가 우편함에 종이 한 장을 넣었지요. 숫자가 주르륵 적힌 종이였는데, 릴리가 받는 급여, 그리고 그녀와 똑같은 일을 하는 남자들이 받는 급여의 숫자였습니다. 남자들 중 가장 어린 직원의 급여조차도 릴리보다 많았습니다. 그녀는 민권법 7조 소송을 걸었어요. "제게는 차별입니다." 배심원단은 이에 동의했고, 그녀는 실질적인 평결을 받았습니다. 이 사건이 법원으로 넘어왔는데, 우리는 너무 늦게 왔다고 말했지요. 민권법 7조는 차별 사건이 일어난 시점부터 180일 이내 소를 제기해야 한다는 규정이 있습니다. 1970년대부터 이러한 임금차별은 이어져왔습니다. 릴리 레드베터와 같은 상황에 놓인 여자들이 얼마나 많았을까요.

우선, 고용주가 급여에 대한 정보를 주지 않으면 직원이 어찌 알겠습니까? 둘째, 만약 릴리가 남성 동료들만큼 대우받지 못한다는 생각이 들어도 이런 걱정을 하겠지요. "불만이 있어서 소송하려고 변호사를 찾아가도 이렇게 말하지 않을까. '여성인 것과는 아무 상관없습니다. 그저 일을 잘 못했던 겁니다.'"

그런데 10년을 근속했고, 좋은 성과를 냈다면, 그러한 변호는 더는 통하지 않습니다. 고용주 측에서 릴리가 일하는 실력이 형편없다고 말할 수가 없는 겁니다. 그 지점에 승소 이유가 있습니다. 임금이 차별되었다는 자료를 보여줄 수 있고, 다른 남자들에 비해 일을 더 잘하거나 잘해왔다는 걸 증명하는 셈이지요. 법원은 이렇게 말했습니다. "이길 만한 사건이지만, 시기가 너무 늦었습니다."

그래서, 저는 릴리 세대의 모든 여성들이 겪어왔던 것과 내가 아는 걸 설명했습니다. 남성들이 점유한 분야에 첫 발을 들여놓은 첫 여성이라면, 불평꾼으로 알려지고 싶지 않겠죠. 배를 흔들고 싶지 않을 거예요. 말썽꾸러기로 보이고 싶지 않다는 뜻이지요. 그렇지만 눈앞에서 불평등이 나를 정면으로 또렷이 쳐다보고 있을 때면, 입장을 정해야 하는 순간이 닥칩니다. 그게 바로 릴리가 한 행동이죠. 소수의견의 핵심 개념은 상식의 정신입니다.

"이 여성은 매달 급여를 받으며 매번 불평등을 갱신하는 상황입니다. 그러니 최근 급여를 받은 날부터 180일로 헤아려 소송을 제기할 수 있고 시기가 늦은 게 아닙니다."

의회가 화답했습니다.

"그 말이 맞다. 의회에서 의도한 바다."

말씀드렸듯, 헌법은 바로 이러한 어떤 거예요. 우리 두 눈으로 지켜본 것처럼 법원은 여러 번 실수를 저지르고 또 바로잡아왔습니다.

헌법의 범위에서 다룰 만한 사안이면 의회가 고칠 수 없습니다. 개헌은 헌법 개정을 통해서만 이뤄지는데, 헌법은 대담하게 개정하기가 어렵습니다. 의회의 3분의 2, 주의 4분의 3이 동의해야 비준이 이뤄집니다. 헌법의 평등권 개정 과정이 얼마나 어려웠는지 몸소 경험을 해봐서 압니다. 우리가 할 수 있는 최선은, 최선이 아니라 차선책이라도 택하는 것인데, 그게 바로 법원이 행한 실수를 바로잡는 일입니다.

전통적으로 소수의견이 장차 이 나라의 법이 되어왔습니다. 올리버 웬들 홈스Oliver Wendell Holmes 대법관과 브랜다이스 대법관의 언론의 자유에 대한 반대의견이나 드레드 스콧의 사건에 내려진 끔찍한 판결 등이 예가 될 수 있겠죠. 법원이 잘못했다는 걸 인식한 소수의견이 있었습니다. 또 존 마셜 할랜John Marshall Harlan 대법관은 소위 시민권 사건이라 불린 일에 반대했다가 약 13년 후 플레시Plessy 대 퍼거슨Ferguson에서 소수의견을 냈습니다. 법원이 틀린 판단을 내렸음을 인식하고 옳은 판결을 써내려간 사람들을 한번 돌아보세요.

처음에는 소수의견으로 출발하지만, 그다음 세대에서는, 법원을 대표하는 의견이 되었다는 것을.

9장
뒤집고 싶은 판결들

항소법원 판사 시절부터, 루스 베이더 긴즈버그는 사법 미니멀리즘의 사도와 같이 여겨졌다. 광범위하게 판결하기보다는 치밀하게 판결하는 재판관이었다는 뜻이다. 의회, 주 의회, 주법과 같은 의사결정 기관에게 맡길 것은 맡겨야 하며, "측정 가능할 정도로 움직여야", 즉 여론보다 너무 앞서지 말되, 앞서 내려진 사법 판례를 무력화시키기기보다는 존중해 나아가야 한다고 여러 번 언급했다. 법적으로 무효화되어야 한다고 긴즈버그가 생각하는 상황은 드물지만, 있다. 또 뒤집혀야 된다고 생각하는 사건들이 몇몇 있는데, 공개 대화에서 이에 대해 내게 설명해준 적이 있다.

2013년 피셔Fisher 대 텍사스 대학교 사건에서 긴즈버그는 홀로 소수의견을 냈다. 대학의 적극적 차별 해소 조치(Affirmative Action Plan, 성별, 인종, 장애 여부에 관계없는 평등한 고용, 승진을 위한 제도. '고용 개선 정책' '소수 집단 우대 정책' 등으로도 번역됨)를 지지한 하급 법원 판결이 번복되었기 때문이었다. "엄격 심사"를 주문하며 하급 법원으로 보내졌는데, 대법원 역사상 가장 유명한 주석footnote이 판단의 근거가 되었다. 법대생들이 '주석 4(footnote 4)'라고 부르는 이것은 1938년 미국 대 캐롤린 제품회사Carolene Products 재판에서 등장했다. 당시 대법원장이던 할랜 피스크 스톤Harlan Fiske Stone이 작성했다. 인종적 편견이나 정치적 과정에서의 문제가 없다면, 일반적인 경제 규정은 지켜야 한다는 내용이다. 법관의 영역이 아니라는 말이다. 대법원이 루스벨트 대통령의 뉴딜 정책 경제 입법을 다시 한 번 검토하고 손을 뗀 직후, 법관이 법률을 폐지해야 하는 상황에 대해 처음으로 언급했고, 20세기 들어 가장 체계적인 시도였다.

법관이 경제 규정을 다뤄야 할 때는, 이 법이 합헌이라는 가정하에 판단해야 한다고 스톤 판사는 말했다. 그리고 '주석 4'에 '합헌이라는 추정'을 적용할 수 없는, 즉 '엄격 심사'가 필요한 경우를 다음세 가지로 정리했다.

첫째, 헌법이나 권리장전(미국 수정헌법 1조에서 10조까지, 연방정부의 권력을 제한해 시민 권리를 보호하려는 취지로 제임스 메디슨이 주도하여 1791년 발효—옮긴이)의 본문에 명시된 금지사항을 위반한 경우, 둘째, 언론의 자유를 제한한 법률처럼 바람직하지 않은, 정치적으로 폐지 수순이 예상된 경우, 셋째, 특정한 종교적, 민족적, 인종적 소수자, 고립되고 배척받는 소수자에 대한 편견으로 제정된 여타 법들.

긴즈버그는 하버드 로스쿨에서 주석 4도 연구했다. 수많은 학자들과 판사들의 판례를 종합해 스톤 판사의 주석 4 세 가지 범주를 두 가지로 추렸다. 20세기 헌법 소송들을 망라해 연구하며 대법원이 나아갈 길을 전망했다. 연방대법원은 일반적으로 경제 규정 및 경제법을 지지해왔으며, 소수 인종, 아프리카계 미국인, 여타 소수 종교인이나 소수 민족과 같이 고정관념 때문에 정치적으로 불이익을 겪었던 소수 집단에 회의적이었다고 긴즈버그는 메모했다. 동료 대법관들은 피셔 사건을 다루며 적극적 차별 해소 조치가 사법적 조사 대상이라고 판결했다. 긴즈버그는 그 의견에 동의하지 않았다. 적극적 차별 해소 조치는 소수자들에게 피해를 입히기보다 돕기 위해 만들어졌다고 강조했다.

긴즈버그가 판결을 뒤집고 싶어 하는 사건들은 분명 있었다. 즉, 보수적 다수가 소수에게 불이익을 주거나 헌법에 명시된 것을 위반했는지 판명하는 데 주석 4는 포괄적인 이론의 토대로 작용했다. 그러한 맥락에서 긴즈버그는 주석 4를 호출했다. 긴즈버그가 뒤집고 싶어 한 판결에는 보수 진영에서 경제적 사법 적극주의와 관련있다고 생각한 사건들도 있다.

예를 들어, 1930년대 연방대법원에서 패소한 캐롤린 제품회사 재판, 기업도 인간처럼 표현의 자유를 가진다고 한 시민연합 사례, 주간 상거래 규칙으로 인해 의회는 건강보험 가입을 강제할 권한이 없다고 본 의료보험개혁법 재판 내용 가운데 일부가 그것이다. 또 적극적 차별 해소 조치와 일부 투표권법 중 보수 성향 판사들이 무력화시킨 사건들도 꼽았다. 주석 4는 바로 이렇게, 보수 성향의 판사들과는 반대로 사법적 개입이 정당하다고 긴즈버그가 판단할 근거로 작용했다.

곤잘레스 대 카하르트 재판(2007)이 있었을 때는 연방 차원에서 여성의 부분 출산 및 임신중단이 금지되어 있었다. 보수 성향 판사들은 현행법을 지지했다. 긴즈버그는 부분출생임신중단이 금지될 경우 여자들이 불이익을 받는다고 판단했다. 케네디 대법관은 2013년 미국 대 윈저Windsor 재판, 홀링스워스Hollingsworth 대 페리Perry 재판 때 진보주의 진영과 뜻을 같이해 DOMA(Defense of Marriage Act)라고 불리던 연방 결혼보호법 폐지에 동참했다. DOMA는 게이와 레즈비언 들에게 절대적으로 불리했다. 긴즈버그는 또한 마허Maher 대 로Roe 사건과 해리스Harris 대 맥레이McRae도 들었다. 의학적 필요 여부와 상관없이 가난한 여성들이 임신을 중단하고자 할 때, 의회와 주정부에서 의료 혜택을 더 제공하지 않아도 된다고 판시한 사건들이다.

———————

로즌 현 법원이 내린 최악의 판결이 무엇이라고 보십니까?

긴즈버그 뒤집고 싶은 판결을 딱 하나만 꼽는다면, 시민연합 대 연방선거관리위원회 판례입니다. 돈으로 민주주의를 살 수도 있다는 생각은 우리 민주주의가 앞으로 가야 하는 방향과 거리가 멉니다. 그 재판이 제 목록의 가장 위에 있고요.

두 번째는 상업 조항과 관련되었던 전미자영업자연합 대 시벨리어스 재판입니다. 1937년 이래로 법원은, 의회가 사회적 경제적 법률을 자유롭게 제정할 수 있도록 허용해왔습니다. 의회의 영역을 손대려는 시도는 1930년대 말에 끝났다고 생각해요. 물론, 의료보험법에는 상업이 포함됩니다.

3위는 아무래도 셸비 카운티 사건을 말할 수밖에 없네요. 본질적으로 투표권법의 파괴와 관련돼 있었죠. 입법의 역사가 방대한 법이지요. 공화당과 민주당, 양원에 의해 압도적으로 투표권법을 확대하는 법안이 통과되었고, 그 법안에 찬성하는 시대적 흐름이 있었지요. 정당의 이러한 결정에 법원이 제동을 거는 것이, 내게는 순리에 어긋나 보였습니다.

법원은 입법부의 판단을 존중했어야 합니다. 의원들은 입법을 하는 사람들입니다. 법원 사람들보다 선거에 대해 훨씬 더 많이 알고 있습니다. 시민연합 판례도 마찬가지였습니다. 국회의원들, 공직에 출마하는 사람들은 어떤 법이 통과되느냐와 돈이 어떤 관련성이 있는지 잘 알고 있다고 생각합니다. 다수의견에서는 1965년 때의 입장을 유지했습니다. 그 뒤로 시간이 많이 흘렀습니다. 많은 주에서 차별이 존재했지만 더 이상 그러한 차별은 일어나지 않을 수 있어요. 그러니 의회는 선거 형식을 새로 짠 겁니다. 글쎄요, 어느 국회의원이 "내 지역구에 여전히 차별이 존재한다는 말입니까?"라고 말할까요. 의회에서 압도적인 지지로 투표권법 갱신을 요구하는데, 동료 대법관들이 제지하면 안 되었습니다.

네 번째로는 소위 곤잘레스 대 카하르트 사건이라고 불리는 부분

출생임신중단 사례입니다. 그러한 의료 절차가 최선의 선택이 아닌 여성도 있겠지요. 그러나 어떤 여성에게는 유일한 선택일 수 있습니다. 임신중단 시술을 법으로 금지하면 누군가에게 절실한 선택지가 주어지지 않는다는 것을 법원은 인정하지 않았어요. 선택권이 필요하다는 것을 간과했습니다. 이 결정은 번복되기를 바랍니다.

과거로 거슬러 가보면 1970년대 두 가지 판례에서, 치료 목적이든 치료 목적이 아니든 임신중단에 메디케이드 보장이 적용되지 않는다고 판결했습니다. 그 결과 우리에게 어떤 환경이 남겨졌던가요. 미국에서는, 다른 주로 이동할 금전적 시간적 여유가 있는 여성만이 그러한 임신중단 시술을 받을 수 있었습니다. 돈에 여유가 없는 여성들, 이동할 시간이 없는 여성들, 꼬박꼬박 출근해야 해서 자리를 비울 수 없는 여성들은 임신중단 시술에 접근할 수 없습니다. 너무 유감스러운 상황입니다. 특히, 자기 목소리를 내지 못하는 가난한 여성들에게는 더욱 가혹했습니다. 그 판결과 임신중단과 관련된 여타 결정들이 번복되었으면 합니다.

로즌 왜 피셔 사건에서 홀로 소수의견을 내셨습니까? 다수의견은 헌법적 질문을 정통으로 파고들지 않았지만, 정작 소수자 우대 정책의 종착점으로 가는 기준이 점점 올라가지 않을까 하는 두려움도 있던 것 같고요.

긴즈버그 그때 법원이 취한 입장이란 놀라웠다고 생각합니다. 캐롤린 제품회사 사례에서 스톤 대법원장이 말한 부분이요. '우리(법관)

는 대체로 입법 과정을 신뢰해야 한다. 법원은 의회가 내린 결정을 존중해야 한다. 입안된 법을 이해하려고 애쓰며, 입법부가 걸어온 길도 합헌이라고 가정한다.' 입법 과정의 정치적 절차가 잘못되었는지 판별할 두 가지 범주를 제안했지요. 하나는, 양보할 수 없는 근원의 자유, 권리장전의 보장이 위험에 처하면 수정헌법 1조 또한 위태롭다는 것입니다. 법원은 권리장전의 수호자입니다. 언론의 자유나 언론을 제한하는 그 어떠한 법도 통과시킬 수 없다는 것을 의회는 기억해야 합니다.

또 하나 범주는, 다수가 소수에게 불이익을 준 경우입니다. 그렇다면 정말 정치적 절차를 믿을 수 없겠지요. 억압받는 소수자들은 정치적으로 영향력이 없습니다. 다수가 소수에게 불이익을 준다고 의심되면 다수가 공정하다고 믿을 수 없을 겁니다.

시간이 지나면서, 인종에 관한 지표는 일국의 의심을 받게 되었지요. 주립대학이 가장 온건한 적극적 차별 개선 조치를 취할 때, 누가 헌법에 위배된다고 할 수 있습니까? 다시 말하지만, 그것은 다른 의사결정권에 대한 존중입니다.

로즌 또 한 번, 대법관님이 스캘리아 대법관보다도 더 원칙주의자로 보였습니다. 그러니까 적극적 차별 개선 조치와 관련해 두 가지 범주가 있는데, 실로 헌법이 걸어온 역사는 우리의 편이라는 것이죠. 대법관님은 근본을 이해하고 사법적 규칙을 깊이 존중하는 데 으뜸입니다.

긴즈버그 캐롤린 제품회사 사건에 매겨진 주석 4에는 법원의 통찰이 들어 있습니다. 아시다시피, 어떤 이들은 피의자 분류가 1944년 코레마쓰 사건에서 시작됐다고 하지요. 실제로는 법원이 사회 경제법을 폐지하는 것을 중단했던 시대까지 올라갑니다. 그리고 입법부가 계속 있어야 한다는 것을 인식했던 그 시점으로요.

문제는 바로 이겁니다. 과연 누가 좋은 사회정책, 좋은 경제정책을 낼 수 있는가? 법원이 아니라 입법부입니다. 캐롤린 제품회사 사례가 대표적인 경제 규제 예였지요. 법원은, 의회가 한 일이니 괜찮다고 했습니다. 대신 스톤 대법원장은 이런 단서를 달았지요. 때로는, 우리가 의회가 하는 일을 좀 더 의심하고 견제할 필요는 있다고.

로즌 뉴딜 시대에 법원은 그렇게 말해왔지요. 그러나 긴즈버그 대법관님은 상업 조항의 의료보험에 소수의견을 냈습니다. 법원 구성원 가운데 일부가 아마 경제 사법 적극주의와 싸움을 하려는 것 같다고 하셨지요.

의료보험의 경우에는, 상업조항에 의거해 의료보험개혁법의 개별 의무사항을 무화하려고 해서 로크너Lochner 대 뉴욕 사건이 무덤에서 깨어났다고 하셨지요. 이 사건은 제빵사들의 최대 근무시간법을 어겨 진보 진영에 악명이 높습니다. 경제 사법 적극주의(미국에서, 새로운 법률 제정 시 헌법을 자구 그대로 따를 필요가 없다는 사상—옮긴이)가 부활하려는 움직임을 감지하고 염려하십니까?

긴즈버그　　의료보험법은 1930년대 사회보장제도에서 비롯돼 점차 완성되어온 제도라고 저는 봅니다. 법원은 사회보장제도를 지지해 왔습니다. 많은 이들의 생각도 같았습니다. 사회 경제적 정책은 법원 자체의 영역이 아니라고 인식했죠. 입법부에서 최저임금법, 최대 시간법을 통과시킬 때도, 입법부의 특권이었습니다. 세계 대부분의 나라들, 선진국들에서 보편적으로 의료보험이 시행되고 있습니다. 미국보다 훨씬 전부터 사회보장제도가 정착돼 있었지요. 의료보험 또한 사회안전망의 결함을 보완한다고 봅니다. 사람은 늙거나 파트너가 사망했을 때 사회보장 혜택을 받습니다. 의료보험 또한 같은 맥락에서 이해되어야 합니다. 정부는 국민들의 기본적인 필요 사항이 채워지고 있는지 확인할 의무가 있습니다.

저항이 일어나는 건 이해합니다. 사회보장법Social Security Act의 정식 명칭은 연방보험기여법(the Federal Insurance Contributions Act, FICA)입니다. 일을 하면, 당신은 급여 명세상 보험료를 내고 있으면서도 전혀 보험료를 지불하는 건 아닙니다. 대신 세금을 내지요. 간단하고 단순하게 말하자면 그렇습니다.

그것이 바로 사회보장제도입니다. 더 이상 일할 수 없게 된 사람들을 돌보기 위해 세금으로 운영되지요. 일단 사회보장법이 받아들여지고 나면, 보건 의료 부문까지 상업 조항이 적용되는 데 문제를 제기하는 사람은 없을 겁니다. 건강보험은, 젊고 건강한 사람들이 노약자들의 몫까지 치른다고 설명되곤 했지요. 그러나 한 사람의 일생 전체를 본다면, 오늘 당신이 젊고 건강하다 할지라도 그리 멀지 않은 미래에는 중년이 되고, 나이가 들며, 그때 노인이 된 당신을 위해 돈을 내는 젊은이들이 있을 겁니다. 그러니 전체 삶을 본다면, 젊을 때에 세금을 내어서 그때 국가와 주정부에서 군이 필요하지 않은 서비스를 제공받는 셈일지라도 장기적으로 균일해집니다.

로즌 물론, 그것이 세금이냐 아니냐가 핵심 질문이 되었고 토론 중에는 코미디 같은 일까지 벌어졌지요. 민주당 의원들은 모두 들고 일어나서 "세금이 아니다"라고 말했지요. 공화당은 "세금이다"라고 맞섰지요. 잉크가 마르자마자 입장이 뒤바뀌어졌습니다. 모든 민주당 의원들이 "분명히 세금이므로 합법이다"라고 했고 공화당 의원들은 "세금이 아니므로 과세권으로 정당화할 수 없다"고 맞섰습니다.

긴즈버그 사회보장제도에 관한 논쟁이 반영된 사건입니다. 사회보장제도도 세금이지 보험료로 실행된 건 아닙니다. 그런데, 세금으로 판매가 되지를 않았습니다. 우리 대통령조차도 건강보험이 세금이 아니라면서 팔려고 하고 있습니다. 일종의 페널티penalty입니다.

로즌 페널티, 맞습니다. 세금인지 아닌지가 중요한 문제일까요? 대통령이 뭐라고 했지요? 제 말은 그러니까, 그 성격이 세금인지는 중요한 문제가 아니란 게 증명됐습니다.

긴즈버그 대통령은 의회에서 의료보험법이 통과되길 원했습니다. 세금이 더 부과되는 일은 없을 거란 관점이 강했습니다. 세금을 더

카터와 긴즈버그.

"그들 모두 나처럼, 백인에다 남성이었다. 재판부가 일부가 아닌 모든 계층을 대변하길 바란다."

카터는 이렇게 말하며, 소수 계층, 여성 등을 임명해 갔지요. 그가 저를 순회법원에 임명한 것은, 말 그대로 미국 사법부의 얼굴을 바꾼 사건이었어요.

늘리지는 않겠지요. 그러니 페널티라고 불렀습니다.

로즌   세금으로 인정하기로 한 대법원장의 결정에 대해 어떻게 생각하시나요?

긴즈버그   오, 대법원장이 상업조항을 한정적으로 보면서도 세금조항은 또 포괄적으로 본다는 사실에 웃음이 나옵니다. 의회는 세금을 마음대로 부과할 수 있지요. 어떻게 의료보험이 상업과 관련이 없다고 생각할 수 있답니까? 오늘날 의료법에 쏟아지는 비판을 봅시다. 일각에서는 중소기업을 망친다는 이야기도 하지요. 소기업은 상업입니다. 왜 상업조항의 적용 범위가 줄어들었는지 이해하기 어렵습니다. 그러면 과연 지속될 힘이 있을까요.

로즌   결정이 뒤집힐 거라는 말씀인가요?

긴즈버그   제 견해는, 그렇습니다. 사회 및 경제에 관한 법률 입안이 마땅히 의회의 영역으로 인식되던 1930년대 후반으로 돌아갈 것입니다. 자신이 사는 특정 주를 위해 더 공들이고 싶은 영역이 있는 것처럼, 고도로 산업화된 세계에는 국가가 다 감당할 수 없는 것들이 많이 나타날 겁니다. 그에 대해 국가적 차원에서 대비책을 가지고 있어야 합니다.

로즌   방금 언급하신 '국가적 차원의 대비책'이라는 단어야말로 긴즈버그 대법관님이 훌륭한 원전주의자라는 증거입니다. 왜냐하면, 헌법을 입안했던 사람들은 연합 규약Articles of Confederation의 집단행동을 우려했거든요. 미국의 각 주들이 의견을 모으지 못해 주정부에서 힘을 못 쓸 때 의회가 권한을 갖기를 바랐습니다. 그러니까, 종내 상업 조항 해석이 뒤집힐 거라고 보십니까? 단기적으로는 여타 경제법, 환경법, 보건 및 안전법 들의 폐기로 이어질 수 있다는 점을 우려하시나요?

긴즈버그 그러한 결과로 이어지지 않기를 바랍니다. 이번 보건 의료와 관련한 판결은 그 이전의 판례와 달라 매우 이례적입니다.

로즌 다음으로 결혼 평등 소송과 관련한 질문을 드리겠습니다. 결혼보호법, 즉 DOMA[미국 대 윈저Windsor] 사건과 홀링스워스 Hollingsworth 대 페리Perry 사건이 있었지요. DOMA 사건에서는 심리에 참여해 판결을 내리셨고, 페리 사건에서는 재판을 하지 않으셨습니다. 두 사건 간에는 어떤 차이점이 있었나요?

긴즈버그 원래는 두 재판에 다 참여하기로 돼 있었습니다. DOMA 사례에 어떤 배경이 있었는지 로즌도 잘 아시지요. 사랑하는 두 여성이 함께 지내고 있었습니다. 안타깝게도, 그중 한 명이 죽어가고 있었어요. 공식적으로 축복을 받고 싶어서 캐나다에서 결혼을 합니다. 다시 뉴욕으로 돌아와서, 캐나다에서 결혼한 사실을 주변에 알렸어요.

안타깝게도 파트너 한 명은 끝내 사망했습니다. 그런데 남은 한 명에게 정부에서 36만 달러의 부동산에 대한 세금을 고지했습니다. 이 여성의 결혼이 법적으로 인정되었다면 그러한 고지서 자체가 없었을 겁니다. 결혼 공제를 받기 때문이지요.

이 사건이 약칭 DOMA 사건이라고 불리는데요. 원칙적으로는, 정부가 법리는 보호해야지요. 그게 원래 정부의 역할이니까요. 1심 재판에서 이 사건이 심리된 후에 원고의 말이 맞고, 이 법에 위헌적 소지가 있다고 판결했습니다.

헌법이 무엇을 요구하는지 해석하는 정부의 입장이 바뀐들 복잡한 논쟁은 여전히 남을 수도 있습니다. 살아남은 배우자에게 정부는 돈을 돌려주지 않았습니다. 정부가 돈을 쥐고 있는 한 치열한 논란이 계속될 겁니다. 법원은, '맞다, 우린 이 사례를 심리할 수 있다'고 했지요. 살아 있는 배우자 한 분은 아직도 정부에서 돈을 돌려받지 못하고 있습니다. 논란이 더 치열해지고 있지요. 혹시 법원에서 양측이 최고의 변론을 다 펼치지 못할 거라는 의구심이 든 분이 있을까요? 네, 확실히 그랬습니다. DOMA 재판에서 법정에 호출된 조언자의 브리핑이 무려 백 건이 훌쩍 넘을 겁니다. 상대측에서 펼칠 변론도 서로 너무 잘 알고 있으며 반대편에서 격렬한 논쟁이 들끓었지요.

로즌　DOMA 재판이 열렸을 때 저도 그 법정에 있었습니다. 케이건 대법관이 하원 보고서를 보며 "의회는 집단의 도덕적 판단을 존중해 반영한 것이고, 동성애에 대해 도덕적으로 승인하지 않음을 표명한다"는 대목을 읽는 순간, 실로 경악했습니다. 법정 여기저기서 탄식이 흘러나오더군요. 그 순간, 사건은 그냥 끝나버린 걸까요? 도덕적으로 인정받지 않았다고 해서, 엄격 심사를 느슨히 해도 될 명분은 없다고 법원이 이전에 말한 바 있습니다.

긴즈버그   알고 계시겠지만, 의회가 통과시킨 법의 텍스트만을 봐야 한다고 말하는 이들이 있습니다. 원내에서 논의되는 것들이나 보고서에 적힌 것까지 포함해, 소위 입법의 역사라 불리는 것에 전혀 신경쓸 필요가 없다면서요. 방금 전 인용하신 케이건의 말, '도덕적으로 동성애를 승인하지 않는다'와 같은 말은, 너무도 놀랍습니다. 그러한 표현이 되레 전혀 도덕적이지 않습니다. 입법의 역사를 보지 못하는 사람에게 영향이 미치지 않기 때문에 그러한 표현이 나왔습니다.

로즌   방금 언급하신 그 "말하는 이들", 즉, 입법의 역사를 보려 하지 않는 사람들 가운데 물론 스캘리아 판사도 포함됩니다. 결혼보호법 사건에서 스캘리아 판사를 사법 적극주의를 반대하는 사람으로 거론한 적 있습니다. 그러나 투표권법 사건에서는 의회의 움직임을 기각하는 데 주저하지 않았지요.

긴즈버그   맞습니다. 심지어 입법의 역사 같은 것이 없다고 주장한들, 투표권법이 지속적으로 필요한 이유를 보여주는 입법 역사의 증거가 수천수만 장이 있습니다.

로즌 그 두 사건 간에 어떤 차이가 있었는지 얼추 다 답변해주신 듯합니다. DOMA 사건은, 대법관님이 이전에 사법 적극주의로 정의했던 의회의 움직임을 폐기하기 위해 투표한 사례였습니다. 왜 결혼보호법은 폐지해야 하고 투표권법을 폐지하는 것은 그렇지 않습니까?

긴즈버그 DOMA, 즉 결혼보호법은 평등과 자유의 보장을 위반한 지점이 뚜렷합니다. 예의 스톤 대법관의 주석 4의 첫째 범주라고 제가 칭하는 것들이죠. 의회가 근본적인 인간의 가치를 짓뭉개고 있지 않은지 법원이 세심하게 볼 필요가 있습니다. 법정이 이러한 질문에 맞닥뜨린 사건이 결혼보호법이 다가 아닙니다. 합의에 의한 남색sodomy을 주 차원에서 범죄로 규정한 지 오래되지 않았습니다. 보워스Bowers 대 하드윅Hardwick 사건에서, 법원은 처음에는 "괜찮다. 도덕적으로 인정받지 못해도 그러한 부류의 행위를 표현해도 문제없다"고 했지요.

그리고 나서 법원은 로런스 사건에서는 입장을 바꿉니다. 어떤 사람이 하는 일이 다른 누군가에게 피해를 주지 않는다면, 그가 하는 일에 국가가 간섭하거나 침해할 수 없다고 법원은 말했습니다. 그다음, 콜로라도 조례안도 있었지요. DOMA 재판을 통해 울려 퍼져나간 주제를 이제 법원의 힘으로 막을 수 없습니다.

로즌 버지니아 군사 학교 사건도 뺄 수 없죠. 너무도 웅변적인 판결문이었습니다. 전통을 보존하는 것 자체가 법의 목적이 될 수 없다고, 동성결혼을 반대하는 이유 자체가 성립되지 않게 하셨습니다. 그 후에 이 이슈에 도전하는 이들의 길을 더 쉽게 만들었습니다.

대법관님을 유명하게 만든, 개인적으로 긴즈버그 대법관님의 견해가 매우 설득력 있었다고 생각하는데, 그 재판이 바로 로 대 웨이드에서 법원 판결이 지나쳤는가 하는 논쟁이었습니다. 텍사스 주법을 거의 폐기시키고 국가 전체에 임신중단의 틀을 강제하지 않았다면 엄청나게 몰아치는 반발을 피할 수 있었겠지요. 임신중단권이 폐해를 입은 채로 결론이 났지요. 결혼 평등과 임신중단 권리 사이에 무슨 차이가 있던 걸까요? 법원은 왜 로 대 웨이드 사건에서 했던 방식처럼 DOMA에서는 여론보다 앞서지 않았던 겁니까?

긴즈버그   법원은 일이 일어난 뒤에, 사후에 대응하는 기관입니다. 제프도 법정에서 먼저 논쟁이 제기되고 난 다음에 반응하시지요. 이 동성 커플도 다른 이들처럼 자신들의 결혼이 정부로부터 인정받을 권리가 있다고 주장했습니다. 이 사건의 유일한 해결책은, 법적 결혼에 동성결혼을 포함시키지 않은 현재의 DOMA, 즉 결혼보호법이 위헌임을 연방정부가 천명하는 것입니다.

10장
판사들의 판사

판사 생활 동안 긴즈버그는 '판사들의 판사'라고 불렸다. 사회 변화는 현실에 토대를 두고 점진적으로 이루어지고, 정치적 행동에 영향 받으며, 주 의회의 비준을 거쳐 그다음에야 법원에 의해 추진된다고 믿었다. 긴즈버그의 이러한 견해를 이해하려면, 대법관으로 지명되기 전과 후의 연설문, 많은 기사 들을 들여다보는 것이 가장 좋을 터이다.

긴즈버그는 1992년 뉴욕 대학 매디슨에서 강연할 때 로 대 웨이드 판결 내용을 비판해 이목을 끌었다. 이 강연에서 긴즈버그는 미국 역사를 통해 사회 변화의 요구에 직면했던 법원의 "신중한 움직임"을 변호하기도 했다. 긴즈버그는 이렇게 썼다. "법관들은 일반적으로 사회의 어떤 곳에서 일어나는 변화를 다 따르지는 않는다. 하지만 거대한 보폭이 아니라도, 뒤따라올 반발을 기꺼이 감수한다면, 법원은 헌법적 판결을 통해 사회 변화의 청신호를 강화하거나 청신호를 보낼 수 있다."

1970년대 자신이 논쟁에 참여했던 성차별 사건들에 대해서도 말했다. 법원이 사회적 변화를 선두에서 이끄는 것이 아니라, 중요한 방향으로 무게를 실어야 한다고 했다. "1970년대 이후 대부분의 성차별 사건에서는, 로 사건과는 달리…… 법원은 의사결정을 절제하되 변화의 방향으로 판결을 승인해갔다. 반면, 로 사건의 경우, 개혁의 방향으로 나아가던 정치적 과정이 일거에 멈추었다. 이로 인해 분열이 장기화되고 문제의 안정적 해결이 나중으로 미뤄졌다."[1]

때로는 법원이 정치권보다 앞서야 할 때도 있다는 걸 긴즈버그도 안다. 성차별의 경우, 여성이 인식이 깨어나면 남편과 아들에게도 양성평등의 필요성을 일깨워줄 수 있다. 반면 인종차별의 경우에는 "흑인이 법적으로 분리된 영역에 묶여 제한을 받는데도 백인 다수를 교육시킬 만한 전망이 없었다."[2]

남부에서 주 의회가 나서서 인종차별을 해소할 가능성은 거의 없었다. 때문에 법원은 브라운 대 교육위원회 사건을 통해 이에 개입했다. 그럼에도 긴즈버그는 두 가지 이유로 "전혀 대담한 결정은 아니"라고 강조했다. "먼저, 서굿 마셜과 함께 인종적 불의에 대항했던 사람들이 활동해 획기적 판결로 이어지는 디딤돌을 세웠습니다." 둘째, 모든 시위와 운동을 통해 짐 크로 법에 "광범위한 공격"을 개시하는 대신 법원은 "인종 분리된 학교에 집중했습니다. 그리

하여 미래에 생길지 모를 일에 선례를 남겨둔 겁니다."(짐 크로 법은 '공
공시설에서 백인과 유색 인종 분리'를 골자로 한 법. 짐 크로Jim Crow는 1830년대 미
국 코미디 뮤지컬에서 백인 배우가 연기해 유명해진 바보 흑인 캐릭터 이름에서 따
온 것으로, 흑인을 경멸하는 의미로 사용돼왔다.—옮긴이)

브라운 대 교육위원회 사건으로 가속이 붙은 1960년대 민권운
동은 1964년 민권법으로 절정에 달했다. 법원은 궁극적으로 "짐 크
로 법안의 전면적 거부"가 준비된 상태였다. 1967년 러빙Loving 대 버
지니아Virginia 재판을 통해 인종 간 결혼을 금지한 주 법령은 철회되
었다. "인종 구분에서 '분리하되 평등하다'는 법원의 원칙은 사실상
죽었다"고 긴즈버그는 메모를 남겼다.[3]

항소법원 판사로 합류한 후, 긴즈버그는 법원과 사회 변화의 관계
에 대해 절제된 목소리로 견해를 밝힌 바 있다. 1981년 「사법 적극
주의로 초대: '진보적' 혹은 '보수적' 테크닉?」이라는 기사 한 대목
이다. "의회가 집단적으로 움직임으로써 원고 개개인에게 상당한
구제책을 줄 수 있다면, [법원과] 대등한 부서인 입법부 사람들을 불
러 그들의 업무를 간섭해서는 안 될 것이다."[4]

1971년 긴즈버그는 장차 대법관이 된 루이스 파월Lewis Powell이 미
상공회의소에서 한 말을 메모로 남겨두었다. "사회, 경제, 정치적 변
화를 위해서는 사법부가 가장 중요한 도구일 수 있다"는 말인데 당
시에는 별로 주목받진 못했다. 또한 "진보적 활동가들이 사법적 조
치를 활용하는 재바른 방식을 재계에서도 적용시켜보기를 권고"했
다는 파월의 말도 메모로 남겼다.[5]

파월의 발언을 메모한 뒤, 긴즈버그는 "'보수적' 혹은 사업적 이
익을 대변하기 위한 공익적 법적 토대가 생기게" 되었다고 적었다.

마운틴 스테이트 법률 재단과 태평양 법률 재단을 포함해 "소비자 단체와 환경 단체에 대항하여 법정에 정기적으로 설 도전자들"이 나타났다고 기록했다.[6]

오늘날, 자유주의적 보수주의자들이 "사법적 개입judicial engagement"이라고 칭하는, 가장 공개적인 요구들은 친기업적 집단이 지지하는 미 상공회의소 소송 단체들이 제출한 보고서에 잘 나타나 있다. 30여 년에 이르는 이 단체들의 역사 속에서 특히 2008년에는 15건의 소송 중 13건에서 승소해 가장 높은 비율의 승률을 기록했다.[7] 이 사건들 중 하나에서, 긴즈버그는 유일하게 반대의견을 냈다.[8]

2010년, 스킬링Skilling 대 미국 사건과 같은 친기업 사례들은 거의 만장일치로 진행됐다. 회사의 자산을 허위로 진술하여 엔론 주주를 기만하고 공모한 엔론의 전 임원 제프리 스킬링의 유죄 판결에 긴즈버그는 홀로 반대의견을 제출했다. 스킬링의 행위에 뇌물이나 리베이트가 포함되지 않았다고 보았다.

현재 대법원에서 벌어지는 가장 중요한 논쟁이 있다. 가령 환경보호국이나 식품의약처와 같은 행정 기관에서 경제 부문을 규제하려고 한다 치자. 그러면 국회에서 그 권한을 얼마만큼 어떻게 행정기관에 위임할 것인가. 이 기준을 헌법으로 어떻게 규정할 것인가이다. 시민연합 사례의 경우, 긴즈버그는 반대했지만, 수정헌법 1조에 따라 기업도 자연인과 같이 동등한 권리를 가진다고 판결이 났다.

연방 규제에 회의적인 몇몇 자유주의자와 보수주의자들은 이제 1984년의 셰브론Chevron 대 천연자원 방어위원회Natural Resources Defense Council 판례를 대법원에서 뒤집기를 촉구한다. 행정을 집행하는 기관에서 연방법을 명백히 비합리적으로 해석한 게 아니라면, 모호하게 해석했더라도 법적으로 유예 받도록 한 내용이다. 셰브론 판시에 따르면, 의회와 법원이 확연히 상충하지 않는 한 통상적인 보건 및 안전 규정이 인정돼야 한다.

현재, 닐 고서치 재판관은 셰브론 판시로 인해 "행정 관료들이 막대한 양의 핵심 사법 및 입법 권한을 집어삼킬 수 있게" 허용되었고, 따라서 삼권 분립 위반이라고 비판했다.[9] 가장 눈에 띄는 비판이었다. 고서치를 비롯해 일련의 재판관들은 의회에서 행정 기관을 도맡아 관장하기보다는 법원에서 연방 규정을 더 면밀히 살펴야 한다고 강조했다. 1981년 긴즈버그도 그와 같은 말을 했다.[10]

사법부의 규제를 바라보는 이 재판관들의 견해는, 긴즈버그와 큰 틀에서 결이 같다. 긴즈버그는 사회 변화의 흐름이 법원보다 의회에 먼저 가 닿는다고 믿었다. 1994년에서 2001년까지, 그 어떤 판사보다도 연방법, 주 및 지방법을 가장 적게 폐지한 판사가 바로 긴즈버그였다.[11]

로즌　위대한 법적 유산을 남긴 분들 중에 긴즈버그 대법관님의 모델이 있습니까?

긴즈버그　딱 한 명만은 아닙니다. 몇 분을 떠올릴 수 있네요. 물론, 위대한 대법원장 존 마셜은 지금의 법원을 만드신 분이지요. 존 제이John Jay가 뉴욕 주지사로 선출되었을 때, 대법원장보다 더 좋은 직업이라고 말했던 걸 혹시 기억하세요? 조지 워싱턴이 제이에게 대법원장으로 복귀하라고 권하자 제이는 고사했지요. 대법원장이 그만큼의 가치가 아니라면서요.

마셜은 법원을 정부로부터 독립적인 제3부서로 만들었습니다. 영웅이라 칭해야 마땅합니다. 다른 법관으로는, 그리 오래 대법원에서 일하지는 않았지만, 기억에 약 6년 정도였던 것 같군요. 벤저민 커티스Benjamin Curtis를 들고 싶습니다. 드레드 스콧Dred Scott 사건에서 쓴 소수의견은 너무나 훌륭했지요. 얼마 뒤에는 플레시Plessy 대 퍼거슨Ferguson 사건에 소수의견을 낸 초대 대법관 존 마셜 할랜이 있었지요.

더 나아가서는, 브랜다이스와 홈스도 있었습니다. 언론의 자유, 사회 및 경제의 법 제정은 주로 입법부의 영역으로 맡겨야 하며, 법원이 다시 고려해서도 안 된다고 했지요. 다음은 물론 서굿 마셜입니다.

로즌 헌법과 시민의 자유가 어떤 변화 과정을 거쳐왔는지 생각해봅니다. 법원은 왜 그리고 어떤 과정으로 생각을 바꾸게 되는 걸까요?

긴즈버그 사회는 변합니다. 그렇지 않았다면, 1970년대 우리가 승리를 거머쥔 그 기회들이 찾아오지도 않았겠지요. 여성들이 온갖 부류의 일을 하고 있었습니다. 이제 문은 열렸습니다. 여자가 환영받지 못하는 직업은 거의 없지요. 차츰 더 많은 여성들이 사회 속에서 일을 하게 되었습니다. 그에 따라, 젊은 여성들은 자기가 원하는 일을 찾고, 그 일을 할 수 있다는 믿음을 갖게 되었어요.

어느 위대한 법학자는 법정이 날씨의 영향을 받아서는 안 된다고 했지요. 하지만, 필연적으로, 법원은 그 시대와 풍토의 영향을 받습니다. 그 전형적인 예가 브라운 대 교육위원회 사건이죠. 인종 차별과 나치의 박해와 고문, 유대인에 대한 살상과 맞서 싸운 시기는 그리 오래되지 않았습니다.

그럼에도 불구하고 우리 군대는 제2차 세계대전 때 인종에 따라 나뉘었습니다. 이것이 심각한 잘못이라고 여긴 이들도 있었죠. 우리는 인종차별이 혐오스러운 것이라 선언하면서, 실생활에서 아직 그렇게 차별하고 있었습니다. 그 시대, 그 변화의 흐름 속에서 인종 장벽이 아직도 남아 있는 게 잘못이란 걸 깨닫게 된 이유는, 당시 사회의 분위기가 그렇게 만들었기 때문이지요. 이를테면 브라운 대 교육위원회 사건처럼요.

로즌 그 시대에 일어나는 변화가 날씨가 아닌 징후라는 것을, 법관은 어떻게 판단할 수 있을까요?

긴즈버그 우리 주변 어디에서나 볼 수 있으니까요. 내 이웃들이 무엇을 하고 있는지, 우리 아이들이 무엇을 하고 있는지 직접 볼 수 있고 언론이 보도하는 내용을 통해서도 접하게 됩니다. 피할 수가 없습니다. 브라운 사건으로 다시 돌아가보면, 미국 정부가 느낀 우려는 바로 그 시대 자화상의 일부였습니다.

당시 우리는 소련과 냉전 중이었습니다. 브라운 대 교육위원회 사건에서, 국무부는 미국의 인종차별 정책을 끝내자고 촉구하는 보고서를 법원에 제출했습니다. 소련이 미국을 인종차별 사회라고 지속적으로 비난하고 있는데, 이에 대해 당혹스러우니, 이제는 인종차별 시대를 끝내도록 법원이 도와달라는 내용이었지요.

로즌 그런데 때로는 법관이 더 빨리 움직이기도 하지요. 언급하셨듯이 로 대 웨이드 사건의 판결은 너무나 광폭한 감이 있습니다. 사회적 변화는 한창 진행되는 중이었는데 말입니다. 법원이 조금 더 치밀하게 움직였다면, 출산권이 조금 더 정치적으로도 보호받을 수 있었을 텐데 말입니다.

긴즈버그 맞습니다.

로즌 법원이 언제 개입하고 언제 물러나야 하는지에 대한 이 주제는 사형문제에도 대두됩니다. 가령 정신질환자나 청소년에 대한 사형 문제같이요. 얼마나 많은 주가 이런 관행을 수용하는지 세어보신 적 있나요? 과반이 넘는다면 비준해야 하나요?

긴즈버그 그건 법원이 해왔던 방식이 아닙니다. 사형제도와 관련해서는, 퍼먼Furman과 그레그Gregg 사이에 몇 년의 시간이 있었을까요?
(각각, 주 사형법을 무효로 한 결정과 주 사형제를 부활시킨 판결이다.)

로즌   1972년에서 1976년 사이에요. 그렇게 오래 걸리진 않았습니다. 불과 몇 년 사이였지요.

긴즈버그   공정한 방법으로 사형제도가 집행되지 않고 있음을 인정하면서 대법원은 사형제를 폐지했습니다. 상황을 나아지게 하는 것은 고려되지 않았습니다. 어떤 이가 살게 되고 어떤 이가 처형될 것인지를 두고 결정하는 기준도 없었고요. 몇 년 동안 이 나라에는 사형 집행이 없었습니다. 그러고는 몇몇 주들이 기준을 세워 법률을 변경하기 시작했지요. 사형을 선고받는 사람들은, 일반적인 살인범을 훨씬 벗어납니다.

흉악하고 잔혹하고 끔찍한 살인을 하는 사람들이었지요. 나쁜 사례 중에서도 가장 극악한 사건이 그 범주에 들어갑니다. 그 후에, 각 주에서 대법원으로 와서 촉구했습니다. 이제 우리에게 기준이 있다. 사형제도를 갖출지 '우리가 결정하게 해달라'고요. 그 기준을 보고 대법원도 '알았다. 허락한다'고 응답을 보냈습니다. 대법원이 1976년과 같이 판결하지 않았다면 오늘 사형제도도 없었을 것이고 논란거리도 되지 않았을 겁니다.

로즌   대법관님이 신경쓰는 주제 중에 하나가 반발의 위험이죠.

긴즈버그   반발의 위험은 실제로 매우 큽니다. 법학을 가르칠 때, 저는 학생들에게 늘 이렇게 말하고 강의를 시작했습니다. "모든 것이 정치라고 상상하지 말기 바랍니다. 결론으로 바로 생각이 가버리면, 헌법의 아름다움과 구속력 등의 그 모든 의미를 놓치게 된답니다."

로즌   그리고 당신은 오코너의 자리가 앨리토 대법관으로 대체되었다고 말씀하셨지요. 이런 질문을 드리지 않을 수 없겠네요. 세간의 이목을 끄는 사건은 모두 정치적인가. 공화당과 민주당은 서로 맞서는가.

긴즈버그   글쎄요, 내 생각엔 우리 대법관들은 다 아니라고 대답할 것 같군요. 법원은, 정부 산하의 한 정치적인 부서가 아닙니다. 제가 여왕이면, 법이 될 수 없는 것에 대해 여러 번 글로써 의견을 내거나 투표를 하겠지요. 우리는 정부의 기본적인 기구를 보는 시각들이 다 달라요. 당신이 오늘 내 편에서 투표해주면 내가 다음번에 당신을 위해 투표하겠다? 그런 일은 절대 일어나지 않습니다. 우리는 다 다르고 다양한 서로의 견해를 존중합니다.

수정헌법 제14조 평등보호조항을 예로 들어봅시다. 오늘날 평등보호조항은 여성에게까지 확장되었지만, 이렇게 질문해본다면 어떨까요?

"수정헌법 14조가 헌법에 수용된 1868년으로 되돌아가봅시다. 당시 사람들은 여성도 남성과 동등한 위상을 가진 시민이 될 수 있다고 상상할 수 있었을까?"

대답은 당연히, 아닙니다. 한데 평등이라는 개념은 처음부터 존재했습니다. 시간이 지나면서 이 사회에서 실현되어간 겁니다. 그래서 저는 이렇게 말하고 싶습니다. 투표권을 가지기까지, 우리 여성은 1868년부터 지금까지 참으로 긴 시간을 걸어왔습니다.

1920년에 이르러서야 수정헌법 제19조가 비준되었고, 여자가 투표권을 얻었습니다. 인종 간의 평등 보장을 목표로, 처음부터 그랬어야 하는 것처럼 1960년대 민권운동을 했습니다. 평등보호조항은 과연 무슨 의미인가. 이에 대한 나의 견해 또한 이러한 발전 과정 속에서 같이 형성되었습니다.

로즌 미국 내에서 성평등 논쟁이 뜨겁던 시기, 변호사로서 성평등에 대한 공감대를 서서히 만드는 데 기여하셨습니다. 법원이 너무 앞서 나가지 않도록 주의해야 한다고 생각하십니까? 아니면, 법원은 앞서나가기보다는 뒤따라야 한다고 생각하십니까?

긴즈버그 법원이 실제로 주도한 시대가 있었는지, 저는 모르겠습니다. 아마도 20세기 가장 유명한 재판이었을, 브라운 대 교육위원회 재판만 보아도 바로 그렇습니다. 서굿 마셜의 위대한 변호, 신중한 계획이 전부였던 게 아닙니다. 제2차 세계대전의 여파가 있었습니다. 우리는 악한 인종주의와 싸웠지만, 실제로 우리 군대는 인종이 분리돼 있었습니다.

저는 내게 맞는 영토에서, 알맞은 시기에 태어났어요. 엄청난 행운이었습니다. 이전 세대에도 우리 세대와 똑같은 말을 하는 여성은 있었습니다. 그렇지만 그때는 아무도, 아니 극소수만이 들을 준비가 되어 있었습니다.

로즌   긴즈버그 대법관님은 '사법 미니멀리스트'라고 칭해지곤 했습니다. 그 호칭 속에는 존경의 의미가 담겨 있었지요. 법원이 사회 변화를 반영할 때, 기본적으로 가볍게 추동하거나 따라잡기는 하더라도 너무 강하게 밀어붙이지는 말아야 한다고 생각하십니까?

긴즈버그   아니요, 때로 법원은 좀 더 적극적이어야 합니다. 예를 들어, 브라운 대 교육위원회의 여파로 토지법을 전면적으로 거부하는 움직임이 있었습니다. 대법원만 남아 있던 게 아닙니다. 참호 안의 재판관들, 재판소, 항소법원의 판사 들은 토지법으로 인해서 학교에서 인종대로 강제 분리되는 것이 옳지 않다고 판결했습니다. 그러한 인물들 중 몇몇은 생명의 위협을 받기도 했지요. 그러나 결정을 굽히지 않았습니다.

로즌   평등보호조항에 대한 논쟁은 아직도 뜨겁습니다. 브라운 대 교육위원회 판시도 마찬가지고요. 오늘날 브라운 사건이 의미하는 바는 무엇입니까? 브라운 사건이 핵심적으로 의미하는 바에 동의하십니까?

긴즈버그   브라운 사건과 같은 맥락의 시민권 소송은 13년 후 러빙 Loving 대 버지니아Virginia 사건에서 절정에 달했습니다. 러빙 부부는 사람들이 서로 잘 어울리고 지내는 버지니아 시골에서 자랐습니다. 이웃 간에 인종의 차이로 문제가 불거지는 일이 없는 지역이었지요.

아프리카계 미국인 밀드레드[제티]와 백인인 리처드 러빙은 서로 사랑에 빠졌지요. 하지만 버지니아에서는 인종 간 결혼이 금지되어 있었습니다. 그래서 워싱턴 DC로 갔습니다.

혼인증명서를 받아 품에 안고 버지니아로 돌아왔습니다. 어느 날 밤, 보안관이 그들 집에 불쑥 찾아왔지요. 손전등을 비추고 명령했습니다. "침대에서 나오시오. 재판장한테 갑시다." 러빙 부부는 액자에 넣어 침실 벽에 걸어놓은 혼인증명서를 가리켰습니다. 보안관은, 그 증명서는 여기선 아무 의미가 없다고 했지요.

판사는, 러빙 부부가 버지니아 주를 떠나서 다시는 돌아오지 않는다고 약속만 하면 실형을 선고하지 않겠다고 했습니다. 민권운동가 마틴 루서 킹이 우리 땅에서 두각을 나타내기 시작한 때였지요. 샐리 리드처럼, 밀드레드 러빙도 평범한 사람이었지요. 하지만 그녀는, 이번에는 이 체제가 자신들 편에서 작동할 수도 있지 않을까 하는 희망을 품고 법정으로 갔습니다. 이 사건은 대법원까지 올라가 전원 합의로 종결되었습니다. 러빙 대 버지니아 주 재판으로 미국 내에서 아파르트헤이트는 종식되었습니다.

로즌 오늘날, 대법원이 친기업적인지 여부에 대해 사법 적극주의의 논쟁이 일고 있습니다. 진보 진영에서 주로 이에 대해 말하지요. 미국 상공회의소가 81%에 이르는 압도적 승률로 승소하고 있다는 점에 주목합니다. 여론조사에 따르면, 친기업적인 성향의 판사에 가장 적게 표를 받으셨습니다. 상공회의소의 편에 투표한 비율이 35%에 불과했습니다. 공정한 기소인가요? 법원은 친기업적입니까?

긴즈버그   엔론 재판에서 어떻게 스킬링의 혐의가 없다고 의견을
낼 수 있었냐고 물어보실 줄 알았는데요? 그 사건의 경우, 우리 아
홉 명 모두 상공회의소에 동의하는 입장을 취했습니다. 의회는 다
른 사람의 "정직한 서비스honest services"를 박탈하는 것을 범죄로 규
정하는 상을 만들었습니다. 그 "정직한 서비스"라는 용어는 무엇이
범죄인지 정의할 수 없을 만큼 모호했지요. 제 자신이 친기업적이거
나 반기업적이라고 생각하지 않습니다. 제가 할 수 있는 한 최선의
노력을 다해 판정할 뿐입니다.

로즌   사법 적극주의와 소극주의에 관한 논쟁도 오래 계속되고 있
지요. 여기, 또 다른 통계도 있습니다. 만약, 전통 방식으로 소극주
의를 정의해서 주법과 연방법을 폐지하는 것을 소극주의라고 본다
면, 아마 대법관님은 가장 소극주의자일 겁니다. 1994년부터 2001
년까지, 대법관님은 연방법, 주법 또는 지방법을 가장 덜 파기하는
재판관이었습니다. 갑자기 소극주의의 의미가 재정의되는 이상한
세상입니다. 건강보험이나 경제개혁 혹은 선거자금법 개혁법을 파
기하지 않으면 갑자기 운동가로 불리고요.

긴즈버그   '적극주의자'라는 꼬리표는 과연 무엇을 의미할까요? 요즘
은, 누구의 황소가 상처 입고 더 많이 피를 흘리는지 가리키는 것도
같아요. 당신이 들고 있는 표에서는 어떤 이가 연방법, 주법, 지방
법안을 가장 많이 폐기한 것으로 나오던가요? 행동주의 법관 부문

에서는 단연 스캘리아가 명단의 가장 위에 있어야 했는데요.

로즌 말씀하신 것처럼 스캘리아는 이 표에서 2위에 올라 있네요.
진보 진영에서는 "법원이 너무 친기업적"이라고 하고 보수진영에서
는 "진보적인 법을 없애고 뉴딜 정책을 폐기시키려고 한다"고 목소
리를 높이던 때, 지금 같은 논란이 있었지요. 자, 좀 심각한 질문을
드리려고 하는데, 할 수 있는 만큼 답변 부탁드립니다. 대통령과 의
회에서 초미의 관심을 둔 문제들에 대법원의 표가 나뉠까요. 다시
뉴딜 전쟁이 벌어질까요?

긴즈버그 그런 시대는 저물었습니다. 수십 년 전쯤이었으면 다소 믿
지 못했을 동료 재판관들도, 사회, 경제 분야에서 입법부의 적절한
역할을 받아들입니다. 1920~1930년대 존재했던 재판부 형태가 다
시 복귀하는 일은 없을 겁니다. 대법원 재구성 계획[미국 루스벨트 전
대통령이 상정했으나 부결된 법안으로, 기존 대법관의 연령이 70세 6개월에 도달하
면 대통령 권한으로 대법관을 1명씩 총 6명까지 증원하는 것—옮긴이] 같은 것은
없다고 자신있게 말씀드립니다.

루스벨트 대통령은 자꾸만 연방 경제 및 사회 법안을 저지시키는
아홉 명의 노인네들한테 매우 짜증이 났지요. 그러나 헌법에 따르
면, 대법관이 "좋은 행동"을 유지하는 한 계속 직무를 수행할 수 있
습니다. 때문에 루스벨트는 대법관을 해고할 수 없었고, 대신 대법
관이 70세 반이 되면 새로운 재판관을 임명하자고 제안했지요. 그

렇게 되면 그는 즉시 여섯 명의 대법관을 임명할 수 있고, 대법관 규모는 아홉 명에서 열다섯 명으로 크게 늘어났을 겁니다. 지금, 그런 일이 다시 일어날 큰 위험에 처해 있다고는 생각지 않습니다.

로즌　몇몇 대법관은 셰브론 독트린Chevron doctrine에 대해 회의적인 시각을 갖고 있습니다. 행정부가 험난한 길을 갈 수도 있다고 시사하는 걸까요?

긴즈버그　대법관 중 한 명은 셰브론 판결이 잘못된 것이고, 기각되어야 한다고 벌써 견해를 밝혔지요. 몇 년 전 일로 기억나는데, 돌아가는 상황이 완전히 재미있었습니다. 1980년대 아칸소 주 상원위원 데일 범퍼스Dale Bumpers의 이름을 따 범퍼스 수정안이라고 알려진 법안을 지지하는 층이 있었어요. 그 법안은, [정부의] 해당 행정 기관들이 법령을 해석하고 집행하는 것을 법원에서 존중할 필요가 없다는 내용이었어요. 무슨 세력들이 모여 범퍼 수정안이 통과되지 못하게 만들었는지에 대해선 전 모릅니다. 다만 그땐 민주당이 범퍼 수정안을 밀고 나갔고, 이제는 상대측에서 그 입장을 수용하고 있으니 흥미로운 일이지요.

로즌　시민들이 우려해야 될 점이 있을까요? 우리 행정 체제가 맞닥뜨린 어떤 상황들에서요. 위험 요소는 뭘까요?

긴즈버그　이러한 상태는 어찌 보면 우리 사회 본성입니다. 연방 차원에서 처리해야 할 사안이 너무 많습니다. 행정국가는 사라지지 않습니다. 셰브론은 그렇게 오래전 일어난 일이 아닙니다. 사실, 나는 대법원이 셰브론 독트린을 선포했을 때 대법원이 지지한 규정과 어긋나는 순회법원 판결을 내렸습니다.

로즌 아! 그러나 셰브론 독트린이 제대로 자리 잡은 상태가 아니니 결정이 상충될 줄 몰랐지 않습니까.

긴즈버그 워싱턴 순회법원은 이전 결정들부터 서서히 타협에 이르러왔습니다. EPA는 공기가 오염된 지역에는 지켜야 될 사항을 엄격히 요구할 수 있지만, 공기가 청정한 지역은 이처럼 엄격한 체제 아래 놓일 수 없습니다. 어쨌거나, 셰브론 의견서를 작성했던 스티븐스 대법관은 제가 순회법원 판례에 따르고 있다는 것도 알고 있었습니다. 셰브론 판결 이전에도 행정국가는 굳건했고, 앞으로 셰브론 판결의 운명이 어떻게 되든, 행정국가는 없어지지 않을 것입니다.

열다섯 살, 체나와 랍비 여름 캠프에서. 1948.

11장
남자와 여자가 함께 세상을 움직인다는 것

2017년 10월, 《뉴욕 타임스》는 영화 제작자 하비 와인스타인이 수십 년간 성범죄를 저질렀고, 그 혐의로 여러 여성에게 고소당했다고 보도했다. 이로 인해 촉발된 미투 운동이 그처럼 활활 번지리라고는, 대부분 그러했듯 긴즈버그도 예측하지 못했다. 가장 먼저 주목 받은 이는 여배우 애슐리 주드Ashley Judd다. 긴즈버그는 나와 대화하는 중에서도 여러 번 미투 운동을 반가워하고 기렸다. 미투 운동은 여성뿐만 아니라 남자들도 성적 위법 행위가 어떻게 여성을 종속시키는지 이해하게 해주고, 그렇기 때문에 이 미투 운동이 지속적인 힘을 가질 거라고 믿었다. 동시에, 긴즈버그는 피고인뿐 아니라 고소인에게도 적법한 절차가 중요하다는 것을 강조했다. 긴즈버그에게 미투 운동은, 1970년대 동성애자 인권운동이나 페미니스트 운동이 그랬던 것처럼, 밑바닥부터 시작되는 정치적 행동주의가 얼마나 빨리 사회를 변화시킬 수 있는지 보여준 사례였다.

긴즈버그의 관점에 따르면, 법적인 변화는 사회적 정치적 변화에 뒤따른다. 그 반대가 아니다. 이를테면, 1963년의 동일임금법The Equal Pay Act과 1964년의 민권법 제7호는 제2차 세계대전 이후의 사회적 변화가 반영된 것이다. 긴즈버그는 "가정 중심 활동이 급격히 줄고, 인구 확장에 대한 목표 축소, 출산 통제 수단의 효과적인 발전, 대폭 늘어난 수명"으로 "여성 고용이 전례없이 성장"할 것으로 예측된다고 기록을 남겼다.[1]

긴즈버그가 강조했듯, 남성과 여성이 상호 교류하는 방식을 변화시킨 것은 노동력에 투입된 여성의 수였다. 긴즈버그는 사회학자 신시아 엡스타인Cynthia Epstein의 말을 인용하여 이렇게 적었다. "여자들이 한 번에 한 명씩 불쑥 나타난다거나 중간에 종속적인 역할로 나타나 일을 도와주는 역할에 그치는 게 아니다. 남자들은, 다채로운 성격이 풍부하게 드러나는 여자들과 일하는 경험이 필요하다. 남자들은 일하는 여자 동료를 두어야 한다."[2]

1970년대 후반, 미국 노동 통계국Bureau of Labor Statistics은 1992년까지 25~54세 여성의 3분의 2가 유급 노동력을 갖추리라 예측하는 보고서를 내놓았다.(2019년 현재 실제 여성 노동력의 비율은 57%에 불과하다) '사회의 배짱'을 정의하는 데 기술이나 인프라보다도 여성의 노동 참여가 더 중요하다고 긴즈버그는 말한다. 즉, "어떻게 일하고 놀 것인가. 서로 어떻게 관계를 형성할 것인가. 성인이 되어 아이를 낳을 것인가, 어떻게 양육할 것인가"가 중요하다는 것이다.[3]

긴즈버그에게 미투 운동은 중대한 의미가 있었다. 1970년대부터 지속적으로 밀고 왔던 페미니즘 전망이 입증된 일이었다. 태어날 때부터 여성은 수동적인 영역을, 남성은 공격적인 영역을 따로 나누어 지닌다는 전통적인 인식이 거부되었다.

긴즈버그는 평생 여성과 남성을 다르게 취급하는 방식과 싸웠고, 상대적으로 '힘이 약한 성별'은 보호했다. 이를테면 여성에게만 주어지던 특별한 혜택을 남성에게까지 확대하도록 했다. 한데 성평등에 대한 긴즈버그의 이러한 비전은, 1980년대 들어와, 법에서 남성과 여성의 유사성보다는 차이를 강조해야 한다고 주장하는 새로운 세대의 페미니스트 법학자들에게 맹렬하게 공격 받았다.

이 새로운 페미니스트들은 긴즈버그를 "남성 중심적$_{phallocentric}$"이라거나 "동화주의자$_{assimilationist}$"라고 칭하기도 했다. 긴즈버그가, 남성뿐만 아니라 여성에게도 부담이 되는 유형에 도전하기도 하고 남성 원고를 대변하기 때문이었다. "적용된 바와 같이, 동일성 기준은 대체로 역사적으로 여성이 가졌던 몇 안 되는 혜택을 남성도 갖게 해주었다. 그들이 우리에게 행한 그 모든 좋은 것들을 말이다."[4] 1984년 법률학자 캐서린 맥키넌$_{Catharine\ MacKinnon}$은 이렇게 썼다. 맥키넌, 페미니스트들이 법적 평등보다 사회 구조에 광범위하게 포진해 있는 악을, 즉 여성을 비하시키는 악을 목표로 삼아 싸워야 한다고 주장했다. 1980년대 페미니스트들은 포르노물 전면 금지부터 아버지는 제외하고 어머니에만 적용되는 양육 혜택까지, 긴즈버그가 반대했던, 여성만을 보호하고 남성을 제외하는 특별 조치들을 숱하게 부활시키려고 했다.

긴즈버그의 변호 활동이 여성을 돕기보다 방해했는가. 뜻밖에도 페미니스트들 사이에서 이런 논쟁이 벌어졌다. 맬컴 X가 서굿 마셜을 '불충분한 흑인'이라고 공격한 일을 떠오르게 한다. 또한 긴즈버그가 대법관에 지명되었을 때 여성운동 진영 내에서 왜 찬반 논쟁이 일어났는지 설명해주기도 한다.[5]

페미니스트들이 긴즈버그를 이렇게 비판하는 데에 대중은 어떻게 반응했을까. 대체로 신중한 반응이었다. 동화주의자라는 비판에 대해 긴즈버그는 "부당하다"면서 "이전에 남성과 여성의 영역으로 뚜렷이 분리되어 있던 것이 1970년대 소송들을 통해 허물어져 갔다"고 덧붙였다. 한편 긴즈버그는 그녀의 후예라고 할 페미니스트들이 긴즈버그의 성과를 절하시키는 데서 상처를 받았다. 그 감정을 다 숨기지는 못했다.

"뛰어난 업적을 성취한 일부 여성이 약하고 위축되는 남자들, 자기 목소리를 잘 내지 못하는 남자들, 두려워 피하거나 미루는 척하는 여자들을 공격하는 걸 우려합니다. 또한, 일부 페미니스트들이 자매들을 비난하며 공격에 가담하는 것도 염려합니다."[6] 1984년 한 연설에서 긴즈버그가 한 말이다.

긴즈버그는 여성에게만 "특별한 혜택"(가령, 어린 자녀를 기르는 여성 판사를 위한 시간제 판사직)을 주는 데 반대했다. 대신 민간 고용주와 연방 정부의 지원을 받아 남녀 판사 모두 이용할 수 있는 어린이집 설치를 지지했다. 여성을 특별히 취급할 것이냐 남녀 동등하게 대우할 것이냐. 이 커다란 아이러니가 화두로 떠올랐다. 긴즈버그는 새로운 여성주의 법률가들이 주장하는 이러한 "분리 양식 테제"가

"여성을 열정이나 감정에서 비롯된 유형으로 분류하고 남성은 이성과 그 이성에서 비롯된 특징으로 분류했던 저 오래된 유형론"과 닮았다고 생각했다. 이 차이의 유형론은 1970년대까지 여성의 법적 종속을 정당화하는 논리적 뒷받침이 되었던 것이다.

남성과 여성을 분명하게 구분하는 법은 대개, 긴즈버그의 지적처럼 여성을 보호하거나 "친절하게 주는 우선권"이란 명분이 있다. 여성이 일할 수 있는 최대 시간을 정해놓은 법, 바텐더와 같은 고위험군 직업에서 여성을 배제시킨 법, 남성은 배심원으로 봉사해야 하지만 여성은 배심원 봉사를 하지 못하도록 된 법 등, 여성이 자기 자신을 감당할 수 없다는 가정을 기저에 깔고 있다. 그러한 기저에서 "분리하되 평등하다"는 수사학을 걸쳤다.

"남성이, 혹은 여성이 어떠하게 살아야 한다고 일반화시키는 것은 두렵고 의심스럽다."

1980년대에 긴즈버그는 여러 번 이렇게 말했다.

"직접 겪은 삶의 경험을 통해, 특별하고 고유한 하나의 개인들을 그러한 지침으로 이끄는 것이 결코 미덥지 않음을 알게 됐다."

긴즈버그는 사회학자 신시아 엡스타인의 이러한 말도 인용했다.

"가정에서 아이나 다른 가족을 보살피고 관리하는 일, 타인에 대한 복지가 주로 '여성의 일'로서 간주되면 안 된다. 모든 사람의 일이다."[7]

1970년대부터 긴즈버그는, 형식적 기회는 동등해 보여도, "무의식적인 편견"에 의해 여성이 뒤로 밀려나는 경향이 있음을 예견했다. 가령 뉴욕 텔레폰 회사의 백인 남성 매니저들은 "총 인격 개념표total person concept"라는 기준표를 만든 뒤 일관되게 백인 남성만 승진시켰다. 긴즈버그가 이 사례를 언급한 것이 1978년 한 기사에 실린다.[8]

유럽사법재판소의 1997년 마르샬Marshall 대 랜드 노르트하인웨스트팔렌Land Nordrhein-Westfalen 판결을 긴즈버그가 주목해 강의한 적이 있다. 공직 승진 심사에서, 남성과 여성이 동점자로 비등한 상황이었다. 특정한 요소들로 균형이 한쪽으로 기울 때에, 여성을 선호하면서도 남성에게 우선권을 준 독일 법을 지지한 판결이었다.

하버드대의 적극적 차별 해소 조치를 지지한 백케Bakke 사건을 다룬 루이스 파월 대법관의 의견과 이 사건을 비교했다. 무의식적 편견을 없애는 것이 중요하다고 긴즈버그는 힘주어 말했다. "마르샬 판결은, 무의식적인 편견이 가장 잘 드러난 사건으로 주목할 만하다." 긴즈버그는 이렇게 말하며, 전통적인 남성 고용주들은 여성이 가정에 의무를 다하느라 일에 오롯이 집중하지 못할 것이라는 그릇된 두려움이 있다고 했다. 긴즈버그는 그러면서 이렇게 덧붙인다. "여성에게는, 동점자 선호는 차별 금지 원칙을 실제로 준수하는 것 이상일 수 없다. 정부의 적극적인 조치가 없다면, 무의식적이고 반의식적은 차별은 계속될 것이다."[9]

1970년대 말, 긴즈버그는 큰 과업을 해결하지 못한 채 변호사 생활을 갈무리했다. 헌법에 무의식적으로 내재된 성차별 편견을 철폐하지 못한 채 대법원에서 패배한다. 긴즈버그는 이 판결을 "중대한 손실"이라고 했다. 매사추세츠 인사청 대 프리니Feeney(1979) 사건이다. 프리니는 매사추세츠주에서 공무원직에 지원하는 퇴역 군인들에게 최고의 특혜를 주었다. 당시 모든 퇴역 군인이 남성이었다는 점을 감안할 때, 긴즈버그는 판결 직후 "남성에게 극단적인 우선권을 줌으로써 여성의 취업 기회에 치명적인 영향을 미쳤다"고 지적했다. 대법원은, 무의식적 편견에 의한 차별이 아닌, 뚜렷한 의도가 보이는 성차별만을 헌법에서 금하고 있다고 판시했다. "한쪽 성별에 미치는 영향이 부정적이고 불가피하다. 그런데도 분류 유형이 중립적이고 공표할 만하다면서 개선 조치 없이 이를 계속 두도록 법원이 허용한 것"이라고 긴즈버그는 말했다.[10]

미투 운동은 소셜 미디어, 여타 플랫폼을 통해 불붙었다. 여성들은 남성과 동등하게 일터에서 존중받길 요구했다. 이 움직임은 여성이 여러 분야의 일터에 진출해 자신의 역량을 강화해야 한다는 긴즈버그의 비전과 상통했다. 의도가 있든 무의식적이든, 불평등한 취급을 그대로 승인하기를 거부한 것이다.

여성을 속박하는 무의식적 편견이 근절되는 방향으로 헌법을 해석해야 한다고 긴즈버그는 믿는다. 수십 년 동안 줄곧, 가정과 직장에서 무의식적인 편견을 뿌리 뽑고 진정한 평등을 이루려면 남자와 여자가 공동으로 노력해야 한다고 믿었다. 1984년 긴즈버그는 이런 말을 한 적이 있다.

"나의 아이들, 그 아이들의 아이들을 위한 꿈이 있습니다. 남자와 여자가 함께 부모 역할과 직장 생활을 꾸려가는 삶의 방식을 만드는 것, 그 방식으로 사회가 굴러가도록 남녀가 같이 노력하는 것입니다."[11]

로즌　#미투 운동을 어떻게 보시나요? 성평등이 꾸준히 앞으로 전진하고 있다는 증거일까요?

긴즈버그　여성이 성희롱당하는 일은 늘 있었습니다. 그런데 캐서린 맥키넌이 『일하는 여성이 당하는 성희롱Sexual Harassment of Working Women』이라는 책을 쓰기 전에는 헤드라인을 장식하지 못했지요. 이것이 민권법 제7호에 따른 소송의 시작이었습니다. 몇몇 사건들은 대법원까지 올라왔고 여성이 승소했습니다. 그러나 여전히 주저하는 여자들도 있었지요. 그렇게 주저한 이유는 주로, 자기 말이 믿기지 않을 것이 두려웠기 때문입니다. 미투 운동에 동참한 여자들의 수는 놀라울 따름입니다. 할리우드 스타만큼이나, 호텔에서 일하는 여성의 말도 가치있게 주목받기를 희망합니다.

로즌　미투 운동이 지속적으로 발전할지, 1990년대 성희롱 사건에 대한 논의처럼 그저 지나가는 이슈에 불과할지 많은 여성들이 궁금해합니다.

긴즈버그　지속될 힘이 있습니다. 여자들뿐만 아니라 남자들도, 그 행위가 얼마나 잘못되었는지 어떻게 여성을 종속시켰는지 깨달았습니다. 곧 우리 모두 보게 되겠지만, 지속될 거라고 예상합니다.

로즌 왜 하필 지금 이 운동이 일어났을까요? 미투 운동이 활발한 원인에 밀레니얼 세대의 특징이 있을까요? 아니면 다른 무언가가 있을까요?

긴즈버그 "나는 이런 사람이다. 나는 당당하다"고 의연히 나섰던 동성애자 인권운동과도 비교할 수 있을 것 같아요. 그들은 숨거나 위장하지 않고 숫자로 나타났습니다. 그 운동이 굉장히 빠르게 발전했습니다. 미투 운동에서도 마찬가지 현상을 보고 있습니다.

로즌 이런 일이 일어날 줄 아셨습니까?

긴즈버그 아니요. 왜 그때였을까요? 수년 전 한 여성에게 하비 와인스타인에 대한 이야기를 들었습니다. 그러고 나서, 어느 맑은 날, 《뉴욕 타임스》가 이 중대한 이야기를 세상에 내보내기로 결정했습니다. 알고 있던 사실들이 마침내 언론 보도를 통해 공적 영역으로 끌어올려진 것입니다.

로즌 미투 운동의 추진력을 계속 받아안아서 세상을 변화시키고자 하는 여성들에게 조언을 해주신다면요?

긴즈버그 비록 공소시효는 한참 지났지만, 수년 전에 여성들에게 어떤 일이 일어났는지 변호사들은 들었습니다. 그 사건들은 진행되고 있습니다. 흥미로운 문제는, 비밀 유지 서약의 끝을 보게 될 것인가 하는 점입니다. 고소장을 들고 온 여성들은 불만사항을 절대로 공개하지 않겠다는 합의안을 제시받았지요. 그 합의가 법원에 의해 집행되지 않기를 희망합니다.

로즌　이러한 개혁이 영원히 지속되려면 법 영역에선 어떤 부분이 변해야 할까요?

긴즈버그　우리에게는 법률 개혁이 있습니다. 그것은 아주 오랫동안 우리가 가지고 있던 힘입니다. 민권법 제7조. 성적인 희롱이 성별에 대한 차별과는 무관하다는 주장이 일찍부터 있었지요. 모두 알 듯이 소년은 앞으로 소년이 되겠지요. 그게 다입니다. 괴롭힘을 금지하는 주법 및 연방법이 있습니다. 법은 항상 거기에, 있어야 할 자리에 있습니다. 관건은, 사람들이 그 법을 사용하는 것이지요.

로즌　코넬 대학에 계셨을 때 일어난 미투 이야기를 잠깐 말씀하신 적이 있지요.

긴즈버그　코넬 대학에서 화학 수업을 수강할 때의 일입니다. 전 연구실이 익숙하지 않았지요. 연구 조교가 나를 도와주겠다더군요. 실제 시험 전날, 그가 내게 연습 시험을 시켜주겠다고 하더군요. 다음 날, 실제 시험지를 받아보니, 연습 시험과 아주 똑같았습니다. 그가 이 대가로 무얼 원하는지를 즉각 알아차리겠더군요. 그래서, 부끄러워하는 대신, 그 조교에게 정면으로 맞서 말했습니다. "감히 어떻게! 나한테 이런 짓을 할 생각을 했습니까?"제가 겪은 이 일화는 수없이 많은 여성들이 숱하게 겪어낸 일들 중 하나일 뿐입니다.

로즌 오늘날 그와 비슷한 상황에 처한 여성들에게 무슨 말을 해주 시겠습니까? 그렇게 말할 수 있을 만큼 강해져야 한다고요?

긴즈버그 맞습니다. 당당히 말하세요. "당신이 한 행동은 나쁘다. 당신은 간섭할 권리가 없다. 난 절대 이에 굴복하지 않겠다."오늘날 에는 이런 말을 하는 여성들을 지지하는 편이 많이 늘어났기 때문 에 (말하기가) 더욱 쉬울 겁니다. 더는 예전처럼 "꾸며대지 말라"따위 의 소리를 듣지 않을 겁니다.

로즌 새로운 체제에 규범에 따르고 똑바로 행동하려는 남자들에게 무슨 조언을 해주고 싶으십니까?

긴즈버그 가족 중에 여자가 있을 겁니다. 그 가족 중 한 명이 세상 에서 어떤 대우를 받기 바라는지 생각해보세요. 특히 딸이 있다면 요. 또한, 같은 남자들이 하지 말아야 될 행동을 하는 것을 목격한 다면, 부당한 행위라고 말을 해야 합니다.

로즌 남자들이 좀 더 깨우칠 수 있을까요?

긴즈버그 음, 그에 대한 답은 당신이 나보다 더 잘할 것 같습니다.

소수의견이 점차 이 나라의 법이 되어왔습니다.
법원이 판단을 잘못 내렸다고 인식한 다음
옳은 판결을 써내려간 사람들을 돌아보세요.
처음에는 소수의견으로 출발하지만, 그다음 세대에
서는, 법원을 대표하는 의견이 되었다는 것을.

로즌   대법관님이 저보다 현명하십니다. 매우 중요한 질문입니다.

긴즈버그   1970년대에 어떤 일들이 있었는지 아시지요. 그때까지는, 대법원에서 성별에 기반한 분류를 위헌이라 보지 않았습니다.

로즌   어떤 행동까지 제재 범위인지 남녀 사이에서 논쟁도 벌어지고 있습니다. 한쪽에서는 하비 와인스타인이 저지른 같은 폭력적 행동을 그보다는 좀 덜 심한 성적 부정행위와 같이 묶으면 안 된다고 합니다. 다른 한쪽에서는, 모든 위법 행위가 철저히 잘못이므로 제재 받아야 된다고 합니다.

긴즈버그   음, 어떤 행동이 더 나쁜가에 대한 수위는 당연히 있습니다. 중요한 것은, 여성이 열등하고 종속적이라고 느끼는 상황에 처한다면, 즉각 그에 대한 불만을 말해야 한다는 겁니다. 두려워하지 마세요.

로즌   피고인에 대한 적법 절차는 어떻습니까?

긴즈버그   네, 절차는 무시될 수 없습니다. 성범죄 여부 판결에 앞서 우선되어야 합니다. 피소당한 사람은 자기를 변호할 권리가 있습니다. 이 점은 간과되지 않습니다. 동시에, 항변도 들어야 합니다. 피고인에게 공정한 발언 기회를 주지 않은 일부 콜리지 코드college codes

에 비판이 일고 있습니다. 이러한 과정이 우리 시스템의 기본 원칙 중 하나입니다. 아시다시피, 모든 사람은 공정하게 변호를 할 자격이 있습니다.

로즌 콜리지 코드에 대한 비판 중 타당한 것도 있나요?

긴즈버그 그렇게 생각하냐고요? 맞습니다.

로즌 성평등의 필요성과 적법 절차 사이의 균형을 어떻게 맞출 것인가. 대법관님이 이 문제를 어떻게 생각하는지에 대해 사람들이 몹시 궁금해합니다.

긴즈버그 하나를 택할 문제가 아닙니다. 둘 다 필요합니다. 고소당한 사람은 정당한 절차를 밟을 권리가 있습니다. 우리는 그러한 사법제도를 갖고 있습니다. 우리가 일반적으로 적용하는 절차를 이러한 경우에도 적용해야 합니다.

로즌 반발을 두려워하는 여성들도 있습니다. 직장에서, 남자들이 여자와 상호 교류하는 것을 두려워하거나 기피할까 봐요. 그러면 여자가 멘토링을 받을 기회가 줄어들지 않을까 하고요. 이러한 생각도 일리가 있을까요?

긴즈버그 글쎄요. 저도 묻고 싶습니다. 남자로서, 미투 운동 때문에 여성을 응원하기가 망설여질 것 같습니까?

로즌　제 경우는 그 반대입니다. 저 같은 남자들이 많겠지만, 그런 사연들을 접하면 여성이 곤경에 처할까 봐 민감하게 반응하는구나 하고 느낍니다. 미투 운동은 남자와 여자 모두에게 이로우리라 여깁니다.

긴즈버그　맞습니다.

로즌　사회 변화는 법원에 가장 나중에 닿는다 하셨지요. 먼저 정치적 움직임이 일어나고, 대중의 인식이 변하며, 그다음 입법 그리고 법원의 순서라고요. 그렇다면 10년 후 20년 후를 내다봤을 때 미투 운동의 추진력이 사법 결정에 어떻게 반영될 것 같습니까?

긴즈버그　말씀드렸듯이, 법은 항상 존재합니다. 사람들은 점점 더 많이 법을 사용할 겁니다. 그러나 권리는, 권리를 원하는 사람에게서 시작됩니다. 법원은 사후에 대응하는 기관일 뿐입니다. 제5회 순회법원에 어빙 골드버그 Irving Goldberg라는 훌륭한 판사가 이런 말을 했지요. "법원은 화재를 일으키지 않습니다. 불을 끄기 위해 최선을 다할 뿐이지요."

로즌　1986년 대법관님이 쓴 글의 한 대목인데요. "적극적 차별 해소 조치는 세 개의 주춧돌 위에 있어야 한다. 첫째, 여성에게 평등한 교육 기회와 효과적인 직업 훈련을 적극적으로 제공해야 한다. 둘째, 아이를 낳아 아기부터 성인기에 이르기까지 양육하는 기쁨과 책임, 걱정, 속상함, 기다림을 남성도 여성처럼 동등하게 나누고 느끼도록 격려하고 장려해야 한다. 셋째, 질이 좋은 양육 기관을 이용할 수 있도록 해야 한다."[12]

이러한 목적지로 가는 여정에서, 우리는 어디쯤 와 있을까요?

긴즈버그 우리는 꽤나 먼 길을 걸어왔습니다. 살아오면서 내 눈으로 직접 본 변화는 엄청났습니다. 물론 아직 열반에 이른 것은 아니지만, 지금까지 이룬 진전이 미래에 희망을 갖게 합니다.

그건 그렇고, 적극적 차별 해소 조치에 관한 글은 유치원에서 그리고 초등학교에서 아이들을 가르치는 남성들에게 쓴 것입니다. 타인을 돌보는 여자를 아이들이 눈으로 직접 보는 것처럼 그 역할을 하는 남자를 직접 보는 것이 좋다고 생각했지요.

로즌 성 고정관념에 구애받지 않는 장난감을 가지고 노는 아이들에 대한 기사가 최근 《뉴욕 타임스》에 실렸는데요. 여자아이들은 트럭을 남자아이들은 인형을 더 가지고 놀았지요. 고정관념에서 벗어나는 것이 중요한 문제일까요?

긴즈버그 그렇습니다. 《미즈Ms》 잡지에서 아이들을 위해 노래를 녹음한 적이 있어요. 거기에 〈윌리엄의 인형〉이라는 노래가 있어요. 마를로 토머스Marlo Thomas가 주로 기획했고, 그 노래 모음집 제목은

〈너와 내가 되기 위한… 자유_{Free to Be... You and Me}〉였지요.

로즌　다음 세대 페미니스트들에게 어떤 메시지를 보내고 싶습니까? 앞으로 이뤄가야 할 목표는 무엇일까요?

긴즈버그　무의식에 녹아 있는 편견을 뿌리 뽑는 것. 무의식적 편견은 제거하기가 상당히 힘듭니다. 가장 좋아하는 한 장면이 있습니다. 오케스트라와 관련돼 있는데요. 자랄 때, 교향악단에서 하프 연주자 말고는 여자를 본 적이 없었어요.

《뉴욕 타임스》에 칼럼을 쓰는 저명한 음악 평론가 하워드 터브먼 Howard Taubman은 자기 눈을 가려도 피아노나 바이올린 연주자가 남자인지 여자인지 구분할 수 있다고 공언했죠. 그 말을 듣고 누군가 퍼뜩 아이디어를 떠올렸어요. 하워드의 생각이 진짜 맞는지 실험했지요. 눈을 가리고 실험한 결과는 어땠을까요? 그는 완전히 헷갈렸습니다.

여자 피아니스트를 남자로 착각했습니다. 하워드는 무의식적인 편견의 작용을 인정했습니다. 그래서 오디션을 볼 때 연주자와 심사위원 사이에 커튼을 치자는 좋은 아이디어가 나왔지요. 그 간단한 장치로 인해, 하룻밤 새 수많은 여성이 오케스트라에 나타나게 되었습니다.

이제, 모든 분야에 이러한 커튼이 쳐지길 바랍니다. 아직도 무의식적인 편견이 공고히 존재하기에 벌어진 사건이, 1970년대 후반에 있었던 민권법 제7호 소송입니다. AT&T에서 중간 관리직에 오르지 못한 여성들이 소를 제기했지요. 이 여성들은 모든 기준을 훌륭히 충족시켰습니다. 그런데 마지막에 불균형의 돌부리에 걸려 탈락했지요. 그 마지막 돌부리는 "총 인격 개념표"였습니다.

이유가 뭘까요? 임원들이 면접할 때 어떤 불편함을 느꼈기 때문입니다. 만약, 면접관이 남자를 인터뷰했다면 어느 정도 '이 사람은 나와 같네'라고 짐작할 수 있고 편안했겠지요. 하지만 상대편에 여자가 앉아 있다면, 혹은 소수 집단에 속하는 사람이면 면접관은 어딘가 불편함을 느끼게 됩니다. 낯설다는 감정, 그것이 후보자를 평가하는 방식에도 반영됩니다.

로즌　그 무의식적인 편견에 대한 해결책은요? 남성과 여성을 함께 하는 걸까요?

긴즈버그　오코너 대법관은 이런 말을 자주 했습니다. 우리 세대 여성이 더 많이 세상에 진출해서 좋은 모습을 보여줄수록 다른 여성들에게도 힘을 줄 수 있다고. 여성이 더 많이 일할수록 우리 모두가 더 나아질 것입니다.

로즌　우리에게 남아 있는 일은 무엇일까요? 의도가 있는 차별뿐 아니라 무의식적인 차별도 헌법에서 인식해야 하니, 피니 사건의 판결이 뒤집어지길 바란다고 말씀하신 바 있지요. 법에 무의식적으로 남아 있는 편견에 대해서도 소송할 수 있습니까?

긴즈버그 피니 사례의 경우에는, 네, 그랬지요. 남녀 평등한 처우에 대해, 헌법상 명시가 있어야 한다. 블라인드를 치고 본 오케스트라 오디션의 사례가 무의식적 편견을 훌륭히 보여주고 있습니다.

로즌 헌법 안에 무의식적으로 도사리고 있는 편견과 싸운다면 법은 어떻게 바뀌게 될까요?

긴즈버그 여성들에게 더 많은 기회가 열릴 것입니다. 일대일 상황이라면 여성은 승진의 문턱을 넘어서겠지요. 여성이 승진을 못한 상황일지라도 회사에는 성별과는 관련이 없는 이유를 내놓을 터입니다. 피니는 쉬운 사례에 속합니다. 매사추세츠 시스템하에서 참전용사라면 목록의 제일 위에 올라갑니다. 참전용사면 15점이 추가됩니다. 15점을 더 받는 제도하에서, 여성도 최고 점수를 받으면 승진할 수 있었습니다. 하지만 참전용사가 아무것도 없이 맨 위로 오르는 상황에서 여성은 압도적으로 배제될 수밖에 없는 거죠.

로즌 여타 차별 관련 소송들은 어땠습니까? 무의식적인 인종 편견 또한 소송을 할 수 있을까요?

긴즈버그 그럼요. 인종에 대한 편견도 당연히 소송할 수 있죠. 릴리 레드베터 사건이 확실한 사례입니다. 법원에서는 너무 늦게 소송했다고 말했지요. 만약 릴리가 일찍 소송을 제기했다면 굿이어는 낮은 연봉과 릴리가 여성이라는 사실에 아무 관련이 없다고 말했을 겁니다. 남자들만큼 일을 잘하지 못했을 뿐이라고 했겠지요. 해가 지날수록 릴리는 평가 점수를 더 높게 받았습니다. 법원은 릴리가 너무 늦게 소송을 제기하는 바람에 졌고, 여전히 손해를 보고 있다고 했습니다. 의회가 나서서 이 오류를 바로잡았습니다.

로즌   긴즈버그 대법관님을 롤모델로 삼는 새로운 세대의 페미니스트들이 있습니다. 그들에게 전하고 싶은 메시지가 있습니까?

긴즈버그   마음이 원하는 일을 하세요. 1970년대가 생각납니다. 많은 젊은 여성들이 평등권 수정안(Equal Rights Amendment, ERA)을 지지했습니다. 나는 ERA을 지지했습니다. 우리 세대, 딸 세대의 여자들은 남성과 여성의 시민권이 평등하도록 사회를 변화시키는 데 적극적이었습니다. 정부의 기본 기관들이 남녀의 동등한 시민권을 명시하지 않아도 별 신경쓰지 않는 젊은 여자들도 간혹 있더군요. 그게 단 하나 우려되는 점입니다. 이제는 닫힌 문이 없다고 여겨서, 지금 여성에게 주어진 권리를 당연스레 여길까 봐요.

로즌   헌법 센터에서 매우 특별한 일이 있었습니다. 노벨평화상을 받은 말랄라 유사프자이(Malala Yousafzai)에게 자유 메달(Liberty Medal)을 수여했습니다. 인간이 상상할 수 있는 가장 큰 영감을 준 열일곱 살 소녀였지요. 유사프자이는 탈레반이 어린 여성들이 교육받지 못하도록 막고 있는 현실을 진솔하고도 실감나게 글로 써서 블로그에 올렸습니다. 이 글이 전 세계에 엄청난 반향을 일으켰지요. 암살 시도에서도 살아남았고요. 교육의 중요성, 언론의 자유가 얼마나 중요한지 옹호하는 글로 전 세계에 영감을 주었습니다. 우리의 모델일까요? 젊은 여성들이 변호사가 되고, 활동가가 되고, 대법관이 되도록 격려해주시겠습니까? 어떻게 하면 변화를 만들 수 있을까요?

긴즈버그 '넌 안 돼'라는 대답을 받아들이지 마세요. 꿈이 있고, 추구하고 싶고, 그 꿈을 이루기 위해 필요한 일을 기꺼이 할 의지가 있으면, 누군가 '넌 할 수 없다'는 말을 하게끔 내버려두지 마세요. 온전한 시민으로 취급받지 못할 때 용납하지 않는, 여러분과 마음이 똑같은 사람들이 많습니다.

로즌 제 생각에, 지금 하신 말씀이 바로 말랄라의 아버지가 말랄라에게 해준 조언일 듯합니다. 교육을 받고 열심히 노력하면 무엇이든 할 수 있다는 자신감은 어떤 일을 해내는 데 매우 중요합니다. 밀레니얼 세대에 희망이 있기에 미래를 낙관적으로 본다고 하셨지요.

긴즈버그 맞습니다.

로즌 그 말을 듣게 되어 기쁩니다. 정의의 대의를 잘 발전시킬 방법을 젊은 세대에 조언해주십시오.

긴즈버그 여러분은 혼자가 아닙니다. 같은 생각을 가진 사람들이 많습니다. 손을 뻗어 연대하세요. 전국 방방곡곡에서 그리고 워싱턴에서 여성들이 행진하고 있습니다. 전 이에 깊이 감동받고 용기를 얻고 있습니다. 우리나라가 기반해 있는 가치가, 얼마나 소중한 것인지를 청년들이 알았으면 합니다. 그 가치를 추구하고 지지하는 군중 편에 속하지 않는대도, 러니드 핸드 재판관의 말은 한번쯤 떠올려봐도 좋을 것 같아요.

"사람들 마음에서 자유의 정신이 죽으면, 그 어떤 법정에서도 회복시켜줄 수 없습니다. 하나, 전 손자와 후손 세대의 영혼을 봅니다. 이 세대가 곧 어른이 될 것이라는 믿음이 있습니다."

12장
대법원의 미래

2018년 여름, 뉴욕 쿠퍼스타운에서 열리는 글리머글래서 오페라 페스티벌에 긴즈버그 대법관이 나와 아내 로런을 초대했다. 그 주말을 우리 부부는 긴즈버그 가족과 함께 보냈다.

콜로니얼 맨션은 언덕 꼭대기에 있었다. 댁에 도착하니 연방보안관이 우리를 방으로 안내했다. 우리는 다른 손님들과도 인사를 나누러 아래층으로 내려갔다. 긴즈버그의 아들이자 클래식 음반 회사를 운영하는 제임스 긴즈버그와 그의 아내 패트리스가 있었다. 작곡가이자 소프라노 가수이기도 한 패트리스 마이클스는 제임스 긴즈버그의 회사에서 발매할 〈노터리어스 RBG〉 앨범을 제작하기도 했다. 이 앨범에는 긴즈버그 대법관의 음악과의 교류, 음악적 추구가 담겨 있다.

긴즈버그가 푸른색 정장 차림에 숄을 두르고 웅장한 계단을 내려왔다. 따뜻한 환대의 인사를 건네왔다. 우리는 모두 SUV에 올라타 글리머글래스로 향했다. 『시녀 이야기The Handmaid's Tale』의 작가 마거릿 애트우드Margaret Atwood의 강연회에 참석하기 위해서였다. 『시녀 이야기』는 레이건 시대가 절정에 달한 1985년 처음으로 출간되었다. 신정 통치적이고 가부장적인 정부가 가까운 미래에 미국 여성들을 어떻게 예속시킬 수 있는지, 디스토피아적 사고를 실험한 작품이다.

애트우드는 강연에서 『시녀 이야기』가 곧 오페라로 각색되어 글리머글래스에서 공연된다고 했다. 강연에서는 『시녀 이야기』와 제임스 페니모어 쿠퍼의 『모히칸족의 최후The Last of the Mohicans』의 연관성에 대해서도 설명했다. 쿠퍼스타운에 있던 쿠퍼의 농가 자리에는 이제 페니모어 예술 박물관이 들어섰다. 쿠퍼가 살던 당시에는 여자가 남자의 시선을 받지 않기 위해 보닛을 썼다. 『시녀 이야기』에서도 신정 통치에 입각한 정부가 남자 주인에게 복종시키기 위해 여자들에게 보닛을 쓰도록 강요한다.

애트우드는 청중과의 질의응답 시간에 20세기에 페미니즘은 세 차례 대폭발을 겪었다고 했다. 첫 번째는 수정헌법 19조가 통과되면서 정점을 찍었다. 이로 인해 여성에게 투표권이 주어졌다. 두 번째로 페미니즘이 폭발한 시기는 1960~1970년대 여성운동이 활발했던 시기다. 네 명의 자녀 그리고 꽉 잠긴 여성 고용의 문으로 상징되는, 억눌린 1950년대 미국 여성의 삶에 대한 반발로 이런 움직임이 일어났다. 세 번째가, 미투 운동이 폭발한 시기다. 하비 와인스타인 같은 포식자들에게 당한 괴롭힘에 대한 반발이었다. 1960~1970년대의 페미니즘 운동이 레이건 시대 혁명을 자극하여 애트우드로 하여금 『시녀 이야기』라는 작품을 쓰게 한 것처럼, 미투 운동 역시 진보적 진영이 물러날수록 역습을 불러와 결국 여성의 진보와 평등을 정착시킬 것으로 믿는다고 했다.

올해 초, 애트우드는 미투 운동이 일정 부분 피고인의 정당한 절차 권리를 보호하지 못했다고 비판했다. 이 발언에 논란이 일었다. 2년 전, 애트우드는 《토론토 글로브 앤드 메일》지에 「나는 나쁜 페미니스트인가?Am I Bad Feminist?」라는 글을 기고했다. 브리티시 컬럼비아 대학교의 문예창작학과 교수가 성추행 혐의로 기소되었는데, 이 교수 또한 적법하고 정당한 절차를 밟아야 한다고 변호함으로써 '좋은 페미니스트들Good Feminists'과 충돌을 겪었다.

애트우드는 "#미투의 순간은 법 체계가 무너졌음을 보여주는 징후"라고 썼다. 대학교에서 벌어진 성적 부정행위의 진행과 비교했다. "세일럼 주술 재판(1692년 메사추세츠 주의 작은 도시 세일럼Salem에서 25명의 여성이 마녀 재판을 받아 억울하게 죽임당했다.—옮긴이)에서는 고발당하면 유죄였다. 무죄를 밝힐 수 없으면 증거가 되는 규칙 때문이었다." '일시적인 자경단적 정의'가 '문화적으로 굳어져버림으로써 린치 마피아적 습성'으로 변형되었다고 애트우드는 맹렬하게 비판했다.[1] 소셜 미디어를 중심으로 이 발언에 대해 논란이 거셌다.[2]

긴즈버그 대법관 역시 성적 위법 행위 소송에서 피고와 원고 모두 공정한 절차를 밟아야 한다고 강조했다. 애트우드와 긴즈버그,

두 거물은 공통의 관심사가 있었고, 그래서 만남의 자리는 더욱 의미가 있었다. 강연이 끝나고 그린 룸에서 긴즈버그가 애트우드를 반갑게 맞이했다. 미투 운동의 미래에 대해서는 긴즈버그가 조금 더 낙관적이었다.

"지난 세기, 페미니즘에 세 가지 주요 변곡점이 있었다는 당신 말에 나도 동의하냐고 제프가 묻더군요. 전 그렇다고 했습니다."

긴즈버그가 애트우드에게 말했다.

"그런데 이번에는 반발이 역습할 거라고 보지는 않는답니다."

이 말에 애트우드가 응답했다.

"저는 반격이 일어날 거라고 봅니다. 힐러리 클린턴과도 이야기한 적 있는데, 그녀도 그렇게 생각하더군요. 17세기 마녀 캐릭터에 대한 이야기는 이번에 처음 해봤습니다."

긴즈버그도 대화를 이어갔다. "더 많은 여성들이 전면에 나서리라 봅니다. 이미 권위있는 자리에 여성들이 숱하게 포진해 있습니다. 로스쿨 학부생들 중 여학생이 과반이 넘습니다. 권위와 지위 면에서, 여성은 이미 수적으로 다수로 대표되기 때문에, 이 진보의 행진이 뒤집히는 상황을 결코 용납하지 않을 것입니다."

우리는 무대 뒤편을 거닐다 극장 밖으로 나왔다. 여성 무대 감독 지휘로 거대한 그림이 그려진 도로가 보였다. 긴즈버그는 그 그림에 감탄했다. 애트우드는 긴즈버그와 좀 더 대화를 나누고 싶어 했고, 우리와 같이 저녁을 들었다. 그다음에는 공연을 보기 위해 웨스트 사이드 스토리로 자리를 옮겼다. 공연 시작 전, 글리머글래스 총감독이 관객에게 긴즈버그 대법관의 참석을 알렸다. 관객들은 기립박수로 화답했다.

다음 날 오후, 우리는 페니모어 예술 박물관에 들렀다. 알렉산더 해밀턴Alexander Hamilton이 치열한 전투를 준비하며 에론 버Aaron Burr에게 보낸 편지 원본이 소장돼 있었다. 알렉산더 해밀턴 방에서, 긴즈버그 대법관은 존 애덤스 John Adams, 토머스 제퍼슨Thomas Jefferson, 마르키스 드 라파예트Marquis de Lafayette, 제임스 매디슨 James Madison의 청동 흉상들을 지그시 응시했다. 손자들과 함께 해밀턴의 방을 방문하면서는 본인은 건국자로서 매디슨을 가장 좋아한다고도 했다.

다음으로는 아메리카 원주민 예술품 컬렉션을 보러 아래층으로 내려갔다. 1879년 알래스카 중부 유픽에서 온 두 개의 부채 앞에서 긴즈버그가 잠시 발걸음을 멈췄다. 부채는 의식의 춤을 추는 동안 손가락에 끼우고 방울처럼 흔드는 용도였다. 부채 옆에는 가장자리에 깃털로 장식된 가면도 두 개 있었다. 역시나 춤추는 동안 쓰는 용도였는데, 하나는 미소를 짓고 다른 한 개는 인상을 쓰고 있었다. 웃는 얼굴의 가면이 남성용이고 찌푸린 가면은 여성용이라고 가이드가 설명했다.

"주로 여자는 인상을 쓰고 남자는 웃는 얼굴 형태로 만들어져 왔나요?"

긴즈버그 대법관이 물었다.

"그렇습니다."

가이드가 대답했다. 짐 긴즈버그의 아내 패트리스도 이에 덧붙여 말했다.

"영원히 끝나지 않을 것만 같은 문제네요."

"무의식에 뿌리 내린 편견 극복, 삶에서 일과 가족을 같이 누리는 것. 이 두 가지만 가능하다면, 세상 모든 영역에서 여성을 볼 수 있을 겁니다."

그날 저녁, 오페라 〈고요한 밤Silent Night〉을 보기 전에 다시 다 함께 오페라 하우스에서 저녁을 들었다. 제1차 세계대전을 치르던 중에 크리스마스가 찾아오고, 그때 잠시 휴전한다는 내용이 음악적으로 재해석된 오페라였다. 십수년간 이어진 우리 둘의 비공식 대화의 정신을 긴즈버그는 익히 알아주었다. 디저트를 들기 전에 내가 아이폰을 꺼내 대화를 녹음하게 해주었던 것이다.

긴즈버그 대법관은 미투 운동과 그 진행 과정에 대해 더 깊은 속마음을 들려주었다. 앤서니 케네디 대법관의 은퇴 이후 대법원의 미래에 관해서는 '회의적이지만 희망적'으로 본다고 했다.

로즌 지난밤 마거릿 애트우드의 말이 맞다면, 우리는 지금 세 번째 페미니스트 운동의 도정에 있는 셈이네요. 그 운동으로 인해 어떤 법적 승리가 뒤따를까요?

긴즈버그 여성이 직장에서 일하며 아이를 양육할 기회를 제공하는 것도 하나의 방법이겠지요. 근무 유연성으로 가능하겠지요. 많은 로펌에서 근무 유연성을 허용하지 않아 퍽 놀랐습니다. 이제는 손끝으로도 법률 도서관에 통째로 접속할 수 있는 시대입니다. 집에서도 일할 수 있지요. 예전에는 불가능했던 일입니다. 이렇듯 유연한 근무는 남자와 여자 모두에게 필요합니다.

워싱턴 DC에 있는 로펌에, 처음으로 유연한 근무시간을 적용받

왔던 사람이 있어요. 아널드 앤드 포터라는 회사의 브룩스레이 본이라는 여성이었습니다. 둘째 아이가 태어났을 때, 본문 회사에 주3일 출근을 하겠다고 말했어요. "그렇게 하세요. 근데 파트너 자리에 오를 생각일랑 아예 접으세요"라는 말이 되돌아 왔습니다. 그런데, 주 3일 출근하면서도 다른 동료들이 일주일 동안 해내는 것보다도 많은 업무를 해냈습니다. 결국 브룩스레이는 첫 번째 정규직 파트너가 되었습니다.

로즌 여성의 완전한 평등을 확보하려면 또 어떤 변화가 필요할까요?

긴즈버그 무의식에 도사리고 있는 편견 극복, 일과 삶에서 균형을 찾는 것, 이 두 가지가 큰 과제입니다. 이 두 가지만 고칠 수만 있다면, 이 세상 모든 영역에서 여성을 볼 수 있을 겁니다. 무의식에 뿌리 내린 편견을 물리치고 삶에서 일과 가족을 같이 누리는 것이 가능해야 합니다.

로즌 방금 말씀하신 바를 세 번째 페미니스트 운동의 목적으로 보아야 될까요? 아니라면, 여타 목표로는 무엇이 있을까요?

긴즈버그 제가 젊은 여성들을 대변해 말하는 것은 무리가 있습니다. 이전 시대에는 미투와 같은 운동은 불가능했습니다. 미투 운동을 최초로 시작한 애슐리 주드는 기사가 나가기 2년 전에 하비 와인스타인과 관련된 이야기를 털어놓았다고 했어요. 2년 전입니다. 그리고 기사가 터졌을 때, 파급 효과가 있었습니다.

로즌 이 끝은 어디일까요? 미투 운동이 법적으로는 어디까지 어떻게 나아가게 될까요?

긴즈버그 어젯밤 마거릿 애트우드는 미투 운동에 대해 이야기하면서, 불만을 제기할 수 있는 구조가 필요하다고 했습니다. 제도 안에 공정성을 구축해야 한다고 했지요.
수많은 여성들이 괴롭힘을 당한 끔찍한 사연을 지니고 있습니다. 고발당한 남성의 입장에서도 공평하게 자기의 이야기를 들려줄 권리가 있지요. 혐의가 제기되면, 그는 일단 악당으로 의심받습니다. 고발당한 사람도 고발을 한 사람처럼 자신의 이야기를 할 권리가 있습니다. 이 부분에서 공정성은 매우 중요합니다. 피의자에 대한 공정성 말입니다.

로즌 어떻게 하면 원고와 피고에게 공정성을 보장할 수 있습니까? 어떤 과정이 필요합니까?

긴즈버그 글쎄요, 몇몇 콜리지 코드에 쓰여 있지요. 둘 다 공평하게 결승전을 치러야 합니다.

로즌 직장에서도 공정한 절차가 필요할까요?

긴즈버그 네, 공정한 절차, 대변권, 그리고 공명정대한 결정전이 필요합니다. 애트우드는 제도 밖에서 독립적으로 의사결정권을 가져야 하는 필요성을 말했습니다.

로즌 어떻게 그렇게 만들 수 있을까요? 직장과 대학에서 모두 별도의 법원을 만들거나 사건을 심리할 심의위원회 같은 것을 만들면 될까요?

긴즈버그 네, 가령 독립적인 중재자라든지 중재협의회 같은 절차를 개발할 수도 있겠지요.

로즌 중요한 것은 공정성이고요.

긴즈버그 맞습니다.

로즌 1960년대와 1970년대 경험하셨던 운동에 비추어볼 때 미투 운동의 이 흐름에 시작과 중간, 끝이 있을까요?

긴즈버그 나의 손녀와, 그녀의 친구들의 영혼을 생각합니다. 그 영혼이 1970년대 여성들이 가졌던 정신을 떠올리게 해요. 역습은, 마거릿도 어제 말했듯이, 지난 시대로 퇴보하지 못하게 할 겁니다. 앞으로 나아가려는 움직임은 계속 일어날 것이고 그 결과로 길도 만들어질 겁니다. 권위 있는 자리에 여성이 많이 위치할수록 후퇴할 가능성도 적어질 거고요.

로즌 손녀분의 어떤 모습에서 1970년대 정신이 겹쳐 연상됩니까?

긴즈버그 손녀는 여성이 부당한 대우를 받는 시대를 끝내고 싶어 합니다. 여력이 되지 않는 처지의 여성도 임신중단 선택권을 가지는 문제에 특히 관심이 많습니다.

로즌 법에 접근하기 어려운 가난한 여성들의 앞으로의 삶에, 법적으로 어떤 해결책이 있을까요?

긴즈버그 입법부에서 부여한 규제를 고려하여 주법원과 주 헌법을 이용하는 것도 한 방법입니다. 대법원들이 평등 보호를 취급했을 법한 방식으로 평등 보호 조항을 해석해달라고 주법원에 요청하는 것입니다. 로 대 웨이드 사건 후에, 임신 중절과 관련 메디케이드 보장 문제가 불거져 나올 때 대법원이 평등권 청구를 기각해서 놀랐습니다. 비용을 지불할 여력이 되는 여성을 넘어서서 그럴 여력이 안 되는 여성까지 포함해 '여성 전체를 위한 선택'이어야 한다는 주장에 공감할 주법원도 있을 터입니다.

로즌 그러한 맥락에서 대법관님이 평등 보호 결정을 내리는 주법원의 입장이라면, 그 명분으로 무엇을 들겠습니까?

긴즈버그 정부는, 출산에는 메디케이드를 보장하면서 임신중단이나 피임에는 제공하지 않고 있다, 같이 보장해야 한다, 아마도 이러한 논리일 겁니다.

로즌 앞으로 로 판결이 후퇴되거나 뒤집힌다면, 주법원의 판결로서 임신중단을 보장하는 데 충분할 수 있을까요?

긴즈버그 각 주법원에는, 연방대법원이 연방 법을 해석하듯 자기네 주법을 해석해야 한다는 의무는 없습니다.

로즌 그러나 가장 보수적인 주법원들은 그러한 명분을 거부할 겁니다. 그래서 가난한 여성들의 상황은 더욱 나빠질 겁니다.

긴즈버그 음…… 많은 주들이 바뀌어야 합니다. 사형제도를 볼까요. 어떤 주에서는 법을 바꾸고 또 어떤 주에서는 법을 집행하지 않아서 매년 사형 집행이 줄어들고 있습니다. 사형은 점점 줄어들다가 없어질지도 모릅니다. 의외로 많은 주들에서 전체 여성을 위해 선택을 내릴 수 있습니다. 한 가지 선택에만 모든 것을 지원하는 정책을 버리고요.

로즌 손녀분과 같은 사명을 지닌 이들이 한 주에서 다른 주로, 차근차근 법적으로도 변화를 이루고, 실제로 변화를 만들어낼 수 있을까요?

긴즈버그 물론입니다. 우선은, 주 입법부의 제한 조치를 막아야 되겠지요. 전체 제도를 위해서는 입법부와 법원이 소통하는 것이 바람직합니다. 1970년대 릴리 레드베터 사건이나 제너럴 일렉트릭 대 길버트 사건과 같이 법원이 한 가지 방향으로만 판결하면, 입법부는 이에 반응하여 법을 개정합니다.

로즌 로 판례가 뒤집힌다면, 의회나 주는 어떻게 대응할까요?

긴즈버그 많은 주들이 예전으로 돌아가지는 않을 것이라 예상합니다. 더 확연히 나뉘겠지요. 단도직입적으로 말해, 가난한 여성들은 여지없이 출산해야 되고, 여력이 되는 부유한 여자만 임신중단 선택권을 가지게 되겠지요.

로즌 케네디 대법관이 은퇴했습니다. 로 판례가 뒤집힐까 봐 정말 염려하시나요.

긴즈버그 로 사건의 판례는 지금은 꽤 강력한 우선권이 있습니다. 케이시 사건을 통해 바로 이 문제가 법정에서 다루어졌지요. 법원은 로 판례를 기각하지 않을 거라고 했습니다. 법원에서 미란다 판결을 뒤엎지 않은 희망적인 본보기도 있고요. 바로 지난 분기에, 판매 세금 관련 사건에 대해 반대하면서 대법원장은 지난 판결이 잘못

되었다고 말했지요. 몇 년 동안이나 묵혀 있었지만 단 한 번의 재검
토로 살아났습니다. 사법부 또한 의지를 고수하고 입법부에서 결정
하도록 해야 합니다. 우리한테 마법의 수정 구슬 같은 건 없습니다.
다만 두 번째 직접적인 대결 앞에 또 설 수 있습니다. 만약 그런 일
이 일어나더라도, 로 판례가 굳건하길 바랍니다.

로즌 그럼 다른 중요한 선례들은요? 적극적 차별 해소 조치도 취약
해 보입니다.

긴즈버그 염두에 둔 영역에 따라 다릅니다. 교육 영역에서는, 더는
여성을 위한 적극적 차별 해소 조치가 거의 필요 없어졌다고 생각
합니다. 이미 대학생의 상당수가 여성이니까요. 어떤 식으로든, 대
학에서는 장애가 있는 소수 집단이 교육에 접근할 길을 찾을 것이
라 여깁니다. 비록 대학에 올 때의 학력이 수준에 못 미치더라도요.
　럿거스 대학에서 집회가 일어났던 그해에, 대학에서는 적극적으
로 적극적 차별 해소 조치에 동참하기로 했습니다. 한 가지 방법으
로, 소수 민족 학생이라면 누구라도 교수진에게서 개인지도를 받
을 수 있었습니다. 제가 가르치던 학생은 LSAT가 800점 만점일 때
300점을 받았지요. 인성이 매우 맑은 남학생이었습니다. 아무도 그
에게 읽고 쓰는 법을 가르쳐준 적이 없었어요. 기본적인 소양이니
까요. 그해 말 무렵에는, 그 학생은 법률을 검토할 수 있었습니다.

로즌 살아남을지 걱정되는 선례가 있습니까?

긴즈버그 법원의 구성원이 어떻게 될지 누가 알겠습니까? 오코너 대법원이 떠나고 난 뒤 "진보주의 법관"으로 케네디 대법관이 가장 합류할 가능성이 높았다는 건 누구나 아는 사실입니다.

로즌 케네디 대법관이 퇴임한 지금 긴즈버그 법관님은 법원의 미래에 대해 낙관적입니까. 비관적입니까.

긴즈버그 회의적이지만 희망적입니다.

로즌 아주 잘 표현하셨네요. 왜 그런 표현을 썼는지 여쭈어보겠습니다.

긴즈버그 지금의 대법원장이, 미란다를 구하고 가족 및 의료휴가법에 도전했던 힙스 의견을 썼던 전임자의 뒤를 결국엔 따르리라는 희망입니다. 지금의 대장도 같은 길을 걸어갈 거라고 저는 봅니다. 두고 봐야 할 일입니다.

로즌 대법관님께 힙스 사건의 승리가 얼마나 큰 의미였는지 압니다. 대법관님이 어떤 영향을 미쳐왔고 공헌해왔는지 입증되었습니다. 왜 렌퀴스트 대법원장이 의견을 썼고, 또 왜 렌퀴스트는 미란다를 지지한 겁니까?

권리장전의 날 기념식에서. 2018.

의견서를 쓰고 회의를 할 때마다, 가능한 한 상대방을 설득하려고 온 힘을 다해 노력 했지요. 때론 성공했지만 때론 실패했습니다. 그저, 멈추지 않고 계속 갈 것입니다.

긴즈버그 수장이 된다는 것이 그런 의미입니다. 미래에, 렌퀴스트 법정은 어떤 평판을 얻게 될 것인가? 역사는 렌퀴스트 법정을 어떻게 평가할 것인가? 렌퀴스트의 경우 판결만이 다가 아닙니다. 레즈비언인 샐리 라이더를 행정비서로 고용했지요. 대법원의 수두룩한 행사에 샐리의 파트너가 나타나 함께 했습니다.

로즌 긴즈버그 대법관님은 늘 법정에 대한 믿음을 견지하셨지요. 법이란 정의를 추구한다고도 믿었고요. '회의적이지만 희망적'이란 대법관님의 말씀은 그러한 맥락에서 계속될 것입니다. 하늘이 무너질지도 모른다고 걱정하는 진보주의자들과 진보 진영의 사람들에게는 어떤 메시지를 전해주시겠습니까?

긴즈버그 말씀드렸듯이, 좋은 판결은 무수한 도전들을 받고도 오랜 세월 굳건히 살아남습니다. 세월이 흐르고 역사의 눈으로 보았을 때, 대법원장은 자신의 법정이 후대에 어떻게 남기를 바랄까요?

로즌 의료 보험 소송에서 로버츠 대법원장이 취한 입장은 법원의 제도적 적법성을 신경쓰는 일종의 신호라고 봐도 무방하겠습니까?

긴즈버그 아마도요. 그 결정이 내려지자, 첫 번째로 달려 나간 기자들이 의료법이 뒤집혔다고 보도했지요. 하지만 대법원장은 계속 "이것은 세금의 문제"라고 언급했습니다. 대법원장이 통상조항과 통상조항의 제한을 바라보는 견해가 문제를 일으켰습니다. "그렇다. 통상조항에 따라 의회에 권한이 있으며 이것은 세금이다." 만약 대법원장이 전적으로 위원회의 입장을 전한다면 그 정도 언급만으로도 충분했을 겁니다. 제가 판단하기에 대법원장이 통상조항을 바라보는 제한된 관점을 고수하고 있어 (판결이 번복될) 가능성은 없습니다.

로즌 성평등, 차별 철폐 및 적극적 차별 해소 조치 등등 광범위한 분야에 대해 대화를 나누었는데, '회의적이지만 희망적'이라고 말씀하셔서 마음이 놓입니다. 법정에서 바로잡히지 않아서 특히 시민 진보주의 진영에서 걱정해야 될 부분이 있을까요?

긴즈버그 법원이 결정한 큰 영역 중에 개인적으로, 돈과 선거와 관련된 부분은 결정이 뒤집히기를 바랍니다. 시민연합 재판이 선례입니다. 선거에 막대한 돈을 쏟아붓는 것이 얼마나 민주주의를 타락시키는지 우리는 점점 더 똑똑히 보고 있습니다. 당파적 게리맨더링(특정 정당 특정 후보자에게 유리하도록 자의적으로 부자연스럽게 선거구를 정하는 일—옮긴이)도 마찬가지입니다. 다음에 법원이 이 문제를 어떻게 다룰지 지켜보고 싶습니다.

13장
헌법의 의미

루스 베이더 긴즈버그에게 2018~2019년의 임기는 힘든 도전이었다. 11월 글리머글래스에서 본 지 석 달 뒤쯤, 긴즈버그는 방에서 넘어져 갈비뼈가 세 개나 골절되었다. 그런데 이 사고가 뜻밖에 전화위복이 되었다. 부서진 갈비뼈를 정밀 검사하는 과정에서 왼쪽 폐두 군데에서 암 종양을 발견했다. 이 종양들을 조기에 발견한 덕에 12월 말에 성공적으로 제거했다.

 불굴의 의지와 놀라운 결단력으로, 긴즈버그는 회복 기간에도 법정 업무를 계속했다. 25년 동안 법정에서 일하면서 처음으로 열한 건의 변론을 놓쳤지만 집에서 요양하는 동안 브리핑과 녹취록을 검토하여 해당 사건에 참여했다.

법정 복귀 보름 전인 2월 초, 긴즈버그는 수술 후 처음으로 대중 앞에 모습을 드러냈다. 패트리스 마이클스가 작곡하고 연출한 노래 공연 〈노터리어스 RBG Notorious RBG〉가 국립헌법센터 주최하에 열렸다. 긴즈버그의 편지와 의견 들이 아름다운 음악으로 형상화됐다. 공연이 끝나자 긴즈버그의 얼굴에 미소가 떠올랐다. 그 표정을 보는 순간 전율이 일었다. 당시는 내 어머님이 돌아가신 지 얼마 되지 않을 때였다. 긴즈버그는 그 일에 대해서도 내게 쪽지를 보내왔다. 긴즈버그는 회복 기간에도 늘 다른 사람들을 생각했다.

앤서니 케네디 판사의 자리를 브렛 캐버노가 대신한 뒤 처음으로 열리는 대법원 임기였다. 2012~2013년 이후 5 대 4로 판결 비율이 가장 높았다.(28%) 5 대 4 판결 가운데 80% 정도는 보수 대 진보의 진영 논리에 따라 나뉘었다. 이런 5 대 4 판결 중, 이념적으로 보수 성향 대법관이 승소한 확률은 44%였다. 이전 임기에서는 100% 승소했다. 대조적이었다.[1]

케네디 대법관의 퇴임으로 존 로버츠 대법원장이 합류했는데 새로운 부동표 역할로 떠올랐다. 정신질환자 죄수 처형 문제로 법정에 오른 매디슨 Madison 대 앨라배마 주 사건, 2020년 인구 조사에 시민권 질문 항목을 넣으려던 트럼프 행정부와 맞붙은 뉴욕 주 대 미국 상무부 사건 등 몇몇 주요 사건에서 존 로버츠의 표는 네 명의 진보적 대법관과 같았다.

1930년대 부동표 역할을 한 찰스 에번스 휴스 대법관처럼, 로버츠 대법관은 법정을 그 누구도 부인할 수 없는 자신만의 것으로 만들었다. 루초 대 커먼 커스 사례처럼 5 대 4 판결이 난 일곱 개의 재판에서는 로버츠는 보수 진영과 의견이 같았다. 루초 대 커먼 커스 사건은 당파적 게리맨더링을 미국 연방대법원이 정치적으로 심사할 수 있는가가 화두로 떠올랐다.

엘레나 케이건 대법관은 이 결정이 "자유롭고 공정한 선거"의 보장을 위협한다며 다수의견에 반대편에서 맹렬히 소수의견을 표명했다. 케이건은 "정부의 정당한 권력은 국민의 동의에서 나온다"는 독립선언서의 내용을 인용했다. 엘레나 케이건은 "미국의 민주주의가 이렇게 작동해야 하는가?"라고 말을 마쳤다.

긴즈버그 대법관이 작성한 다수의견은 여섯 개였다. 이 임기 내 재판관 중 가장 적은 수였다. 건디Gundy 대 미국 재판에서 다수의견을 케이건 대법관이 쓰도록 할당해준 것도 이유로 작용했다. 이 사건은 대법원에서 5 대 3의 표결이 났고, 소위 위임금지원칙의 부활은 거부됐다.(캐버노 대법관은 표결에 참여하지 않음) 이 원칙은, 뉴딜 이전 시대에, 의회에서 행정 기관에 법규를 제정할 권한을 위임할 때 제한을 둔 것이었다. 케이건은, "만약 이 위임이 위헌이라면, 대부분의 정부는 위헌"이라며 "행정 관료들이 그 계획을 실행할 때 필요하다면 의회는 재량권을 줄 수 있다"고 썼다.

로버츠 대법원장과 클래런스 토머스 대법관이 반대의견을 낸 세 개의 사건에서 긴즈버그는 가장 선임 대법관으로서 닐 고서치 대법관에게 두 개의 다수의견을 할당해주었다.(닐 고서치는 5 대 4 표결에서 20% 정도의 확률로 진보 진영의 편에 섰다) 그러면서 새로운 보수 진영 동료들의 표를 확고히 굳혔다. 나머지 한 개의 다수의견은 캐버노 판사에게 할당했다. 고서치와 캐버노, 두 대법관은 헌법을 해석하는 방식이 너무 달랐다. 그래서 긴즈버그가 연락할 일이 더 많았다. 지난 50년 동안 한 대통령이 임명한 두 대법관이 합의에 이르렀던 빈도와 비교해보면 합의에 이르는 빈도가 매우 적었다.

메릴랜드 주는 제1차 세계대전 기념물인 40피트 높이의 블레이든스버그 평화 십자가상을 공공부지에 계속 남기겠다고 공표하며, 수정헌법 제1조를 어긴 것이 아니라고 주장했다. 그리하여 행해진 아메리칸 리존American Legion 대 아메리칸 휴머니스트 어소시에이션 American Humanist Association 재판에서 긴즈버그와 새뮤얼 앨리토 판사의 의견이 대립했다. 소토마요르 대법관은 긴즈버그와 의견과 같았다. 가장 자주 긴즈버그와 의견이 일치하는 판사가 소토마요르였다.

차차 병에서 회복되는 기간임에도 불구하고, 긴즈버그는 구두변론과 공개 결정 사이에 평균 71일밖에 안 걸렸다. 기록적이었다. 긴즈버그 대법관은 다른 어느 판사보다도 빨리 의견문을 작성했다.[2]

2019년 7월 2일 긴즈버그 대법관의 집무실에 방문했다. 그는 눈앞의 일에만 온전히 몰입해서 내가 들어선지도 몰랐다. 그의 집중력을 직접 목격하니 실로 놀라웠다.(몇 달 전, 그녀의 동료들이 긴즈버그의 생일을 축하하고자 집무실에 모였다. 방에 사람들이 꽉 들어차서야 긴즈버그는 고개를 들었다. 일에 너무 몰두한 나머지 주위에 사람들이 몰려도 전혀 눈치채지 못했다.)

접견실에서 약속한 시각이 되길 기다렸다. 긴즈버그가 들어오더니 따스히 환대를 해주었다. 그러고서 긴즈버그의 집무실로 자리를 옮겼다. 브람스 실내악이 흘러나오고 있었다. 바이올리니스트 조슈아 벨, 피아니스트 제러미 덴크, 첼리스트 스티븐 이설리스가 협연

하여 연주한 곡이라고 했다. 5월에는 이 연주자들이 대법원에 초청
돼 봄 연주회가 열리기도 했다는 것이다. 우리는 대화를 이어가며〈
포 더 러브 오브 브람스For the Love of Brahms〉라는 이 명반을 계속 듣
기로 했다.

———————

로즌 음악과 오페라 덕에 처음 말문을 터 지금껏 우리 인연이 이어
졌습니다. 음악은 당신에게 왜 그토록 소중한가요?

긴즈버그 오, 음악은 삶을 아름답게 만들어줍니다. 지금 이 순간에
도, 전 뭔가 연주하고 있는 마음이 들어요. 그렇지만 제가 제대로
의견을 듣지 못하고 있다면, 즉시 음악을 끄고 대화에 집중할게요.
  저는 대체적으로 오페라나 아름다운 음악을 들으며 삽니다. 아
침에 일어나면 가장 먼저 DC 지역의 클래식 방송국인 90.9를 켭니
다. 아들이 CD를 많이 가지고 있고요. 음악이 없는 삶을 상상할
수 없네요.

로즌 자신에게서 벗어나게 해주나요?

긴즈버그 맞아요, 오페라는 그런 면에서 좋습니다. 다음 주에 있을
논쟁, 의견에 대해서 생각할 수도 있겠지만, 오페라에 몰입할 때면
음악에 푹 빠져 브리핑이나 의견 다툼이 생각나지 않아요.

로즌   살면서 가장 기억에 남은 오페라 공연이 있다면요?

긴즈버그   체사레 시에피Cesare Siepi의 〈돈 조반니Don Giovanni〉. 시에피는 최고의 돈이었습니다. 메트로폴리탄 극단은 몇 년 동안이나 같은 공연을 제작해 올렸지요. 그중에서도 시에피가 매우 훌륭했던 기억이 납니다. 그는 무척 온화했어요.

1958년 보스턴에서 열렸던 〈나비 부인〉도 매우 훌륭했지요. 당시 메트로폴리탄 극단은 계속 순회 중이었지요. 일본 출신 감독이 여배우들에게 일본 여성들처럼 움직이는 법을 가르쳤어요. 앤토이네타 스텔라Antoinetta Stella가 초초상 역이었는데 부채는 안 들었어요. 너무나 아름다운 작품이었습니다. 이번 해에는 워싱턴 오페라가 〈오셀로〉로 문을 여네요. 몇 년 전, 마지막으로 본 〈오셀로〉는 메트로폴리탄에서 몇 년간 공들인 공연이었어요. 지금은 새로운 오셀로가 생겼습니다. 토머스 햄슨Thomas Hampson이 악의 화신으로 분해 엄청난 연기를 펼쳤어요.

레온틴 프라이스Leontyne Price와 프랑코 코렐리Franco Corelli가 동시에 데뷔한 〈트로바토레〉 공연도 봤습니다. 내가 경험한 메트로폴리탄 공연 중 가장 웅장했던 밤으로 기억이 나네요.

로즌   와우. 엄청나네요.

긴즈버그   레너드 워런Leonard Warren이 죽던 날 밤 공연했던 〈운명의 힘〉도 보았어요. 워런은 내 평생 들어본 리골레토 중 최고였습니다.

로즌   1960년 워런이 죽던 날 그 공연을 보셨나요?

긴즈버그   네, 남편 마티와 저는 그 현장에 있었어요.

로즌   맙소사, 그날 무슨 일이 일어났는지도 그때 아셨어요?

긴즈버그   워런은 위대한 아리아를 다 완창했습니다. 그러고는 무릎을 꿇고 앉았어요. 바리톤에게 테너가 살아남았다고 말하는 의사가 다음에 등장했고요. 막이 내리고, 인터미션이 길게 이어지더군요. 우리가 자리로 다시 돌아오니, 루돌프 빙Rudolph Bing이 나와 큰목소리로 안내를 했어요. "오늘 밤, 레너드 워런이 세상을 하직했습니다. 안타깝게도 이 공연은 계속되지 못합니다." 그날 밤 테너는리처드 터커였고요. 터커와 워런은 아주 좋은 친구였지요.

로즌   이번 회기가 끝난 지 얼마 되지도 않았는데 이 책의 초고를다 검토하셨다고 메일을 보내서 얼마나 놀랐는지요. 어떻게 그런어마어마한 집중력이 가능한 건지요? 일에 대한 완전한 헌신과 훈련, 어떻게 그렇게 하시는 겁니까?

긴즈버그   마법의 공식이 있을 리가요. 그냥 늘 그렇게 일해왔습니다. 원고를 검토할 때마다, 내 생각만큼 명료하지 않다는 것을 깨닫게 되곤 해요. 혼란스러움은 줄이고 더 명확하게, 그렇게 편집합니다.

로즌 대법관님은 완벽한 문장으로 말씀을 하세요. 그렇게 훈련하셨다는 게 놀랍기만 합니다. 질투나 분노 같은 감정은 생산적이지 않다는 시어머님 말씀을 종종 언급하셨지요. 위대한 지혜로부터 전통적으로 전해져온 말이지만, 기실 그렇게 행하기는 매우 어렵습니다.

긴즈버그 그렇습니다.

로즌 실제로 어떻게 하면 그럴 수가 있을까요?

긴즈버그 그런 비생산적인 감정에서 벗어나지 못하면, 소중한 시간을 유용한 일에 쓰지 못하고 수렁에 빠질 수 있다는 걸 깨달았기 때문이에요. 힘든 회기였습니다. 갈비뼈에 금이 간 11월부터 5월 초까지, 폐암이 큰 걸림돌이었어요. 그 시간 동안, 몸의 불편함을 생각하기보단 의견 초안을 들고 앉아서 일에 몰두하는 게 나에겐 가장 좋은 시간이었습니다.

지난 몇 주간의 성과물을 보시면 바로 알 거예요. 그렇게 하지 않으면 매우 힘든 임기가 되었을 거예요. 당파적 게리맨더링 사건에 대해 엘레나 케이건이 소수의견을 아주 훌륭하게 작성했습니다.

로즌 케이건은 독립선언서를 인용하며 민주주의의 본질이 위태롭다고 말했습니다. 법정에서 당리당략적인 게리맨더링에 이의를 제기할 수 없는 상황이니 위험에 처했다고 보십니까?

긴즈버그 아직 주법원에 희망을 걸 수 있습니다. 펜실베니아는 극단적 게리맨더링과 주법이 양립할 수 없습니다. 현재의 대법원 구성원으로 예측해보건대 여기서 변화할 가능성은 희박합니다. 그래서 슬펐습니다. 예상은 했지만요. 오직 동료 한 명, 소토마요르 판사만이 블레이든스버그 십자가상 사건에서 의견이 같았지요. 브라이어가 이런 말을 하더라구요. 아마도 우리 의견이 나뉜 것은, 샌프란시스코에서 나고 자란 것과 브루클린에서 성장한 차이에서 온 거 같다고요.

로즌 거기에도 십자가상이 있었나 봅니다. 이중 유죄 사건double jeopardy case에서는 고서치 판사가 유일하게 입장이 같았지요.

긴즈버그 네, 저희 대법관들의 일을 주의 깊게 지켜본 분들이면 이번 임기에 제가 의견 작성을 고서치에게 둘, 캐버노에게 한 가지 할당했다는 걸 아실 거예요. 제가 대법원에 임명되었던 이유 중 하나는 대법원장과 토머스 대법관의 반대편에 있었기 때문입니다. 가장 고참 대법관으로 다수의견 쪽에 있었지요.

로즌 캐버노 대법관의 첫 임기에 대해서는 어떻게 보시나요?

긴즈버그 캐버노 대법관은 무척 친절하고 일에 최선을 다합니다. 가장 중요한 첫 번째 임무를 책임졌지요. 그와 더불어 일하는 재판연구원들이 모두 여성입니다. 그 결과, 역사상 처음으로 남성보다 여성이 더 많이 대법원에서 재판연구원으로 근무했습니다.

로즌 그럼 닐 고서치 대법관은요?

긴즈버그 매우 마음이 잘 맞는 동료입니다. 어떤 이슈에 대해서는 그가 어떤 견해일지 예측할 수 있습니다. 제 생각에 아마 우리 대법관들 모두 그럴 겁니다. 아마 이번 임기에서 가장 중요한 사건이었을 건디는 위임금지 독트린 부활에 관한 것이었지요. 조만간 대법관 아홉 명이 모두 참석해 이 문제를 다시 다루지 않을까 싶습니다.

로즌 건디 사건에서, 케이건 판사는 이것이 정부의 종말을 의미한다고 말했습니다. 위임금지 독트린이 되살아나면 어떻게 될까요?

긴즈버그 음, 지켜봅시다. 그 원칙은 뉴딜 시대 초기 법원 이후로는 법원의 판례에 반영되지 않았습니다.

로즌 법원의 선택이 과연 어떤 의미일까요? 위임금지 독트린이 되살아나면 왜 그렇게 큰 변화를 일으키는지, 정부가 기능하기 어렵게 만드는 것인지 독자들이 이해할 수 있게 도와주세요.

긴즈버그   일반 대중이 행정법 영역을 이해하기란 매우 어렵습니다. 물론, 기관의 직권 남용을 견제하려는 것도 있을 터입니다. 의회가 기관에 광범위한 재량권을 줄 수도 있고요. 그렇지만, 해당 정부 기관에서 일을 잘못하고 있다고 의회에서 판단하면 막을 수 있습니다. 실제로 일어날 일을 입법기관에서 다 예측할 수 없을진대 법령에 죄다 명시해야 한다는 대목을 이해할 수 없습니다.

로즌   이렇게 양극화된 시기에, 의회가 모든 것을 명시해야 한다면 정부가 실제로 힘들어질까요?

긴즈버그   우리가 의회를 어떻게 다시 작동시켜야 하는지는 알 수 없습니다. 그렇지만, 나의 손녀와 손녀 친구들을 볼 때면 여전히 마음에서 희망이 지펴옵니다. 손녀 클라라는 사람들이 투표하는 행위가 얼마나 중요한지 알고 있더군요.

로즌   케네디 대법관의 자리에 캐버노가 후임으로 오면서 대법원에 어떤 변화가 있었습니까?

긴즈버그   샌드라가 대법원을 떠났을 때 가장 큰 변화가 왔어요. 샌드라는 임기 중에 그만두게 되었지요. 샌드라의 자리가 비어 있던 몇 달 동안, 의견이 첨예하게 대립했던 사건들에서 전 소수의견에 속하게 되었습니다. 샌드라가 대법관 자리에 있었다면 제가 다수의견이 되었을 겁니다.

에반 토머스가 집필한 오코너의 평전을 읽었나요? 너무 잘 쓰인 책입니다. 다만 한 가지 정정할 게 있습니다. 제가 대법원 차고에 주차하면서 오코너의 차를 어떻게 긁었는지 적혀 있던데요. 그런데 그 이야기는 피닉스에 있는 누군가 과장해 전한 말이에요. 제가 운전 실력이 형편없다는 걸 묘사하려고 그랬던 것 같아요. 워싱턴으로 이사한 중년의 나이가 될 때까지 제가 운전을 배우지 못했다고 써놨지요.

사실을 말하자면, 저는 무려 스무 살 때 운전면허를 땄습니다! 운전에 매우 미숙했던 건 사실이에요. 샌드라의 차는 딱 한 번 긁었어요. 여러 번이 아니고요.(웃음)

로즌 내년은 수정헌법 제19조의 100주년이 되는 해입니다. 성평등 헌법 수정안, 즉 ERA가 부활할 수 있을까요? 그럴 가능성이 있나요?

긴즈버그 네, 있다고 생각합니다. 하지만 전부 새롭게 처음부터 시작하는 편이 더 나을 듯합니다.

3개 주만 더 비준을 하면 ERA가 성공할 것이라는 사람들이 있습니다. 그런 식의 게임은 전 아닌 것 같아요. 왜냐하면 많은 주가 비준을 철회했기 때문에, 다시 세어봐야 합니다. 아예 새로 시작하는 게 좋습니다. 그렇게 되길 희망합니다.

로즌 지금 ERA를 비준하는 것이 왜 중요한지 논증하라면, 뭐라고 하시겠습니까?

긴즈버그 남성과 여성의 동등한 시민권 지위. 그것은 모든 정부가 갖추어야 할 기본 수단입니다. 언론의 자유나 종교의 자유만큼이나 사회의 기본이어야 합니다.

1950년 이후로는, 전 세계 모든 헌법에 기본권으로 명시되어 있습니다. 아무리 난국이라도 숱한 국가들이 이를 존중합니다. 적어도 인권의 기본이라고 인식되고 있습니다. 남성과 여성의 시민권을 평등하게 보장하기 위해 평등 보호 조항을 적용하면 확실히 아이러니가 남게 됩니다. 수정헌법에 처음으로 '남성'이라는 단어가 등장하게 된 것은 이 조항 때문이었지요.

로즌 대법관님은 원전주의자가 아닙니까?

긴즈버그 저는 원전주의자입니다. 우리 건국자들이 의도했던 그 생각대로, 우리는 더 공고하게 연합을 만들어가고 있는 거라고 생각합니다. 상황이 아무리 나쁠지언정 오래전보다는 낫습니다. 물론 지금이 가장 좋은 시기는 아닙니다. 그런데 저는, 제가 살면서 겪었던 그 수많은 나쁜 일들이 주마등처럼 떠올라요. 제2차 세계대전이 발발했고, 내가 자라는 동안 세계를 제압했지요. 제가 대학 다닐 때는 조 매카시가 상원의원이었어요. 베트남 전쟁도 겪었습니다. 어떻게든, 우리는 그 최악의 시간을 극복해 뚜벅뚜벅 걸어왔습니다.

로즌   그리고 대법관님의 표현대로, 헌법은 더욱 포용적이 되었어요. 포용이란 말이 너무나 아름답습니다. 포용이란 어떤 의미일까요?

긴즈버그   포용이란 것은, 소외된 사람들을, 마지못해서가 아니라, 두 팔을 벌려 공동체의 일부러 껴안는 것입니다.

로즌   헌법도 그래야만 할까요?

긴즈버그   그렇습니다. 바로 그것이 건국자들이 품었던 꿈이라고 저는 믿습니다.

로즌   2010년 실시된 여론조사를 보면 49% 대 42%로 국민들은 살아 있는 입헌주의living constitutionalism보다 원전주의originalism를 지지한다고 했습니다. 왜 이런 결과가 나왔다고 생각하십니까?

긴즈버그   용어의 의미를 전부 다는 이해하지 못한 이유도 있을 겁니다.

로즌   독자들이 이해할 수 있게 설명해주세요.

긴즈버그   원전 헌법에는, 사회에 필요한 주제들이 수두룩하게 담겨 있고 권리장전으로 개정된 바 있지요. 언론의 자유라든가 언론 자체, 종교의 자유, 정당한 법 절차 등등 시간이 흐르고 사회가 발전하더라도 우리 사회에 꼭 필요한 것들입니다. 평등의 가치는 독립선언서에 충만하게 녹아들어 있습니다. 비록 1868년까지는 노예제가 헌법의 이상에 오점을 남겼지만 말입니다.

로즌 독립선언서의 약속, 그 맹서를 충실히 이행하기 위해 헌법을 더 굳건하게 지켜야 한다고 보십니까?

긴즈버그 독립선언서는 평등에 대한 첫 선언문이었습니다. "모든 사람은 평등하게 태어났다"는 문장을 쓴 사람을 노예를 거느리고 있었지요.

로즌 미국 독립선언서, 마그나 카르타, 십계명, 유엔 헌장에 대해 긴즈버그 대법관님이 열세 살에 쓴 에세이를 요새 다시 읽었습니다. 읽는 동안 눈물이 뺨을 타고 흘러내리는 걸 느꼈습니다.

긴즈버그 ……진심으로 가슴에 희망을 품었던 시기였습니다. 루스벨트 대통령과 함께 사람들은 자유를 꿈꾸었습니다. 곧 리스본에서 열리는 뉴욕 대학 컨퍼런스에 갑니다. 브렉시트에 관해 논의할 텐데, 민주주의의 붕괴가 다음 주제로 논의되고요.

로즌 매우 중요한 주제입니다. 서양에서 포퓰리즘이 부상하고 있으니까요. 미국 건국자들은 선동 세력의 부상을 염려했습니다. 지금 과 같은 현상을 우려하십니까?

긴즈버그 그렇습니다.

로즌 소셜 미디어를 포함해서요?

긴즈버그 그렇지요, 정부 기관들이 시민의 삶에 무관심해 불거지는 불만들은 J. D. 밴스의 『힐빌리의 노래Hillbilly Elegy』 같은 책에도 잘 묘사돼 있더군요.

로즌 우리의 가장 큰 과업은 민주주의를 고쳐나가는 것입니다. 어떤 일들을 할 수 있을까요?

긴즈버그 한 가지 핵심은, 아이들에게 민주주의를 가르치는 것입니다. 제가 어렸을 때는 시민 교양 수업이 있었는데 지금은 없어졌더군요. 참, 〈헌법이 내게 갖는 의미Constitution Means to Me〉라는 연극 보았나요?

로즌 아직이요. 대법관님이 보셨다는 건 압니다. 어땠습니까?

긴즈버그 너무나 좋았어요. 2막이 끝날 무렵에는 한 십대 아이가 무대에 올라 헌법에 관해 대화합니다. 젊은 여성 두 명이 번갈아 그

역을 맡습니다. 내가 그 공연에 갔던 날은, 그중 고등학교를 갓 졸업한 18살 여자아이가 그 역할을 했어요. 저는 계속 그 친구랑 연락할 생각입니다. 실은 그 젊은 친구를 만나 좀 들떠 있답니다.

로즌 왜요? 연극의 메시지가 어땠습니까?

긴즈버그 아메리칸 레지옹 대회에서 우승한 젊은 여성이 나와서 헌법에 대한 장밋빛 전망을 이야기하면서 연극은 시작됩니다. 그런 다음, 젊었을 때 묘사했던 것만큼 헌법이 우리를 지켜주고 있는지 질문하는 내용입니다. 마지막에 이 여성은 관객에게도 질문을 던집니다. 헌법을 지켜야 할까요? 아니면 헌법을 뒤엎어야 할까요? 우리 관객들은 압도적으로 헌법을 유지하는 쪽에 투표했습니다. 이전의 관객들도 압도적으로 그렇게 투표했습니다.

로즌 왜 사람들이 헌법을 지키려고 할까요? 그리고 왜 우리는 그래야만 할까요?

긴즈버그 전부 다 없앤 상태에서 다시 시작하는 편이 더 나은 이유는 있을까요?

로즌 이 책에서 대법관님이 살아왔던 시간과 일에 대해 지금껏 해주신 모든 말씀이 너무나 귀중한 의미가 있었습니다. 더하여 지난번 제 어머님에 대해 지난번에 써주신 글에 깊이 감사드립니다.

긴즈버그 매우 좋은 분이셨겠지요. 생전 그분을 알았다면 제가 참 좋아했을 겁니다.

로즌 젊은 세대가 앞으로의 삶을 생산적이고도 더욱 공감이 충만하게 살아가려면 어떤 자기 훈련과 집중력이 필요할까요? 조언을 해주신다면요?

긴즈버그 진짜로 실현하고 싶은 꿈이 있다면, 기꺼이 그걸 이루는 데 필요한 노력을 하세요. 의지와 결단, 헌신으로서 재능을 펼칠 수 있는 사회에 살고 있습니다. 좋은 시민이라면 권리뿐만 아니라 의무가 있다는 조언을 해드리고 싶습니다. 그 의무란, 우리 민주주의가 적절히 작동하도록 돕는 것이겠지요. 젊은 세대는 자기에서 시야를 넓힌 어떤 것, 열정을 쏟을 만한 그 어떤 것을 추구해주었으면 합니다. 이를테면 우리 지구를 안전하게 지킨다든지 차별을 종식시킨다든지 하는 것처럼요.

로즌 법원의 미래에 대해 낙관적입니까 아니면 비관적입니까?

긴즈버그 저는 법정을 가슴 깊이 존중해 우러러봅니다. 모든 판사들이 그러하리라 생각합니다. 다른 무엇보다도, 우리가 세운 그대로 건강한 상태로 남기고 떠나고 싶습니다. 대부분의 경우, 미국 대법원은 미국뿐만 아니라 다른 나라에게도 사법권 독립의 건강한 본

보기가 되어왔습니다. 왜 그래야만 하는지 이유를 설명하는 모범이 되어왔습니다.

정부의 다른 부처와는 달리, 우리 대법원은 왜 그런 의견을 가지게 되었는지 이유를 설명해야 합니다. 아무리 척박한 대지 위에서도 희망은 끝없이 피어날 겁니다. 의견서를 쓰고 회의를 할 때마다, 가능한 한 상대방을 설득하려고 온 힘을 다해 노력했지요. 때론 성공했지만 때론 실패했습니다. 그저, 멈추지 않고 계속 갈 것입니다.

긴즈버그의 영면 소식에 모여든 추모 행렬. 2020.

감사의 말

2019년 1월 27일, 나의 사랑하는 어머니 에스텔 로즌이 세상을 떠나셨다. 일주일 후 긴즈버그 대법관이 손수 편지를 전해주셨다. 순간순간 살아 있다는 기쁨을 느끼며 다가오는 도전에 맞서라는 어머니의 투지와 긴즈버그는 정확히 뜻이 같았다.

어머니에게선 늘 자연의 힘이 느껴졌다. 어머니는 어렸을 때부터 자연과 교감하는 능력이 뛰어나, 새와 버섯, 식물, 꽃 등의 이름을 지어주곤 했다. 또 어머니는 노래와 춤, 음악, 독서 등을 통해 자신만의 독창성을 만들어왔다. 인생에 대해 열정이 넘치며 인품이 너그러워 만나는 모든 사람에게 평생토록 배움의 길을 가도록 영감을 주곤 했다. 자연의 힘은 어머니의 삶을 통해 힘차게 피어올랐다.

긴즈버그 판사처럼 어머니도 1933년 브루클린에서 태어났다. 할머니 베르타 윌린스키 카첸버그와 할아버지 요제프 카첸버그는 구소련의 에카테리노슬라프와 베사라비아의 포그롬(유대인 등에 대한 조직적인 약탈과 학살을 의미하는 러시아어—옮긴이)에서 탈출해 자유를 찾아 미국으로 건너왔다.

어머니는 뉴욕의 식물원과 브롱크스 동물원 근처의 공립학교에서 성장했고, 고등학교 때는 영어 부문에서 최우수상을 받기도 했다. 고등학교 졸업앨범에 어머니의 꿈은 마사 그레이엄과 함께 춤

추는 것이라고 적혀 있다. 다음 해에 그레이엄의 작은 스튜디오에서 공부하면서 그 꿈을 이루기도 했다. 그레이엄과 이민자 부모에게서, 어머니는 후손에게 물려줄 가치, 즉 책과 음악에 대한 열정, 각자가 지닌 고유한 생명력과 개성을 표현할 수 있는 자기 훈련의 중요성을 자연스레 배우셨다. 시티 칼리지에서 영어와 인류학을 공부한 다음 어머니는 컬럼비아로 건너가 사회사업을 공부하셨다. 특히 가족 치료를 전문으로 파고드셨다. 그 뒤로 60년 이상 개인 치료와 유대인 가족 및 아동 서비스에서 일하며 후배 치료사를 가르치고 감독하기도 했다. 어머니는 평생 카운슬링과 가르침으로 타인의 삶에 선한 영향을 주셨다. 56년간 아버지 시드니 로즌 박사와 결혼생활을 이어왔고 뉴욕에서 그토록 동경하는 자연과 교감하며 살다 가셨다. 삶에 대한 열정, 자신의 이성과 열정을 부단히 갈고 닦는 어머니의 결단력은 우리 가족이 받은 최고의 선물이었다.

긴즈버그 대법관이 이 책의 집필과 출판을 대폭적으로 지원하기로 결정하자, 어머니는 나만큼이나 기뻐하셨다. 기꺼이 시간을 내어 이 책의 모든 원고를 검토해주신 긴즈버그에게 이루 말할 수 없을 만큼 감사드린다. 긴즈버그 대법관은 실로 다양한 수위에서 많은 영감을 준다. 어떻게 하면 좋은 삶을 살 수 있는가. 어떻게 하면 자기 자신을 훈련하고 절제할 수 있는가. 어떻게 하면 타인의 안녕과 복지를 위해 헌신할 수 있는가…… 등등. 그동안의 대담과 책 프로젝트를 포함해, 긴즈버그는 행하는 모든 일에 있어 자기 훈련과 따뜻함, 타인에 대한 관심의 살아 있는 전형이었다.

긴즈버그는 또한 매우 세심한 편집자이자 칼 같은 원고 마감 집행자였다. 원하는 소망을 분명히 하는 긴즈버그의 명확함과 신속함, 하루 동안의 매 순간을 생산적으로 사용하여 일과 휴식과 음악으로 충만하게 하는 긴즈버그의 생활이 독자들에게 영감을 주기 바란다. 나 또한 매일매일 긴즈버그에게서 영감을 받는다. 긴즈버그가 말했듯 "헌법에 명시된 '우리 국민'은 소수에서 출발해 더 많은 사람을 포용해갔다." 그 노력에 긴즈버그가 있었다. 변호사로서, 판사로서 그리고 미국의 대법관으로서 선구적인 길을 개척해온 긴즈버그에게 감사드린다. 긴즈버그야말로 개인적으로도 헌법적으로도 영웅이다.

훌륭한 편집자이자 좋은 친구인 폴 골롭의 도움으로 빠듯한 마감일에 이 책을 완성할 수 있었다. 능숙한 편집, 예리한 설명 요청, 친절하면서도 확고한 마감 시한 집행으로 늘 그랬듯 완벽하게 이 책을 만들어주었다. 폴의 조력자인 피오라 엘버스티비츠에게도 감사드린다. 내 에이전트 라페 사갈린 또한 폴과 많은 대화를 나누며 책의 모습이 구체화되는 걸 도와주었다. 감사드린다. 국립헌법센터 동료 라나 울리히 헌법 컨텐츠 국장이 녹취록 작성, 원고 교정, 모든 각주 확인 등을 도와주었다. 라나를 포함해 국립헌법센터의 모든 멋진 동료들에게 감사드린다. 국립헌법센터는 긴즈버그 대법관이 그토록 많은 노력을 기울인 미국 헌법에 대해 모든 사람들이 더 많이 배울 수 있도록 헌신한다. 나의 동료들은 이 임무에 헌신하는 일이 얼마나 큰 행운인지 깨닫게 해준다.

지혜롭고 친절하신 나의 아버지 시드니 로즌 또한 정신과 의사이자 많은 환자들의 현자로서 93세의 나이에 저작을 펴내셨다. 아버지는 현실을 변화시키는 상상력의 힘에 대해 많은 가르침을 주셨다. 소중한 아이들 휴고와 세바스천, 아내 로런에게도 감사의 인사를 전한다. 로런은 원고 한 글자 한 글자 읽으며 원고의 구조와 뉘앙스, 흐름을 크게 개선해주었다.

나는 아내 로런의 총명함과 창의성에 매일 반한다. 함께 책을 읽고 음악을 들으며 영적으로 지적으로 성장해온 것에, 로런과 결혼해 내가 그 기회를 얻었음에 한없이 감사할 따름이다.

연보

1933년 3월 15일, 뉴욕주 브루클린의 베스 모스 병원, 네이션 베이더와 셀리
아 앰스터 베이더 사이에서 조앤 루스 베이더 출생.

1934년 루스의 언니 마릴린 수막염으로 사망.

1946년 가을에 브루클린에 있는 제임스 메디슨 고등학교에 입학. 어머니 셀
리아 암 진단 받음.

1950년 6월, 어머니 셀리아 베이더 암으로 사망. 루스는 어머니의 죽음으로
고등학교 졸업식에 참석하지 못함.

1950년 뉴욕주 이타카에 있는 코넬대에 여학생 중 최우등으로 입학. 마틴(마
티) D. 긴즈버그를 만남.

1953년 루스보다 한 학년 위였던 마티는 이타카를 떠나 매사추세츠주 케임
브리지에 있는 하버드 로스쿨에 입학.

1954년 6월, 코넬대 졸업. 일주일 뒤 루스와 마티 결혼식 올림.

1954년 마티의 군 복무를 위해 루스와 마티 오클라호마주 포트 실 기지로
이주. 루스는 오클라호마주 로턴 사회보장국을 포함해 여러 가지 일
을 함.

1955년 7월, 첫째 딸 제인 긴즈버그 출생.

1956년 루스의 가족 매사추세츠주 케임브리지로 이주. 하버드 대학교 로스
쿨에서 마티는 2학년, 루스는 1학년으로 학교생활 시작. 루스는 2학
년 때《하버드 로 리뷰》편집위원으로 활동.

1958년 마티가 로펌에 취직해 루스의 가족 뉴욕으로 이주. 루스는 뉴욕에
있는 컬럼비아 로스쿨에 편입하여 로스쿨에서의 마지막 해를 보냄.
《컬럼비아 로 리뷰》편집에도 참여함.

1959년 공동수석으로 컬럼비아 로스쿨 졸업.

1959년 뉴욕 지방법원 에드먼드 팔리에리 판사의 재판연구원으로 근무.

1961년 컬럼비아 로스쿨의 국제 민사 소송법 프로젝트에 참여. 이 기간 동안 스웨덴에서 지냄.

1963년 뉴저지주 뉴어크 럿거스대 법학부 교수로 부임, 민사소송법 강의.

1965년 둘째 아들 제임스 긴즈버그 출생.

1970년 여성 인권 문제만을 다루는 미국 최초의 법률 저널인《여성 인권법 리포터》공동 창간.

1971년 럿거스대에서 '성차별과 법'이라는 강의를 개설해 가르치기 시작.
        루스와 마티, 찰스 모리츠의 변호를 맡음. 이 사건에서 루스는 처음으로 성차별이 미국 수정헌법 제14조 평등 보호 조항에 위배된다고 주장하는 변론 취지서를 작성.

1972년 리드 대 리드 사건으로 미국 대법원에 제출하는 첫 번째 변론 취지서를 공동 집필. 대법원에서 리드 사건을 호의적으로 판결한 이후 루스는 ACLU에서 여성권리증진단 창립.
        컬럼비아 로스쿨은 첫 여성 종신교수로 루스를 채용. 컬럼비아에서 수업하면서 ACLU에서 여성권리증진단 리더로 활동함. 1970년대 미국 법원에 제소된 대부분의 주요 성차별 사건을 대변하거나 변론 취지서 작성. 항소법원은 루스의 의뢰인인 모리츠 사건에 유리한 판결을 내림.
        컬럼비아 로스쿨의 여성 교수들과 합세해 대학 당국을 상대로 집단 소송을 해, 남성과 동등한 임금, 연금 혜택, 임신 중 보험 혜택을 요구하고 소송에서 이김.
        예산 삭감으로 계약 만료 위기에 처함 컬럼비아대 여성 청소부를 대변하여(당시 남성 청소부는 해고 대상이 아니었음) 결국 여성 청소부 전원이 해고당하지 않음.

1973년   1월, 루스는 대법원에서 첫 사건인 프런티에로 대 리처드슨 사건을 변
        론함. 5월, 대법원은 루스의 의뢰인인 샤론 프런티에로의 손을 들어
        줌.
1975년   1월, 대법원에서 스티븐 비젠펠트 사건을 변론함. 3월, 대법원은 웨인
        버저 대 비젠펠트 사건에서 비젠펠트에게 유리한 판결을 내림.
1976년   ACLU에서 크레이그 대 보렌 사건의 변론 취지서 작성, 제출. 이 사건
        에서 대법원의 판결은 루스가 대법관들에게 성차별 사건을 판결할
        때 도입하도록 촉구한 새로운 접근 방식(중간 심사)을 채택함.
1978년   대법원에서 듀렌 대 미주리주 사건을 변론함.
1979년   대법원은 듀렌 사건에서, 미주리주의 여성을 배제한 배심원 제도를
        무효화하는 판결을 내림.
1980년   지미 카터 대통령, 루스를 컬럼비아 특별재판구 순회항소법원 판사
        에 지명. 가족들과 워싱턴 D.C.로 이주.
1993년   빌 클린턴 대통령, 긴즈버그를 미국 연방대법원 대법관에 지명. 상원
        에서 8월 10일 취임 선서를 했고, 미국 연방대법원에 입성한 두 번째
        여성 대법관이 됨.
1996년   긴즈버그 대법관은 미국 대 버지니아주(버지니아 군사 학교) 사건의
        대법원 다수의견서를 작성.
        한 여성(M.L.B.)이 법정 비용을 마련하지 못해 친권 청구 소송을 제
        기하지 못하게 되자, 대법원은 법정 비용 지불 능력이 없다고 친권 청
        구의 기회마저 박탈할 수 없다고 판단함. 긴즈버그가 다수의견서 작
        성.
1997년   여성 인권 신장에 대한 기여를 인정받아 스미스대학에서 제1회 소피
        아스미스상 수상.
1999년   대장암 진단. 수술과 치료 기간에도 빠지지 않고 법정 출근.

시민의 자유와 권리 신장에 공이 큰 개인에게 주는 서굿 마셜상 수상. 미국변호사협회에서 수여하는 상으로 여성 최초로 수상.

2002년 10월, 미국 여성 명예의전당에 오름.

2007년 레드베터 대 굿이어 타이어 사건에 강력히 반대의견 표명. 릴리 레드베터와 같은 사건을 시정하려면 국회의 역할이 필요하다며 반대의견서 끝맺음.

2009년 버락 오바마 대통령, 릴리 레드베터의 평등임금법에 서명. 이 법은 본질적으로 긴즈버그가 레드베터 사건에 반대의견을 표명한 접근 방식을 택함. 2월, 췌장암 진단받고 수술. 역시나 투병 중에도 모든 재판에 참석.

2010년 마티 긴즈버그, 78세에 암으로 사망. 긴즈버그 부부는 56년간 결혼 생활을 영위함. 미국변호사협회에서 ABA 메달을 받음.

2011년 하버드 대학교에서 명예박사 학위 받음.

2013년~ 피셔 대 텍사스 대학(2013), 반스 대 볼 주립대학(2013), 텍사스대학 남서 메디컬센터 대 나사르(2013), 셀비 카운티 대 홀더(2013), 버웰 대 하비 로비(2014) 사건 등의 대법원 판결에 소수의견을 냄.

2018년 12월, 폐암 치료를 위한 수술을 받음. 대법원의 몇 건의 구두 변론에 참석하지 못함. 하지만 집에서 녹취록을 읽고 일하다 2019년 2월에 대법원으로 복귀.

2020년 5월, 담낭 질환으로 병원에 입원하여 전화로 재판 참여.
9월 18일, 가족들이 지켜보는 가운데 87세 일기로 세상을 떠남.

주

긴즈버그와 저자가 나눈 대화, 인터뷰 들은 다음과 같다. 주제별, 시기별로 재구성해 이 책에 실렸다.

"A Conversation with Justice Ruth Bader Ginsburg," Aspen Ideas Festival, Aspen, Colorado, July 8, 2010.

"An Evening with Justice Ruth Bader Ginsburg," National Constitution Center, Philadelphia, Pennsylvania, September 6, 2013.

Interview with Justice Ruth Bader Ginsburg after the National Constitution Center performance of Scalia/Ginsburg, Washington, DC, April 24, 2014.

"Ruth Bader Ginsburg Is an American Hero," New Republic, September 28, 2014.

"A Conversation with Supreme Court Justice Ruth Bader Ginsburg," The Aspen Institute, Washington, DC, October 27, 2014.

"A Conversation with Justice Ruth Bader Ginsburg," National Constitution Center, Philadelphia, Pennsylvania, February 12, 2018.

Interview with Justice Ruth Bader Ginsburg at Glimmerglass, Cooperstown, New York, August 18, 2018.

Interview with Justice Ruth Bader Ginsburg at the Supreme Court, Washington, DC, July 2, 2019.

들어가며

아래 인용된 사례의 순서는, 본문에 언급되는 순서대로이다.

Welsh v. United States, 398 U.S. 333 (1970)

Moritz v. Commissioner, 469 F.2d 466 (10th Cir. 1972)

Roe v. Wade, 410 U.S. 113 (1973)

Ibanez v. Florida Department of Business and Professional Regulation,

Board of Accountancy, 512 U.S. 136 (1994)

Ratzlaf v. United States, 510 U.S. 135 (1994)

Bush v. Gore, 531 U.S. 98 (2000)

1. Ruth Bader Ginsburg, "Some Thoughts on Judicial Authority to Repair Unconstitutional Legislation," *Cleveland State Law Review* 28 (1979): 301, http://engagedscholarship.csuohio.edu/clevstlrev/vol28/iss3/3.

2. Jeffrey Rosen, "The List," *New Republic*, May 10, 1993, https://newrepublic.com/article/73769/the-list-0.

3. Daniel Patrick Moynihan to Martin Peretz, April 10, 1994. On file with author.

4. Suzy Hagstrom, "Silvia Safille Ibanez, Still Fighting After a Big Victory," *Orlando Sentinel*, December 31, 1995, http://articles.orlandosentinel.com/1995-12-31/news/9512291309_1_ibanez-florida-certified-financial.

5. Jeffrey Rosen, "The New Look of Liberalism on the Court," *New York Times Magazine*, October 5, 1997, https://archive.nytimes.com/www.nytimes.com/library/politics/scotus/articles/100597nytmag-ginsburg-profile.html.

1장. 한 번에 한 걸음씩, 역사적 지표가 된 사건들

인용 사례들:

Brown v. Board of Education of Topeka, 347 U.S. 483 (1954)

Hoyt v. Florida, 368 U.S. 57 (1961)

Reed v. Reed, 404 U.S. 71 (1971)

Frontiero v. Richardson, 411 U.S. 677 (1973)

Welsh v. United States, 398 U.S. 333 (1970)

Craig v. Boren, 429 U.S. 190 (1976)

Weinberger v. Wiesenfeld, 420 U.S. 636 (1975)

Goesaert v. Cleary, 335 U.S. 464 (1948)

1. "Reed vs. Reed at 40: Equal Protection and Women's Rights," *Journal of Gender, Social Policy and Law* 20 (2011): 317.

2장. 동등한 관계로서 결혼한다는 것

1. Jane Sherron De Hart, *Ruth Bader Ginsburg: A Life* (New York: Alfred A. Knopf, 2018), p. 44.

2. Ibid., p. 56.

3. Ruth Bader Ginsburg, "The Status of Women: Introduction," *American Journal of Comparative Law* 20 (1972): 509 - 25.

4. Martin D. Ginsburg, "Reflections on Supreme Court Spousehood," delivered at Ninth Circuit Judicial Conference Breakfast, Maui, Hawaii, August 22, 1995.

5. De Hart, *Ruth Bader Ginsburg*, p. 416.

6. Hanna Rosin, "The End of Men," Atlantic (July/August 2010), https://www.theatlantic.com/magazine/archive/2010/07/the-end-of-men/308135/.

3장. 임신중단권은 어떻게 형성되어야 하는가

인용 사례들:

Roe v. Wade, 410 U.S. 113 (1973)

Planned Parenthood of Southeastern Pennsylvania v. Casey, 505 U.S. 833 (1992)

Struck v. Secretary of Defense, 409 U.S. 1071 (1972)

Gonzales v. Carhart, 550 U.S. 124 (2007)

Stenberg v. Carhart, 530 U.S. 914 (2000)

McCullen v. Coakley, 573 U.S. 464 (2014)

1. Ruth Bader Ginsburg, "Speaking in a Judicial Voice," Madison Lecture Series, *New York University Law Review* 67 (1992): 1199.

2. Ibid., p. 1208.

3. Ruth Bader Ginsburg, "Some Thoughts on Autonomy and Equality in Relation to Roe v. Wade," *North Carolina Law Review*, vol. 53 (1985): 385.

4. Ginsburg, "Speaking in a Judicial Voice," p. 1198.

4장. 권리장전과 평등의 원칙

인용 사례들:

United States v. Virginia, 518 U.S. 515 (1996)

M. L. B. v. S. L. J., 519 U.S. 102 (1996)

Olsen v. Drug Enforcement Administration, 878 F.2d 1458 (D.C. Cir. 1989)

Burwell v. Hobby Lobby Stores, Inc., 573 U.S. 682 (2014)

Young v. United Parcel Service, Inc., 575 U.S. ___ (2015)

Geduldig v. Aiello, 417 U.S. 484 (1974)

General Electric Co. v. Gilbert, 429 U.S. 125 (1976)

Welsh v. United States, 398 U.S. 333 (1970)

California Federal Savings & Loan Association v. Guerra, 479 U.S. 272 (1987)

Vorchheimer v. School District of Philadelphia, 400 F. Supp. 326 (E.D. Pa. 1975)

Smith v. Doe, 538 U.S. 84 (2003)

Gideon v. Wainwright, 372 U.S. 335 (1963)

Snyder v. Phelps, 131 S. Ct. 1207 (2011)

Riley v. California, 573 U.S. ___ (2014)

United States v. Jones, 565 U.S. 400 (2012)

1. De Hart, *Ruth Bader Ginsburg*, p. 35.

2. *Vorchheimer v. School District of Philadelphia*, 400 F. Supp. 326 (E.D. Pa. 1975).

3. *M.L.B. v. S.L.J.*, 519 U.S. 102 (1996).

4. *Olson v. Drug Enforcement Administration*, 878 F.2d 1458 (D.C. Cir. 1989).

5. *Young v. United Parcel Service*, Inc., 575 U.S. ___ (2015).

6. *Geduldig v. Aiello*, 417 U.S. 484, 496 n.20 (1974).

7. Ruth Bader Ginsburg and Susan Deller Ross, "Pregnancy and Discrimination," *New York Times*, January 25, 1977, https://www.nytimes.com/1977/01/25/archives/pregnancy-and-discrimination.html.

8. Ruth Bader Ginsburg, "Some Thoughts on the 1980's Debate over Special versus Equal Treatment for Women," *Law & Inequality* 4 (1986): 145, http://scholarship.law.umn.edu/lawineq/vol4/iss1/11.

5장. 여성 법관이 들어선 후

인용 사례들:

Safford Unified School District v. Redding, 557 U.S. 364 (2009)

Bush v. Gore, 531 U.S. 98 (2000)

United States v. Virginia, 518 U.S. 515 (1996)

Citizens United v. Federal Election Commission, 558 U.S. 310 (2010)

Shelby County v. Holder, 570 U.S. 529 (2013)

Burwell v. Hobby Lobby Stores, Inc., 573 U.S. 682 (2014)

1. Ruth Bader Ginsburg, "The Progression of Women in the Law," *Valparaiso Law Review* 29 (1994): 1175.

2. Ibid., p. 1174.

3. De Hart, *Ruth Bader Ginsburg*, p. 383.

4. Ibid.

5. Transcript of Oral Argument in *Safford Unified School District No. 1 v. Redding*, 45 - 46, April 21, 2009, https://www.supremecourt.gov/oral_arguments/argument_transcripts/2008/08-479.pdf.

6. *Safford Unified School District No. 1 v. Redding*, 557 U.S. 364 (2009) (Ginsburg, J., concurring).

7. De Hart, *Ruth Bader Ginsburg*, p. 328.

8. Remarks by Justice Ruth Bader Ginsburg on Presentation of Torchbearer Award to Justice Sandra Day O'Connor, Women's Bar Association of Washington, DC, May 14, 1997.

9. Joan Biskupic, "Female Justices Attest to Fraternity on the Bench," *Washington Post*, August 21, 1994, https://www.washingtonpost.com/archive/politics/1994/08/21/female-justices-attest-to -fraternity -on -bench /b43a9c49 -8b7b -4adc -9972-ceb31402287a/?utm_term=.12bae40d0b9c.

10. Remarks by Justice Ginsburg, Presentation of Torchbearer Award.

11. "When Will There Be Enough Women on the Supreme Court? Justice Ginsburg Answers That Question," *PBS NewsHour*, PBS, February 5, 2015, https://www.pbs.org/newshour/show/justice-ginsburg-enough-women-

supreme-court.

12. De Hart, *Ruth Bader Ginsburg*, p. 382.

13. Ibid., p. 341.

14. Ruth Bader Ginsburg, foreword to Bryant Johnson, *The RBG Workout How She Stays Strong... sand You Can Too!* (New York: Houghton Mifflin Harcourt, 2017), p. 6.

15. Carla Herreria, "Ruth Bader Ginsburg Slams Senate Hearings as a 'Highly Partisan Show,'" *Huffington Post*, September 13, 2018, https://www. huffingtonpost.com/entry/ruth-bader-ginsburg-senate-supreme-court-hearings_us_5b999d0fe4b0162f4733cf91.

6장. 다 다를지나, 하나일 수 있다

인용 사례들:

Bush v. Gore, 531 U.S. 98 (2000)

District of Columbia v. Heller, 554 U.S. 570 (2008)

Craig v. Boren, 429 U.S. 190 (1976)

Gonzales v. Carhart, 550 U.S. 124 (2007)

Maryland v. King, 569 U.S. 435 (2013)

1. Rosen, "The List"; Ruth Bader Ginsburg, *Eulogy for Justice Antonin Scalia*, March 1, 2016, https://awpc.cattcenter.iastate.edu/2017/03/21/eulogy-for-justice-antonin-scalia-march-1-2016.

2. "The Case of the Notorious RBG: New at Reason," *Reason*, January 5, 2019, https://reason.com/blog/2019/01/05/the-case-of-the-notorious-rbg-new-at-rea.

3. "Supreme Court Justices Weigh in on Antonin Scalia's Death," *USA Today*, February 14, 2016, https://www.usatoday.com/story/news/politics/2016/02/14/statements-supreme-court-death-justice-scalia/80375976/./.

4. Ginsburg, Eulogy for Justice Antonin Scalia.

5. Herreria, "Ruth Bader Ginsburg Slams Senate Hearings."

6. Christopher E. Smith et al., "The First-Term Performance of Ruth Bader

Ginsburg," *Judicature* 78 (1994-95): 74, https://heinonline.org/HOL/
LandingPage?handle=hein.journals/judica78&div=21&id=&page=.

7. Ginsburg, Eulogy for Justice Antonin Scalia.

8. Joan Biskupic, *The Chief: The Life and Turbulent Times of Chief Justice John Roberts* (New York: Basic Books, 2019), p. 306.

7장. 대법관들의 대립, 존중, 변화

인용 사례들:

Frontiero v. Richardson, 411 U.S. 677 (1973)

Taylor v. Louisiana, 419 U.S. 522 (1975)

United States v. Morrison, 529 U.S. 598 (2000)

Nevada Department of Human Resources v. Hibbs, 538 U.S. 721 (2003)

United States v. Virginia, 518 U.S. 515 (1996)

Citizens United v. Federal Election Commission, 558 U.S. 310 (2010)

Shelby County v. Holder, 570 U.S. 529 (2013)

National Federation of Independent Business v. Sebelius, 567 U.S. 519 (2012)

Miranda v. Arizona, 384 U.S. 436 (1966)

Burwell v. Hobby Lobby Stores, Inc., 573 U.S. 682 (2014)

1. Ruth Bader Ginsburg, "In Memoriam: William H. Rehnquist," *Harvard Law Review*, vol. 119 (2005): 6.

2. De Hart, *Ruth Bader Ginsburg*, p. 327.

3. Jeffrey Rosen, "Rehnquist the Great?," *Atlantic*, April 2005, https://www.theatlantic.com/magazine/archive/2005/04/rehnquist-the-great/303820/.

4. Bernard Weinraub, "Burger Retiring, Rehnquist Named Chief; Scalia, Appeals Judge, Chosen for Court," *New York Times*, June 18, 1986, https://www.nytimes.com/1986/06/18/us/burger-retiring-rehnquist-named-chief-scalia-appeals-judge-chosen-for-court.html.

8장. 들불처럼 번진 소수의견

인용 사례들:

Shelby County v. Holder, 570 U.S. 529 (2013)

Burwell v. Hobby Lobby Stores, Inc., 573 U.S. 682 (2014)

Gonzales v. Carhart, 550 U.S. 124 (2007)

Ledbetter v. Goodyear Tire & Rubber Co., 550 U.S. 618 (2007)

National Federation of Independent Business v. Sebelius, 567 U.S. 519 (2012)

Trump v. Hawaii, 585 U.S. ___ (2018)

Masterpiece Cakeshop, Ltd. v. Colorado Civil Rights Commission, 584 U.S. ___ (2018)

Bush v. Gore, 531 U.S. 98 (2000)

Northwest Austin Municipal Utility District No. 1 v. Holder, 557 U.S. 193 (2009)

Roe v. Wade, 410 U.S. 113 (1973)

Dred Scott v. Sandford, 60 U.S. 393 (1857)

Plessy v. Ferguson, 163 U.S. 537 (1896)

1. Ruth Bader Ginsburg, "Dinner Remarks," Embassy of the United States, Madrid, July 23, 1996.

2. *Notorious R.B.G.* (blog), Tumblr, June 25, 2013, entry, http://notoriousrbg. tumblr.com/post/53878784482/throwing-out-preclearance-when-it-has-worked-and.

3. Saba Hamedy, "The Authors of 'Notorious RBG' on Why They First Started a Tumblr About Ruth Bader Ginsburg," *Los Angeles Times*, January 25, 2015, https://www.latimes.com/books/reviews/la-ca-jc-notorious-rbg-20151025-story.html.

4. Ibid.

5. *Burwell v. Hobby Lobby Stores, Inc.*, 573 U.S. 682 (2014) (Ginsburg, J., dissenting).

6. Ruth Bader Ginsburg, "Styles of Collegial Judging: One Judge's Perspective," *Federal Bar News and Journal* 39 (1992): 200.

7. Ruth Bader Ginsburg, "Remarks on Writing Separately," *Washington Law Review* 65 (1990): 133.

8. Ginsburg, "Speaking in a Judicial Voice," p. 1192.

9. Ruth Bader Ginsburg, "Interpretations of the Equal Protection Clause," *Harvard Journal of Law and Public Policy*, vol. 9 (1986): 41.

10. Ginsburg, "Speaking in a Judicial Voice," p. 1193.

11. *Notorious R. B. G.*

9장. 뒤집고 싶은 판결들

인용 사례들:

Fisher v. University of Texas at Austin, 579 U.S. ___ (2016)

United States v. Carolene Products Co., 304 U.S. 144 (1938)

Citizens United v. Federal Election Commission, 558 U.S. 310 (2010)

Gonzales v. Carhart, 550 U.S. 124 (2007)

United States v. Windsor, 570 U.S. 744 (2013)

Hollingsworth v. Perry, 570 U.S. 693 (2013)

Maher v. Roe, 432 U.S. 464 (1977)

Harris v. McRae, 448 U.S. 297 (1980)

National Federation of Independent Business v. Sebelius, 567 U.S. 519 (2012)

Shelby County v. Holder, 570 U.S. 529 (2013)

Korematsu v. United States, 323 U.S. 214 (1944)

Lochner v. New York, 198 U.S. 45 (1905)

Bowers v. Hardwick, 478 U.S. 186 (1986)

Lawrence v. Texas, 539 U.S. 558 (2003)

United States v. Virginia, 518 U.S. 515 (1996)

Roe v. Wade, 410 U.S. 113 (1973)

10장. 판사들의 판사

인용 사례들:

Roe v. Wade, 410 U.S. 113 (1973)

Brown v. Board of Education of Topeka, 347 U.S. 483 (1954)

Loving v. Virginia, 388 U.S. 1 (1967)

Skilling v. U.S. 561 U.S. 358 (2010)

Citizens United v. Federal Election Commission, 558 U.S. 310 (2010)

Chevron U.S.A., Inc. v. NRDC, 467 U.S. 837 (1984)

Dred Scott v. Sandford, 60 U.S. 393 (1857)

Plessy v. Ferguson, 163 U.S. 537 (1896)

Furman v. Georgia, 408 U.S. 238 (1972)

Gregg v. Georgia, 428 U.S. 153 (1976)

1. Ginsburg, "Speaking in a Judicial Voice," p. 1208.

2. Ibid., p. 1206.

3. Ibid., p. 1207.

4. Ruth Bader Ginsburg, "Inviting Judicial Activism: A 'Liberal' or 'Conservative' Technique?," Georgia Law Review 15 (1981): 542.

5. Ibid., p. 544.

6. Ibid., p. 545.

7. Jeffrey Rosen, "Supreme Court, Inc.," New York Times Magazine, March 16, 2008, https://www.nytimes.com/2008/03/16/magazine/16supreme-t.html.

8. Riegel v. Medtronics, 552 U.S. 312 (2008).

9. Gutierrez-Brizuela v. Lynch, 834 F.3d 1142 (10th Cir., 2016).

10. Ginsburg, "Inviting Judicial Activism," p. 553.

11. Thomas M. Keck, The Most Activist Supreme Court in History: The Road to Modern Judicial Conservatism (Chicago: University of Chicago Press, 2004), p. 251.

11장. 남자와 여자가 함께 세상을 움직인다는 것

인용 사례들:

Marschall v. Land Nordrhein Westfalen, Case No.C-409/95, (1997) ECR I-6363Regents of University of California v. Bakke, 438 U.S. 265 (1978)

Personnel Administrator of Massachusetts v. Feeney, 442 U.S. 256 (1979)

Ledbetter v. Goodyear Tire & Rubber Co., 550 U.S. 618 (2007)

1. Ruth Bader Ginsburg, "Women's Right to Full Participation in Shaping Society's Course: An Evolving Constitutional Precept," in Betty Justice and Renate Pore, *Toward the Second Decade: The Impact of the Women's Movement on American Institutions* (Westport, CT: Greenwood Press, 1981), p. 174.

2. Ibid., p. 175.

3. Ibid., p. 174.

4. Catharine A. MacKinnon, Feminism Unmodified: Discourses on Life and Law (Cambridge, MA: Harvard University Press, 1987), p. 35.

5. Jeffrey Rosen, "The Book of Ruth," New Republic, August 2, 1993.

6. Ginsburg, "Some Thoughts on the 1980's Debate."

7. Ibid., p. 150.

8. Ruth Bader Ginsburg, "Some Thoughts on Benign Classification in the Context of Sex," *Connecticut Law Review 10* (1978): 825, citing Leisner v. New York Telephone Co., 358 F. Supp. 359 (S.D.N.Y. 1973).

9. Ruth Bader Ginsburg and Deborah Jones Merritt, "Affirmative Action: An International Human Rights Dialogue," Cardozo Law Review 21 (1999): 279.

10. Ginsburg, "Women's Right to Full Participation," p. 187.

11. Ginsburg, "Some Thoughts on the 1980's Debate," p. 150.

12. Ibid., p. 146.

12장. 대법원의 미래

인용 사례들:

Roe v. Wade, 410 U.S. 113 (1973)

Ledbetter v. Goodyear Tire & Rubber Co., 550 U.S. 618 (2007)

General Electric Co. v. Gilbert, 429 U.S. 125 (1976)

Planned Parenthood of Southeastern Pennsylvania v. Casey, 505 U.S. 833 (1992)

Miranda v. Arizona, 384 U.S. 436 (1966)

Nevada Department of Human Resources v. Hibbs, 538 U.S. 721 (2003)

Citizens United v. Federal Election Commission, 558 U.S. 310 (2010)

1. Margaret Atwood, "Am I a Bad Feminist?," *Globe and Mail*(Toronto), January 15, 2018, https://www.theglobeandmail.com/opinion/am-i-a-bad-feminist/article37591823/./.

2. Ashifa Kassam, "Margaret Atwood Faces Feminist Backlash on Social Media over #MeToo," *Guardian*, January 15, 2018, https://www.theguardian.com/books/2018/jan/15/margaret-atwood-feminist-backlash-metoo.

13장. 헌법의 의미

인용 사례들:

Madison v. Alabama, 586 U.S. ___ (2019)

Department of Commerce v. New York, 586 U.S. ___(2019)

Rucho v. Common Cause, 588 U.S. ___ (2019)

American Legion v. American Humanist Assn., 588 U.S. ___ (2019)

Gundy v. United States, 588 U.S. _ (2019)

1. Adam Feldman, "Final Stat Pack for October Term 2018," SCOTUSblog (June 28, 2019), https://www.scotusblog.com/2019/06/final-stat-pack-for-october-term-2018/.

2. Ibid.

색인

Image Credits

Cover ⓒ Lynsey Addario / Getty Images

본문 | p.243 ⓒ Charles Dharapak / ⓒ Wikimedia Commons / ⓒ Collection of the Supreme Court of the United States

옮긴이 **용석남**

한 권 책이 형태를 갖추어 세상에 나가기 전, 눈앞에 놓인 날것의 텍스트를 가장 경외합니다. 대학에서 영어영문학을 공부하고 20년 넘도록 인문 교양 서적 전문 출판 일을 했습니다. 숱한 번역서와 인문서를 다듬고 갈무리하는 편집자로 수백 권의 책을 세상에 내보냈습니다.

긴즈버그의 마지막 대화
— 판사들의 판사에서 시대의 아이콘이 되기까지

초판 1쇄 찍은날 2023년 2월 10일
초판 1쇄 펴낸날 2023년 2월 19일

지은이 | 제프리 로즌 · 옮긴이 | 용석남
펴낸이 | 홍진
디자인 | Design BAU
제작 | 금비피앤피

펴낸곳 | 이온서가
등록 | 2019년 9월 23일(제2019-000262호)
주소 | 서울시 마포구 잔다리로 110 6F · 전화 | 02-6223-2164
이메일 | welcomebook300@gmail.com · 팩스 | 02-6008-2164

ISBN 979-11-981567-0-9   (03330)